Express yourself logically in English

改訂版

論理を学び表現力を養う

英語スピーキングルールブック

石井洋佑

テイエス企画

はじめに

「英語が話せたら」と素朴に考える人はたくさんいるように思います。

最近、英語教育改革のニュースが話題になっていますが、改革内容の良し悪しは脇に置き、改革の発端はそういう人たちの声を受けてのことだと思います。しかし、残念ながら、改革を推し進めようとする人も、異を唱える人も「英語を話したい」学習者に「話すにはどうしたらいいか」を明確に提示することはあまりしないようです。「とにかく話す機会を増やせ」、「まずは単語と文法。話はそれからだ」というお馴染みのアドヴァイスが繰り返されることがほとんどです。

その問題に真正面から答えようと、スピーキングのマクロスキルを扱ったのが、2015年に上梓した本書の初版です。幸いにして多くの読者に恵まれました。

当初は「相手の質問に答えるだけでなく、自分から少し長めの発話ができるようになりたい」と思っている学習者を想定していたのですが、IELTSやTOEFLのスピーキング対策、さらには大学入試の自由英作文や現代文の学習に役に立った、といった予想外のご意見も戴きました。著者として大変光栄に思います。

今回の改訂では、スピーキングの際に、相手にわかってもらうためにどう発話を組み立てていくのかというテーマはそのままに、よりユーザーフレンドリーな本になる工夫をしました。

全体のつくりをシンプルなものに変え、社会人学習者の役に立つようにビジネスの場面での会話やトークを追加しました。さらに、読者からの「サンプルに使われているリアルな表現を使えるようになりたいが、インプットが足りない。どうすれば良いのか」というご質問に応えるべく、「リアルな表現」とその使いどころを紹介する「表現編」を大幅に見直し、加筆・修正しました。「表現編」は初版では本の後半に置いていましたが、本改訂版では、冒頭のChapter 1で紹介しています。ここで紹介されている表現をある程度身につけた上でスピーキングタスクに取り組めば、かなり楽になるのではないかと思います。もし難しく感じられたら本書の初級者向け姉妹本にあたる『ネイティブなら小学生でも知っている会話の基本ルール』（テイエス企画）に先に取り組んでみてください。

今回の改訂版が、さらに多くの学習者のお役に立つことを願ってやみません。

2020年1月

Yosuke Ishii

『英語スピーキングルールブック』改訂版

Chapter 1
表現編

282の見出し語を35の状況・場面・機能ごとに分類

単語や語句の単位ではなく、会話の流れの中での自然な表現を紹介しています。「自分の気持ちや考えをもっとうまく伝えたい」というときに役立つものが満載です。

➡ 取り組み方

まずは、会話文と説明を読み表現をひとつひとつ学んでください。その後、音声を聴き、自然な会話の中でどのように使われているのかを確認してください。何度も繰り返し聴いて、自分の耳で一語も聴き逃さないではっきりと情景が目に浮かぶところまで練習しましょう。そして、Listen & Repeat（意味のまとまりごとに音声を流し、聴き取った後自分で声を出す）練習などを行ない自分で使える表現のストックを増やしていきましょう。

Chapter 2
ルール編

英語の論理を支える20のルールを紹介

センテンスを超えた部分で英語はどう「論理」が展開されるのか、どう「構成」されるのかについて、20のルールにまとめました。モノローグだけではなく、会話についても、構造と展開方法と必要なポイントを学びます。それぞれのルールは、「原則」「出来事」「対象」「意見」「会話」という５つのカテゴリーごとに分かれています。

➡ 取り組み方

ルールの習得にターゲットを絞った練習問題を用意しました。発話のタスクでは、必ず音声を確認し、英語の論理の流れを理解し、体感してください。

本書の特徴と取り組み方

Chapter 3
実践演習編

TOEFLのスピーキングタスクに対応した豊富な演習問題

実際に話すための演習問題を行ないます。Chapter 2で学んだルールや表現形式に沿って、それぞれに適した話し方ができるように取り組んでみましょう。

➡ 取り組み方

それぞれのタスクは、Think、Prep Notes、Sample Answer の３つのステップを踏んで取り組みます。Chapter 2 で学んだ論理展開のルールを意識して話す練習をします。模範解答にこだわらず、まずは自分の答えを実際に口にだしてみましょう。自分の答えは必ず録音して聴いてみてください。また、模範解答を覚える必要はありませんが、自分のスピーキング力を高める要素を探すつもりで必ず繰り返し音声を聴きましょう。

Chapter 4
実用会話編

ビジネスシーン・面接の実用会話例が充実

場面別の会話サンプルです。「職場」「日常」「面接」の3つの場面に分け、10の会話例を紹介しています。２人だけの会話だけではなく、３人の会話例も掲載しています。

➡ 取り組み方

会話例は自然なスピードで展開されていきます。また、書き言葉やモノローグにはない、話し言葉の特徴がたくさん含まれています。スクリプトと照らし合わせながら、音声を繰り返し聴いてみてください。

CONTENTS

Chapter 1
表現編

Chapter 2
ルール編

Chapter 3 実践演習編

Chapter 4 実用会話編

🔊 音声ダウンロードについて

本書では、英語による多彩な会話例やスピーキングタスクを紹介しており、それぞれの音声を聞くことができます。紙面上で 🔊MP3 で表示している音声が無料でダウンロードできますので、下記の手順にてご活用ください。

1. パソコンにダウンロードする

①パソコンからインターネットでダウンロード用サイトにアクセス

下記のURLを入力してサイトにアクセスしてください。

https://tofl.jp/books/2441

②音声ファイルをダウンロードする

サイトの説明に沿って音声ファイル（MP3形式）をダウンロードしてください。

※スマートフォンにダウンロードして再生することはできませんのでご注意ください。

2. 音声を再生する

①音声ファイルをパソコンの再生用ソフトに取り込む

ダウンロードした音声をiTunesなどの再生用ソフトに取り込んでください。

②音声を再生する

パソコン上で音声を再生する場合は、iTunesなどの再生ソフトをお使いください。iPhoneなどのスマートフォンや携帯用の音楽プレーヤーで再生する場合は、各機器をパソコンに接続し、音声ファイルを転送してください。

※各機器の使用方法につきましては、各メーカーの説明書をご参照ください。

● 音声は本書のChapterごとに４つのフォルダに分けて収録されています。

トラック001 ～ 292	Chapter 1
トラック293 ～ 328	Chapter 2
トラック329 ～ 369	Chapter 3
トラック370 ～ 379	Chapter 4

Chapter 1

いざ話さなければいけないというときに英語が出てこない

スピーキングを苦手としている英語学習者の多くが口にする悩みです。どうして英語が出てこないかというと、次の2つのどちらかが原因だと考えられます。

(1) ごくごくよく使われる表現を知らない
(2) すでに知っている知識で対応できるのに、知識が状況・場面・機能ごとに整理されていない

そこで、35の状況・場面・機能ごとにまとめた表現を使った会話用例を用意しました。読んでいただくとわかるように、これらの表現は文法・語彙の面からすると、ほとんどが中学・高校で習うものです。

一読して理解するのは苦しいかもしれませんが、これらは最終的には頭に入っていることが理想です。

表現編　状況・場面・機能カテゴリー35

表現編

会話の流れを通して自然な表現を身につけよう

会話用例は、見出し語ごとに、次のように紹介しています。

- 会話の中で、決まり文句や、語と語の結び付き上、覚えたほうがよいものにハイライト、語の用法やセンテンスの構造上注意が必要なものに下線をつけています（煩雑さを避けるために後者は最低限に留めます）。
- 見出し語の訳語や説明は基本的につけません。NOTE では見出し語の追加情報として知っておくべきことや、見出し語以外の表現について簡潔に説明しています。
- NOTE で示す例文について、難しいと思われるものを除いて日本語訳は示しません。また、やや不自然なものには△、明確な誤用になっているものには×をつけました。
- 主な見出し語の表記は以下のとおりです。

  (sth) もの・こと（something）　(sb) 人（somebody）

  do　動詞の原形

1 所属を述べる

001 work in (sth)

MP3-001

W：What do you do for a living?
M：I'm an office worker in a car company. I work in sales.

W：何の仕事をされているのですか。
M：会社員で、自動車会社に勤めています。仕事は営業です。

NOTE 社会人の場合、どんな仕事をしているのかは、〈work in＋職業分野〉で表わすのが一般的です。

例 work in publishing/advertising/education

002 What do you do?

MP3-002

M：What do you do?
W：I go to college. I study biology.

M：お仕事は何をされているのですか。
W：大学に行っています。生物学を勉強しています。

NOTE What do you do? = What do you do for a living?　学生の場合は、I am a college student. という〈S＋be動詞＋名詞／形容詞〉の文だけでなく、〈S＋動作を表わす動詞＋...〉という現在形の文も使えます。

003 on the ... team
in the ... club

MP3-003

M：What do you do in your spare time?
W：I play soccer. I was on the soccer team in high school and still play for a local team. We usually practice on Saturdays.

M：暇な時間に何をしますか。
W：サッカーをします。高校ではサッカー部でしたし、今も地元のチームでプレーしています。通常、土曜日に練習しています。

NOTE 1）日本語では、「余暇に何をするか」と同じ意味で「趣味は何ですか」と尋ねることがありますが、英語では単純に余暇のことを尋ねる意味で、What do you do in your spare/free time? と言うのが自然です。趣味を尋ねる場合、△What are your hobbies? という表現は間違いではありません。しかし、hobbyというのは切手収集のように時間を割いてコツコツとやる趣味を連想させます。したがって、日本語の感覚で×What are your hobbies? — Sleeping. というやりとりは、おかしなやりとりということになります。
2）学校の部に所属しているという場合、△I belong to the soccer club. とは言いません。運動部の場合、on the ... team を、文化部の場合、in the ... club を使います。
例 Erin is <u>in the</u> movie <u>club</u>.

2 移動の手段や時間を述べる

004 leave for (sth)

MP3-004

M：What time do you leave for work?

W：I have to leave home before 7:30. I always take the 7:40 train. I change trains at Clinton Station from the Blue Line to the Green Line. I get off at Forest Park Station at around 8:30 and then I walk. I get to my office at around 8:45.

M：仕事に行くのに何時に家を出ますか。

W：7時半前には出なくてはなりません。いつも7時40分の電車に乗ります。クリントン駅でブルーラインからグリーラインに乗り換えます。8時30分頃にフォレストパーク駅で降りて、そこから徒歩です。会社に着くのはだいたい8時45分です。

NOTE leave home「家を出る」。日常的に行なうことは動詞の現在形で表わします。

005 How long does it take ...?

MP3-005

M：How long does it take from your place to the office?

W：My commute time is about 45 minutes door to door.

M：あなたの家から会社までどのぐらいかかりますか。

W：通勤時間は、玄関から会社の入り口まで約45分です。

NOTE「XからYまでの時間」を尋ねるとき、from X to YのXとYに、該当する場所を入れればいつでも使える表現。「XからYまでの距離」を尋ねる場合は、How long をHow farに変えるだけでOK。

3 人物の外面を描写する

006 look like (sb)/(sth)

MP3-006

M1：What does your girlfriend look like?

M2：How does Maria look? She's very tall—over 6 feet. Her legs are very long. She's not skinny but not heavy, just curvy enough to look gorgeous. She has a pleasant oval face with beautiful, long, brunette hair.

M1：君の彼女は見た目、どんな感じ？

M2：マリアの外見？　背がとても高くて6フィート以上ある。脚がとても長い。痩せても太ってもなく、きれいに見えるに十分なだけやわらかい体の線をしている。きれいな卵形の顔をしていて、髪は美しく長いブルネットなんだ。

NOTE 人物の外見を尋ねるとき、How does your girlfriend look? と言うこともできます。look like Xの使い方としては、似ている人やものをlook likeの後ろにおくのが基本です。

例 Charles looks like his father. / Kevin's new car looks just like Todd's.

007 look ...

MP3-007

W：You look great. When I saw you last time, you looked really tired.

M：Oh, I was so busy then, pretty stressed out. Probably that's why I looked tired.

W：見た感じ良さそうね。この前会った時はすごく疲れているように見えたけど。

M：ああ、そのときはすごく忙しくて、すごくストレスがたまっていたんだ。だから疲れて見えたんじゃないかな。

NOTE lookの後に形容詞が来て「…のように見える」という使い方です。

◆ 容姿・外見を表わす形容詞

MP3-008

①一般的な外見	**good-looking**（容姿がいい） **handsome**（ハンサムな） **pretty**（きれいな） **ugly**（容姿のよくない） **plain**（ごく普通の） **unimpressive**（印象の薄い） **homely**（どこにでもいる） **elegant**（華麗な） **cute**（可愛らしい） **stunning**（たぐいまれに魅力的な） **gorgeous**（すごく魅力的な）
②身長	**of average/medium height**（平均的な／中くらいの背の高さの） **tall**（背が高い） **short**（背が低い）
③体型	**of average/medium build**（中肉の） **fat**（太った） **thin**（やせた） **large**（大きな） **big**（大きな） **plump**（ふっくらした） **chubby**（丸ぽちゃの） **skinny**（細い） **slender**（すらっとした） **athletic**（鍛えられた） **muscular**（筋肉質の） **lean**（締まった）
④顔	**round**（丸い） **oval**（卵形の） **square**（四角い） **wrinkled**（しわのある） **freckled**（そばかすのある） **dimpled**（えくぼのある） **suntanned**（陽に焼けた） **pale**（青白い）
⑤年齢	**young**（若い） **old**（年配の） **middle-aged**（中年の） **in his/her teens [20s, 30s, ...]**（10代［20代／30代…］の）
⑥髪	**wavy**（波打った） **bald**（はげた） **straight**（まっすぐの） **curly**（カールした） **shoulder-length**（肩まで届く） **spiky**（ピンと立った） **flat top**（角刈り） **bob**（あごの位置でそろえた髪型） **crew cut**（短髪）

4 人物の内面を描写する

008 Basically she/he's ... She/He's quite ...

MP3-009

M：What kind of person is your boyfriend?

W：Basically, he's a nice guy. He's quite outgoing. He likes helping other people. But, sometimes he's a bit opinionated.

M：あなたの彼氏はどんな人なの？

W：基本的にはいい人だと思うわ。気さくだし、人を助けるのが好きなの。でも、ときどき考えを押し付けがちなところがちょっとあるの。

NOTE 内面を描写するのは〈be＋形容詞〉が最も一般的です。微妙なニュアンスを出すためには、普段の様子を伝えるbasicallyをセンテンスの頭につける、quiteで強調する、といったスキルがあるとよいでしょう。

009 have a tendency to *do*

MP3-010

W1：What type of person is your new boss?

W2：Well, to tell you the truth, Ms. Miller has a strong personality. She has high expectations for everybody, and she has a tendency to overreact when any of us makes even a teeny, tiny mistake.

W1：新しい上司はどんな人なの？

W2：うーん、ぶっちゃけ、ミラーさんは強烈なキャラクターの持ち主なの。彼女はみんなに過度の期待をしていて、私たちの誰かがちょっとしたミスをしただけでも大げさに反応したりするの。

NOTE 典型的によくとる行動を表わすときの表現で、tend to *do*と言い換えることもできます。〈have (got)＋名詞〉も性格を表現する際によく使われます。

◆ 性格を表わす形容詞

MP3-011

- □ **optimistic**（楽天的な）⇔ **pessimistic**（悲観的な）
- □ **honest**（正直な）⇔ **dishonest**（正直でない）
- □ **loyal / obedient**（忠実な）⇔ **disobedient**（反抗的な）
- □ **kind / nice / considerate**（思いやりがある）⇔ **unkind**（不親切な）**/ selfish**（自分勝手な）
- □ **shy / reserved**（内気な）⇔ **friendly**（親しみやすい）**/ talkative**（よくしゃべる）
- □ **lazy**（怠け者の）⇔ **hard-working**（働き者の）
- □ **polite**（礼儀正しい）⇔ **rude**（失礼な）
- □ **uptight / tense**（堅い）⇔ **easygoing / laidback**（細かいことにこだわらない）
- □ **calm**（落ち着いた）**/ quiet**（静かな）⇔ **lively / cheerful**（元気な）
- □ **funny**（面白い）⇔ **boring**（退屈な）**/ serious**（真面目な）
- □ **responsible**（責任感のある）⇔ **irresponsible**（責任感がない）
- □ **patient**（我慢強い）**/ generous**（寛容な）⇔ **impatient**（気の短い）
- □ **predictable**（わかりやすい）⇔ **unpredictable**（何を考えているか読めない）
- □ **attentive / careful**（注意深い）⇔ **inattentive / careless**（不注意な）
- □ **neat / tidy / organized**（きちんとした）⇔ **messy**（だらしない）
- □ **curious**（好奇心の強い）⇔ **indifferent**（無関心の）**/ blasé**（何事にも興味がない）**/ reluctant**（やる気のない）

5 存在・位置を伝える

010 be originally from (sth)

MP3-012

M：Where are you from?
W：I'm originally from Hokkaido, but now I live in Yokohama.

M：ご出身はどちらですか。
W：北海道ですが、今は横浜に住んでいます。

NOTE 生まれ育った場所を答えるときはoriginallyをつけます。originallyをつけず、I'm from Hokkaido. と言うと、沖縄出身で北海道在住の人が、旅行先でどこから来たのかたずねられた場合の答えにもなります。

011 be located in/at/near (sth)

MP3-013

M：Where is Yokohama located?
W：It's located in the east part of Japan, near Tokyo.

M：横浜はどこにありますか。
W：日本の東部、東京の近くです。

NOTE in/at/near (sth) の代わりに、downstairs のような語句がくることもあります。
例 The restroom is located downstairs.

012 there is/are (sb)/(sth)

MP3-014

W：How many people are in your family?
M：There are five—my mother, my older and younger sisters, my wife, and myself.

W：ご家族は全員で何人いらっしゃいますか。
M：5人です。母と姉と妹、妻、そして私です。

NOTE 〈There is/are X〉で「Xがある／いる」を表わすとき、Xが複数を表わす名詞でも、There areの代わりにThere'sが使われることがあります。話し言葉ではフォーマルな場面でも同様です。

㊄There's a lot of new people at the party.

013 have

🔈MP3-015

W：How many branches does your company have?

M：I think it has quite a few—probably 50 or 60 branches all over the world—from Europe and North America to Africa.

W：あなたの会社はどれぐらい支社をお持ちですか。

M：かなりの数になると思います——世界中でおそらく50か60の支社があります。ヨーロッパから北米、アフリカまで。

NOTE 初級の学習者は × The company is a lot of employees. のようにbe動詞を使ってしまう傾向がありますが、The company has a lot of employees. としなければいけません。〈X has/have Y〉で「XにはYがある」と、パッと表現できるようになりましょう。

014 have (sth) with *you*

🔈MP3-016

W：How much money do you have in your wallet?

M：Well, I probably have about 20,000 yen with me.

W：財布にいくらお持ちですか。

M：ええと、たぶん手元に2万円くらいあります。

NOTE 「…がある」は、haveで表現できることがあります。with you は「手元に、携帯して」ということを表わします。

015 Do you have (sth)/(sb)?

MP3-017

M：Do you have a boyfriend?

W：Not now. I used to have a boyfriend, but we broke up last fall. He's gone to New York. He was transferred there. He said I could go with him, but I wanted to keep my job.

M：彼氏はいる？

W：今はいないの。前はいたんだけど、秋に別れたの。彼はニューヨークに行ってしまったの。そこに転勤になったの。彼は一緒に来てもいい、と言ってくれたんだけど、私は今の仕事を続けたかったの。

NOTE × the last fall という誤用がよく見られますが、特定の時間を示すときはtheをつけません。

例 last night / last Friday / last month / last year

6 頻度を表わす

016 usually / always / sometimes

MP3-018

W：Where do you eat lunch?

M：I usually have lunch at a Chinese restaurant near the office.

W：昼ご飯はどこで食べるのですか。

M：たいてい会社の近くの中華料理屋さんで食べます。

NOTE 頻度を表わす語を使うときは、〈S＋頻度を表わす語＋動作を表わす動詞〉か〈S＋be動詞＋頻度を表わす語＋...〉という語順が基本です。

例I am always with her.

他に、often / rarely / never などがあります。

017 hardly

MP3-019

M：Do you often hang out with Peter?

W：I hardly talk to him. Honestly, he's a bit weird and I'm kind of avoiding him.

M：ピーターとよく遊ぶの？

W：彼と話をすることはほとんどないわね。正直言って、彼は少し変わっているので、ちょっと避けているの。

NOTE hardlyの他に、rarely / seldomなども使えます。

018 from time to time / at times

MP3-020

W：Do you miss your wife from time to time?

M：To some extent. It can't be helped though. We have to live separately—I work here in Tokyo, and she has her job in Osaka. To be honest, I feel happy being alone at times.

W：奥さんがいなくて寂しく思う時もありますか。
M：いくぶんかは。でも、しかたないですね。別々に暮らさなくてはならないし、ぼくは東京で働き、彼女は大阪に自分の仕事があります。正直、時には1人でいるのを楽しく感じることもあります。

NOTE from time to time / at timesは「時には」「ときどき」（＝sometimes）という意味を表わします。It can't be helpedのhelpは「避ける＝ avoid」という語義です。

019 … days a week/month/…

MP3-021

W：Do you exercise regularly?
M：I work out at the gym two days a week.

W：定期的に運動をしていますか。
M：週に2回、ジムで運動します。

NOTE two days a weekのaはper「…につき」と同義の用法なので、two days per weekとも言えます。しかしperは、会話では形式的すぎて実際にはほとんど使われません。

020 every …

MP3-022

W：How often do you go back to your hometown?
M：Not so often. I think it is three or four times a year, or I should say, every three or four months.

W：どのぐらいの頻度で故郷にお帰りになりますか。
M：それほどではありません。たぶん年に3、4回、あるいは3か月か4か月に1度と言ったほうがよいでしょうか。

NOTE 〈every＋期間を表わす語句〉で「…ごとに」を表わします。〈every other/second X〉とすると「Xおきに」となります。
例 This event is held every other year.

7 好み・興味・関心を述べる

021 like (sb)/(sth) best

MP3-023

W：Who is your favorite author?

M：I like Keigo Higashino best. I believe he is one of the best storytellers in Japan.

W：一番好きな作家は誰ですか。

M：東野圭吾が一番好きです。彼は日本国内でも有数のストーリーテラーだと思います。

NOTE 「Xが一番好き」という場合はlike X the best / like X best の両方が可能ですが、theはつけないほうが慣用的です。「大好きなもののひとつ」と言うときは、one of the bestのように必ずtheがつきます。あるいは、my/hisなどの限定詞がつきます。

022 favorite

MP3-024

M：What kind of music do you like?

W：I like pop music. My favorite singer is Taylor Swift.

M：どんな音楽が好きですか。

W：ポピュラー音楽が好きです。好きな歌手はテイラー・スウィフトです。

NOTE 1)「どんなXが好きですか」と尋ねるとき、What kind of Xの他に、What genre/type of X と言うこともできます。音楽について尋ねられたら、Soundtracks and music from movie trailers is my favorite genre of music.（映画のサウンドトラックや予告編のBGMが好きなジャンルの音楽です）のように言うこともできます。genre / ʒɑ́nrə / の発音に注意。

2）favorite＝most likedなので、×My most favorite singer is Taylor Swift. とは言えません。ただし、Taylor Swift is my <u>least</u> favorite singer. のように、一番嫌いなものにはleast favorite の形で使うことができます。

023 be interested in (sb)/(sth)

MP3-025

M：What is your brother interested in?
W：My brother is only interested in girls and surfing.

M：お兄さんはどんなことに興味をもっているの？
W：女の子とサーフィンにしか興味がないのよ。

NOTE 形容詞interestedの名詞形interestは、「特定のもの・ことに関する興味・関心」という意味では必ず単数形、もしくは数えられない名詞として使われます。
例 Paul has an interest (× interests) in music.
My mother has shown interest (× interests) in meeting my boyfriend.

024 prefer (sb)/(sth) to (sb)/(sth)

MP3-026

M：Which do you prefer, living in the city or in the countryside?
W：I prefer city life to country life. It's more convenient.

M：都会に住むのと田舎に住むのと、どちらが好きですか。
W：田舎暮らしよりも都会暮らしのほうが好きです。便利ですから。

NOTE prefer (sb)/(sth) to (sb)/(sth) の代わりにlike (sb)/(sth) better than (sb)/(sth)を使うことも可能です。
例 I like city life better than country life.

025 dislike

MP3-027

W：Who do you dislike at work?
M：I hate Mr. Yamada, my boss. He always says bad things about people. On top of that, he often blames me for his problems.

W：職場で嫌いなのは誰ですか。
M：上司のヤマダさんです。彼は人の悪口ばかり言ってますから。それに、彼は自分の失敗を私のせいにすることがよくあるんですよ。

NOTE He often blames me for his problems. のようにblame (sb) for (sth)ではproblemsの内容は特に限定されませんが、blame (sb) on (sth)とすると、山田氏による業務上の失敗といった、具体的な問題を人のせいにしているというニュアンスが出ます。
例He often blames his problems on me.

026 be not *your* type

MP3-028

M：What do you think about Fred?
W：Well, he's a nice guy, but to be honest, he's not my type.

M：フレッドのことどう思う？
W：彼はいい人だけど、正直、私の好みじゃないわ。

NOTE 恋愛対象として好きかどうかを言う場合、I don't like him that much. ではニュアンスが出ません。I don't likeを使ってそのニュアンスを出すならI don't like him romantically. と言うとよいでしょう。

027 be not *your* thing

MP3-029

W：What sports do you like?
M：Sorry, physical activity isn't really my thing.

W：どんなスポーツが好きですか。
M：すみません、体を動かすのは好きじゃないんです。

NOTE be not my thing「自分のものではない」＝「好きではない」ということです。調子を和らげるために、通常、reallyなどの語をつけます。

028 be not (exactly) to *your* taste

MP3-030

M：What do you say to going to an opera?
W：Opera is not exactly to my taste. I love eating out, so why don't you reserve a good restaurant?

M：オペラに行くのはどう？
W：オペラは私の好みじゃないわ。外で食事するのが好きだから、いいレストランを予約してよ。

NOTE What do/would you say toの後には名詞もしくは動詞の -ing形がきます。似た意味の表現ですが、Why don't youの後は動詞の原形です。

029 be obsessed with (sb)/(sth)

MP3-031

M：What complaints do you have about your best friend?
W：She's been obsessed with her boyfriend for these past few months and has stopped hanging out with me as often as we did before.

M：自分の親友にどんな不満がありますか。
W：この数か月、彼氏のことで頭がいっぱいで、前みたいに私と付き合おうとしないことでしょうか。

NOTE be obsessed with (sb)/(sth) は、そのことに夢中で他のことが考えられない状態を表わします。

8 能力・経験・評価を述べる

030 can

MP3-032

M：Can you cook?

W：Yeah, I can cook pretty much anything—Japanese, Chinese, Italian, Mexican, Indian—I really love cooking.

M：料理はできますか。

W：ええ、何でも和食でも中華でもイタリアンでもメキシコ料理でもインド料理でも。料理が大好きですから。

NOTE ある言語を話すことができるかを聞く場合、Can you ...? で能力を尋ねるのは失礼なのでDo you speak English? と尋ねるのが普通です。

031 be good at (sth)

MP3-033

W：What subject did you like in high school?

M：I liked math. I'm good at numbers.

W：高校のとき、どの教科が好きでしたか。

M：数学です。数字に強いんです。

NOTE「私が高校生のころ」は、when I was a high school studentよりもwhen I was in high schoolとするほうが自然です。× in a high schoolのようにaはつきません。

032 be familiar with (sth)

MP3-034

M：Are you familiar with this type of work?

W：Yes, I used to work at a PR company, so actually I'm very accustomed to doing things like this.

M：こういう仕事はやったことがある？

W：うん、むかしPR会社に勤めていたから、こういうことをするのは慣れっこなの。

NOTE be familiar to (sth) はThe girl looks familiar—I must've met her in the past.（looks familiar to meのto me が省略）のように「見たことがある」というときに使えますが、be familiar with (sb) は「仕事などに精通している」というときに使います。似た表現のbe acquainted with (sth) は、かなりフォーマルなニュアンスです。
例 All our employees are fully acquainted with the safety procedures.

033 know (all) about (sth)

MP3-035

M1：You don't know what it is to be poor.
M2：Excuse me? All right ... I never wanted to let on, but I used to be homeless for two years. I know all about being poor.

M1：君は貧困がどういうものかわかってないよ。
M2：何だって？　わかったよ、誰にも言いたくなかったけど、ぼくは2年間ホームレスだったんだ。だから、貧乏のなんたるかは全部知っているよ。

NOTE「…の経験がある」「…についてはなんでも知っている」を表わします。

034 know what (sb) is *doing*

MP3-036

W：What do you think of our new boss?
M：He seems to know what he's doing.

W：新しい上司をどう思いますか。
M：よく仕事ができるほうだと思います。

NOTE 作業を行なうだけの十分な技術や経験があるというニュアンスを示します。

035 experienced

MP3-037

M：I don't know if you are the right person to ask, but I have difficulty training staff at my store.
W：Tell me about it. I'm an experienced store manager. I can probably give you some good advice.

M：君に聞くのがベストかどうかはわからないけど、店のスタッフの研修がうまくいかないんだ。

W：話して。私は経験豊富な店長よ。たぶん、いいアドヴァイスができると思うわ。

NOTE experiencedはexperienced in/at *do*ingの形でも使われます。

例He's probably experienced in managing people.

036 have + -ed/en

MP3-038

W：Do you have any previous experience in sales?

M：Not really. I have worked as an engineer at CompSoft for seven years. I haven't done any other type of job.

W：営業の経験は過去にありますか。

M：実はありません。コンプソフト社で7年、エンジニアとして働いていました。他の仕事をしたことはありません。

NOTE 過去から現在まで一定の幅がある時間を〈have＋-ed/en〉で表現するときは、〈for＋期間を表わす語句〉、〈since＋過去の一時点を表わす語句〉とともに使われます。回数を述べるときは、〈数もしくは量を表わす語句＋times〉を使います。

例Have you ever met Bree? — Yes, I've met her a few times. She talks a lot.（ブリーに会ったことある？—うん、何度か。よく話す人だよね。）

037 capable

MP3-039

M：How do you evaluate Matt's performance?

W：He's a very capable systems engineer.

M：マットの仕事ぶりをどのように評価していますか。

W：有能なシステムエンジニアだと思います。

NOTE be capable of (*do*ing) (sth) の形でも使われます。

例He's not capable of making difficult decisions himself.（彼は自分では難しい決断をすることができない）

038 be skilled with (sth)

MP3-040

M：What's Sara's strength?

W：Her communication skills—she's skilled with all kinds of clients and makes everyone feel comfortable working with her.

M：サラの長所は何ですか。

W：コミュニケーション能力です。どんなクライアントでも対応できますし、みんなが彼女と一緒に仕事をしやすいと感じるので。

NOTE make (sb) (feel) comfortable「〈人〉を快適にさせる」はよく使われる表現なので覚えておきましょう。

039 have a great command of (sth)

MP3-041

M：Do you have a great command of the English language?

W：I wish I did. I'm okay with listening and reading, but I'm poor at speaking and writing.

M：英語は得意ですか。

W：だといいのですが。聴くのと読むのはまあまあですが、話すのと書くのは苦手です。

NOTE ここでのokayはnot very good, but acceptable「すごくよいわけではないけれども問題ない」ぐらいの意味です。

040 be poor at (sth)

MP3-042

W：What are you poor at?

M：I'm bad with technology. I can't even send emails.

W：あなたが苦手なものは何ですか。

M：テクノロジーは全然だめです。メールすら送れないんです。

NOTE 031 be good at (sth) の対義表現です。be bad at/with (sth) もたびたび使われます。

041 be lousy at (sth) / with (sb)

MP3-043

M：Why did you break up with Steve?

W：Don't ask me. Steve's totally different than I am. He's lousy at all sports. On top of that, he's lousy with people.

M：どうしてスティーヴと別れたの？

W：聞かないでよ。彼は私とぜんぜん違っているの。彼、どんなスポーツも苦手だし、おまけに人付き合いができないのよ。

NOTE 〈be lousy at＋(sth)〉〈be lousy with＋(sb)〉のように、後ろに何がくるかで前置詞が変わることに注意。

042 pretty good

MP3-044

W：What do you think about your current workplace?

M：I think it's pretty good. I like my job. Plus, all of my coworkers are so supportive.

W：今の職場をどう思いますか。

M：最高だと思います。仕事は好きですし、同僚はみんな協力的です。

NOTE 形容詞を強調するratherの類語は、口語では、特にアメリカではprettyが、イギリス英語ではjollyが使われます。こういった語が形容詞を強調する度合いは英米で違いがあります。アメリカ英語では、

really / very / extremely > quite > fairly > pretty / somewhat

という強さの順になるのに対して、イギリス英語では一般的には、

extremely / absolutely > terribly / really > so > very > fairly > rather

と考えられています。

043 pretty bad

MP3-045

M：How's it going?

W：Pretty bad. I'm angry that Fred keeps bad-mouthing me to my colleagues. How could he say such bad things about his ex?

M：調子はどう？

W：最低よ。フレッドは同僚に私の悪口ばかり言うの。どうして元カノのことであぁいう悪口が言えるのかしら？

NOTE 1）042 pretty goodの対義表現で「かなりまずい／ひどく悪い」。
2）「悪口を言う」は〈criticize＋(sb)〉が最もニュートラルな表現ですが、〈bad-mouth＋(sb)〉〈say bad things about＋(sb)〉もよく使われます。学校英語で教わる〈speak ill of＋(sb)〉は使われないわけではないですが、かなりフォーマルな表現なので、口語で出会う可能性は低いです。

9 気持ち・感情を伝える

044 be surprised that ...

MP3-046

W：What's new?

M：I was surprised that Sarah bought a new house.

W：何か変わったことはある？

M：サラが新しい家を買ったと聞いて驚いたよ。

NOTE 〈be surprised at/by＋(sb)/(sth)〉をよく見かけますが、〈be surprised that S＋V〉の表現も使えるようにしておくと便利です。

045 be worried that ...

MP3-047

M：Did you find everything okay?

W：Well, overall it seems alright, but I'm just worried that I may screw up on my presentation next week.

M：全部うまくいった？

W：さあね、まあ大体うまくいっているようだけど、来週のプレゼンで失敗しないかちょっと心配しているの。

NOTE Do you find everything okay? は、店員が客に「何かご用はございますか」という意味であいさつ代わりによく使う表現でもあります。

046 be obsessed about (sth)

MP3-048

W：What are you recently concerned about?

M：About my girlfriend, Missy. She's so obsessed about her weight. She looks fine, though.

W：あなたが最近気にしていることは何ですか。

M：彼女のミッシーのことです。体重のことを気にしすぎているんです。見た目は何の問題もないのに。

NOTE 029 be obsessed with (sb) と区別すること。 be concerned about (sth) / be obsessed about (sth) のように、〈もの・こと〉が後ろにくるときは大抵aboutを使います。

047 be disappointed that ...

MP3-049

M1：Why do you seem so sad recently?

M2：I'm disappointed that Joanne started going out with Robert. As a matter of fact, I was into her.

M1：最近何か悲しそうに見えるけど？

M2：ジョアンがロバートと付き合いだしたと聞いてがっかりしているんだ。実は彼女に気があったんだ。

NOTE きわめてくだけた間柄では、be into (sb) の代わりにhave the hots for (sb) を使うことができます。

例 I am upset that Joanne started dating Robert—I have the hots for her!

048 be excited about (sth)

MP3-050

M：Have you ever been to a foreign country?

W：No, that's why I'm really excited about this business trip to London.

M：外国に行ったことがありますか。

W：いいえ、だから今度のロンドンへの出張はわくわくしています。

NOTE about以外の語句が来ることもあります。

例 Everybody is excited to have Mr. Wada as a coach.（みんながワダさんをコーチとして迎えると聞いて興奮した）

A lot of scientists were excited by Dr. Browne's discovery.（ブラウン博士の発見に多くの科学者がわくわくした）

049 be psyched about/for (sth)

MP3-051

M：These days, everybody seems antsy.
W：They are just psyched about the vacation.

M：最近、みんななんだかそわそわしているね。
W：単に休みのことでわくわくしているだけよ。

NOTE 1）〈be pumped (up) for＋(sth)〉もよく使われます。
2）antsyはnervousの意味で使われることもあります。
例A lot of people are antsy about the stock market.（多くの人が株式市場を心配している）

050 be happy/satisfied with (sth)

MP3-052

W1：Are you happy with your new hairstyle?
W2：Truthfully, I'm not satisfied with the cut. The hairdresser shouldn't've cut this much.

W1：新しい髪型は気に入っているの？
W2：実を言うと、このカットは不満なの。美容師さん、ここまで切っちゃだめなのに。

NOTE shouldn't've ＝ should not have

051 be mad at (sb)
be angry with (sb)

MP3-053

M：Why are you mad at me?
W：Don't you know what the date is today? I'm angry with you for forgetting our anniversary.

M：なんでぼくのことを怒っているのかな。
W：今日が何日かご存じ？　あなたが結婚記念日を忘れているから怒っているのよ。

NOTE アメリカ英語では、madはcrazyではなくangryの意味でよく使われます。

10 予定・計画を述べる

052 be supposed to *do*

MP3-054

W：What's your schedule like next month?

M：I'm supposed to go on a business trip to Europe. I'm going to visit the Netherlands and Germany. This is my first trip to Europe, so I'm pretty excited.

W：来月の予定は？

M：ヨーロッパへ出張に行かなくちゃならないんだ。オランダとドイツに行くんだ。ヨーロッパに行くのは初めてだから、とてもわくわくしているよ。

NOTE 1）be supposed to *do* は義務感があることに使われます。

2）trip の後には、go on a trip to (sth) / take a trip to (sth) のように、基本的に to が使われます。

053 be going to *do* will *do*

MP3-055

M：What are you going to do this summer?

W：I'm going to visit my parents' house in Wisconsin. I will just relax and see my family and old friends.

M：この夏はどうするの？

W：ウィスコンシンの両親の家に行くの。ただゆったりして家族や古い友達に会うわ。

NOTE 未来の計画について述べる際に、まず概要を述べるときは be going to を、その後に個別の具体的なことを述べるときは will を使います。

054 I have (sth)

MP3-056

W：What are you going to do tomorrow?

M：I have a client meeting in the morning. Except for that, I'll work at my office as usual.

W：明日の予定は？

M：朝、クライアントとの打ち合わせがあるかな。それ以外は通常どおりオフィスで仕事だよ。

NOTE 時間がはっきり決まった予定の場合は、未来のことでも現在形が使われることがあります。

055 be + *doing*

MP3-057

M：What are you doing this weekend?

W：Well, there won't be anything special. I'll probably do some chores—clean my apartment, wash clothes, and of course, get some sleep.

M：この週末は何をするの？

W：うーん、変わったことは何もないわ。たぶん家のことをするわ。部屋の掃除とか、洗濯とか。それにもちろん睡眠を十分にとるっていうのもあるわ。

NOTE 現在進行形の〈be＋-ing〉が近い未来を表わすときもあります。

056 be planning to *do*

MP3-058

W：What's your plan for the break?

M：I'm planning to have a potluck party. You know, everybody brings some food, and we'll have a barbecue in our yard. Of course, you're invited.

W：休暇はどうするつもりなの？

M：ポトラック・パーティーを開こうと考えているんだ。みんなが食べ物を持ってきて、うちの庭でバーベキューをするっていうわけさ。もちろん、君も頭数に入っているよ。

NOTE ここでbringが現在形で使われているのは、potluck partyの定義を述べているからです。話し手はみんなが食べ物を持ってくる瞬間をイメージしているわけではありません。

057 intend to *do*

MP3-059

M：Are you going to move to New York by yourself or with your family?
W：I'm going alone. My husband has made it clear he intends to stay here.

M：ニューヨークには君1人で引っ越すの、それとも家族と一緒なのかい？
W：私1人よ。夫ははっきりここに残る意思を表明しているし。

NOTE intend to *do*を強調する際はfullyを使います。
例 The striker told the reporters that he fully intends to play for the team next season.

11 希望・要望を伝える

058 want to *do*

🔊 MP3-060

W：What do you want to be in the future?

M：Well, after graduation, I want to work as a public officer. I don't intend to make a lot of money, but I want a stable job.

W：将来何になりたいのですか？

M：そうですね、卒業したら、公務員として働きたいです。それほどお金を稼ぎたいと思いませんが、安定した仕事に就きたいです。

NOTE △What do you want to become ... ?とは通常言いません。

059 would like (sb) to *do*

🔊 MP3-061

M：Is there anything you'd like to ask of your husband?

W：I would like him to come back home a little bit earlier and play with the kids. Other than that, I think he's been supportive enough.

M：ご主人にお願いしたいことは何かありますか。

W：もう少し早く帰ってきて子どもと遊んでくれるといいのですが。他のことに関しては十分協力的だと思います。

NOTE would like to *do* は 058 want to *do* の丁寧な言い方です。want to *do* が〈want＋(sb)＋to *do*〉「〈人〉に…してほしい」と使えるのと同様に、would like to *do* も〈would like＋(sb)＋to *do*〉と使うことができます。

060 ask (sb) (sth)
ask (sth) of (sb)

🔊 MP3-062

W：Do you want to ask anything of your wife?

M：Well, only one thing—I want her to give me more money for lunch. She gives me 200 yen every morning, but that's not enough.

W：奥さんに何かしてほしいことはありますか。
M：ええと、たった1つだけ。昼食代がもっとほしいんです。毎朝200円くれるけれど、それじゃ足りないんです。

NOTE 〈ask＋(sb)＋(sth)〉と〈ask＋(sth)＋of＋(sb)〉は同じ意味で使うことができます。

061 ask (sb) to *do*

MP3-063

M：What do you do at work?
W：I work as an engineer, but I have to do some other work as well. Since I speak both English and Japanese, some of my coworkers often ask me to translate some sentences into Japanese.

M：職場では何をなさっていますか。
W：エンジニアとして勤務していますが、他の仕事もしなければいけません。英語と日本語が話せるので、いくつかの英語の文を日本語にしてほしいとよく頼んでくる同僚がいるんです。

NOTE 〈ask＋(sb)＋to *do*〉で「〈人〉に…するように頼む」。

062 tell (sb) to *do*

MP3-064

W：Which do you prefer, working independently or working with other people?
M：To be honest, I like to work alone. I don't like telling others to do something for me.

W：1人で働くのと他の人と働くのと、どちらが好きですか。
M：正直言いますと、1人で働くほうが好きです。他の誰かに何かをするように言うのは好きじゃないんです。

NOTE 〈tell＋(sb)＋to *do*〉で「〈人〉に…するように言う」。

12 提案する／忠告する

063 may want to *do*

MP3-065

M：I feel sick today.
W：You may want to see your doctor.

M：今日は気分が悪いんだ。
W：医者に行ったほうがいいよ。

NOTE youで始めるときはshould / ought to / might want toのいずれかを使うのが無難。had betterは、不利益・トラブルが起きそうだという強い警告に用います。
例 A typhoon is coming. We'd better stay inside.

064 suggest that (sb) *do*

MP3-066

M：What am I supposed to do to make more international friends?
W：I suggest that you go to the kind of parties where people from other countries gather.

M：もっと外国人の友達を作るにはどうしたらいいのかな。
W：他の国から来た人たちが集まるパーティーに行ってみることを勧めるけど。

NOTE 提案や要求を表わすsuggest / recommend / request / insist / askに続く〈that S＋V〉のVは、主語の人称や数・時制にかかわらず原形です。
例 Shawna suggested that her daughter go to the kind of parties …

065 recommend that (sb) *do*

MP3-067

M：What time should I be at the station in order to be certain to catch the train?
W：I recommend that you get to the station at eight o'clock or earlier.

M：電車に確実に間に合うためには何時に駅に着けばいいのかな。
W：8時かそれより前に駅に着くようにしたらいいわ。

NOTE I recommend getting to the station… のような言い方もできます。

066 encourage (sb) to *do*

🔊 MP3-068

W：Do you think college students should study more or should they engage in more activities outside the classroom?

M：I would encourage them to do whatever they like, whenever. Life is pretty much limited.

W：大学生はもっと勉強すべきだと思いますか、それとも学校外の活動に打ち込むべきだと思いますか。

M：私は彼らに、何でも、いつでも自分の好きなことをしたらいいと言いますね。人生はかなり短いですから。

NOTE 〈encourage＋(sb)＋to *do*〉で「〈人〉に…するよう勇気づける」。

067 advise (sb) to *do*

🔊 MP3-069

W：How come you have such a large amount of money?

M：As a kid, my mother advised me to save money, and I have kept doing that.

W：なんでそんなにたくさんのお金をもっているの？

M：子どものころ、母親が貯金しなさいって言ってね、それからずっとそうしているんだ。

NOTE 〈advise＋(sb)＋to *do*〉で「〈人〉に…するように勧告する」。suggestよりも具体的かつ命令に近いニュアンスを含みます。

068 urge (sb) to *do*

🔊 MP3-070

M：What should we do before the test?

W：I urge you to review what you have learned in this class.

M：テスト前に何をしたらいいでしょうか。

W：この授業で勉強したことを復習しておいたほうがいいでしょうね。

NOTE 〈urge＋(sb)＋to *do*〉で「〈人〉に…するよう促す」。

069 Should I *do* ...?

MP3-071

W：What should I do after I finish this?

M：Not much. Well, be sure to turn off all the lights before you go.

W：これが終わったら何をしましょうか。

M：それほどすることはありません。そうですね、ここを出る前に全ての照明を忘れずに消してください。

NOTE 古いイギリス英語では「…しましょうか」と相手に気を利かせて申し出るときに、Shall I *do* ...? という表現を使いますが、最近はアメリカ英語を中心にShould I *do* ...? / Do you want me to *do* ...? を使う人が増えているようです。

㊎What do you want me to do after I finish this?（これを終えたら何をしましょうか）

070 Would you like to *do*?

MP3-072

M1：Would you like to go to dinner with us?

M2：I'm sorry, but I have a previous engagement.

M1：私たちと一緒に夕食に行きませんか。

M2：残念ながら先約があるんです。

NOTE 願望を表わすwould like to *do* を疑問文で使って提案の表現として使うことができます。断るときはI'm sorry, butの後に断る理由を述べます。

071 Would you like me to *do*?

MP3-073

M：Oh, are you going to fly to Los Angeles tomorrow? Would you like me to give you a ride to the airport?

W：That'd be great. Thanks!

M：え、明日ロスアンジェルスに行くの？　空港まで車で乗せていこうか？

W：そうしてくれると助かる。ありがとう！

NOTE 実際の会話では、親切な申し出としてWould you like me to *do*? がよく使われます。返答としてはThat's very kind/nice of you. / That'd be great. / That really helps. などが一般的です。

13 意見・判断・推測を述べる

072 I'm pretty sure ...

MP3-074

W1：I heard you're playing tennis with a few people from our psychology class on Friday. Can I join you guys?

W2：I think so. I'll call Kimmie to ask if it is okay, but I'm pretty sure she'll say yes.

W1：金曜日に心理学のクラスの人の何人かとテニスをやるって聞いたわ。私も加わっていい？

W2：いいと思うわ。キミーに確認してみるけど、たぶん、いいって言うはず。

NOTE I'm certain ... / I'm positive ... と言い換えることもできます。

073 I believe (that) sb should *do*

MP3-075

W：What should be done for children in your country?

M：Well, I believe we should have a better education system. Now, kids should learn how to think as well as learn new things.

W：あなたの国の子どもたちのためになされるべきことは何でしょうか。

M：そうですね、いい教育制度が必要だと思います。今は、新しいことを学ぶだけじゃなくて考えることも学んだほうがいいでしょう。

NOTE 〈I think that＋S＋V〉が最も一般的ですが、この場合のthink / believeは、ネイティヴスピーカーにとってほぼ同義語なので、〈I believe (that) S＋V〉もよく使われます。

074 I would say (that) …

MP3-076

M：Do you think it's okay to tell a lie?

W：I would say there are some cases when lies are acceptable. For example, it seems like people sometimes have to lie so as not to hurt others.

M：うそをつくのはいいと思いますか。

W：うそが許されるときというのはあると思います。例えば、相手を傷つけないようにうそをつかなくてはならないときもあるのではないでしょうか。

NOTE I would say ＝ I thinkと考えて構いません。

075 I guess (that) …

MP3-077

W：Which type of job sounds better to you, something that you really like but that doesn't offer much money or that which is not interesting but gives you a lot of money.

M：I guess I'd go with the job that offers a bunch of money. To me, money is much more important than other rewards at the workplace.

W：どちらの種類の仕事があなたにとって良いと思われますか。自分が好きだけれども報酬の少ない仕事と、報酬は高いけれども面白くない仕事と。

M：ぼくなら、たくさんお金がもらえるほうの仕事にします。ぼくにはお金が仕事場で得られる何よりも重要なものです。

NOTE 〈S＋sound＋形容詞〉「Sが…のように思える」はThat sounds great. のように使います。この場合、主語はThatですが、greatと判断しているのは話し手であることがわからないとうまく使いこなせません。look / seemも同様です。

076 I gather (that) ...

MP3-078

W：Why do Japanese people work so hard?
M：I gather they feel obligated to devote themselves to their companies.

W：なぜ日本人はそんなに一生懸命働くの？
M：たぶん会社に尽くさないといけないと思っているからじゃないかな。

NOTE このgatherは 075 guess / 080 supposeとほぼ同じ意味ですが、周囲の状況など何か証拠になるものから判断するニュアンスがあります。

077 personally,

MP3-079

M：Which lettering color do you think would best match the background?
W：Personally, I prefer the blue.

M：どっちの文字の色が背景に合っていると思う？
W：個人的には青い文字がよいと思うな。

NOTE Personally, には「他の人はどう考えているかは知らないが」「他の人は違うかもしれないが」というニュアンスがあります。I think ... / I believe ... / In my opinion, の代用表現として使うことができます。

078 probably

MP3-080

M：What do you think you'll be doing in five years?
W：I'll probably be married to somebody—hopefully to Zany, my current boyfriend. And I hope I can keep my current job, which I love.

M：5年後、あなたは何をしていると思いますか。
W：たぶん誰かと結婚していると思います。うまくいけば今の彼氏のザニーと。それに今の仕事を続けていられればと思います。この仕事が好きなので。

NOTE 5年後にどうしているかを思い浮かべているので、will be *doing* という形が使われています。

079 be afraid that …

MP3-081

M：Will I be able to make Andrea like me?

W：I'm afraid that you won't be able to change her own feelings—she said she doesn't need a boyfriend for a while. To be honest, you don't seem to be her type.

M：アンドレアはぼくのことを好きになってくれるかな。

W：彼女の気持ちを変えるのは難しいと思うな。しばらく彼氏はいらないって言っていたし。ハッキリ言って、あなたは彼女の好みじゃないわ。

NOTE 〈be afraid that S＋V〉「残念ながら…だと思う」は、〈I think (that) S＋V〉に似ていますが、〈S＋V〉が否定的な内容のときに使われます。

080 I suppose …

MP3-082

W：Is Satoshi Japanese?

M：A lot of people have doubted whether he is Japanese. He's got a Japanese name, but he speaks with a perfect American accent. I suppose he's American.

W：サトシは日本人なの？

M：彼が日本人かどうかたくさんの人が気になってるみたいだね。彼は日本人の名前だけど、完全なアメリカ英語で話している。たぶん彼はアメリカ人だよ。

NOTE 〈I suppose S＋V〉の他、075〈I guess S＋V〉、076〈I gather S＋V〉が確信のない推測を表わし、挿入句的に使われているとき、that はほとんどの場合省略されます。△ I suppose that he's American.

081 Obviously, ...

MP3-083

M：Sally never does housework or takes care of our son. She has no job, makes me work overtime, and spends most of the money I make. What's more, I just saw her kissing a young guy on the street...

W：Poor Larry. Obviously, it's time to take action. You ought to break up with her.

M：サリーは決して家事をしないし、息子の面倒をみない。仕事はしていないし、ぼくに残業するように言うし、ぼくが稼いでくるお金のほとんどを使ってしまう。さらに、さっき通りで若い男にキスしているのを見てしまったんだ…。

W：かわいそうなラリー。明らかに行動を起こすときよ。彼女と別れるべきよ。

NOTE It is obvious that ... と言うこともできます。

082 it is clear that ...

MP3-084

W1：Roger was like, "Trust me. I swear that I don't have any friend named Levy", but I found out he's got a friend with that name on social media.

W2：It is clear that he's lying.

W1：ロジャーったら、「信用しろって。誓っていうが、俺にはリーヴァイという名前の友達なんかいない」というんだけど、SNSでその名前の友達がいることに気付いちゃった。

W2：確実にうそをついているわね。

NOTE 072 I'm pretty sure ... などの表現が主観的なのに対して、it is clear that ... には客観的証拠から「明らかだ」と言っているニュアンスがあります。

083 Apparently, …

MP3-085

M：Alicia is very athletic. Apparently, she's the captain of the local soccer team.
W：Oh, that's why she's stolen your heart.

M：アリシアはとても運動好きな女性だ。確か、地元のサッカーチームのキャプテンだよ。
W：それで、あなたのハートをがっちりつかんじゃったのね。

NOTE Apparently, に続く内容が事実であるかは文脈次第です。
㊞ Apparently, Paula died of a stroke in her car.（ポーラは車の中で発作で亡くなったようだ）

084 it seems like …

MP3-086

M：It seems like a lot of people are thinking about leaving.
W：I know. It's so sad.

M：たくさんの人たちが辞めることを考えているみたいだ。
W：知ってる。悲しいよね。

NOTE it seems that … よりも口語的かつ、幅広い状況で使われます。

085 take (sth) personally/seriously/literally

MP3-087

W1：I just made a joke about single women in their 30s. I didn't mean to direct it at her. For some reason, though, she took it personally.
W2：How could you say such a thing? It's natural that she'd lose her temper.

W1: 30代の独身女性についての冗談を言っただけなんだけど。彼女を指して言ったつもりはなかったのに、でも、なぜか彼女は自分のことと思ったみたい。
W2: そんなことよく言えたものよね。彼女が怒るのも当然よ。

NOTE このtakeは「理解する」「解釈する」という意味です。

086 take (sth) for granted

MP3-088

M：I took it for granted that Sarah would accept my proposal, so my mind went blank when I heard her say, "Sorry, I can't."

W：I'm sorry to hear that.

M：当然サラはぼくのプロポーズを受け入れてくれると思ってたから、「ごめんなさい、お受けすることはできません」と言われたときは頭が真っ白になった。

W：残念ね。

NOTE (sth) の部分が〈that S＋V〉という長いカタマリのときは、take it for granted that... という形をとります。この形をとらないときは「(当然のことだと思っていて) 大事にしない」というニュアンスがあります。

例 Most Americans take their freedom for granted.（多くのアメリカ人が自由であることを当たり前だと思っている）

14 発言を和らげる

087 Honestly, …

🔊 MP3-089

W：What's your first impression of Tokyo?
M：Honestly, you know, it's too big and too crowded.

W：東京の第一印象はどう？
M：正直言って、大きすぎて、混みすぎかな。

NOTE to be honest / to put it bluntly / frankly も同じように使えます。

088 Seriously

🔊 MP3-090

W：I'm going to apply for a program to study theater performance in France.
M：Seriously, are you planning to go to France to learn how to act?

W：フランスで演劇の勉強をするプログラムに申し込むの。
M：真面目な話、本当に演技の勉強をするためにフランスに行くつもりなの？

NOTE「冗談じゃないんだよね」というニュアンス。単独でもよく使われます。
例 I'm leaving L.A. — Seriously?

089 really and truly

🔊 MP3-091

W：Sorry, I did my best, but I may not have lived up to your expectations.
M：What're you saying? Really and truly, you did an excellent job.

W：ごめんなさい、最善を尽くしたのですが、ご期待には添えなかったかもしれません。
M：何言っているんですか。本当に冗談抜きで、すごくよい仕事をなさいました。

NOTE 088 seriouslyに似ていますが、seriouslyが冗談の対比として使われるのに対して、これは本気でそう思っていることをアピールするのに使います。

090 basically / essentially

MP3-092

M：What do you think of Sandra?
W：Basically, she's a liar. I can't trust her.

M：サンドラのこと、どう思う？
W：基本的に彼女うそつきだよね。信用できない。

NOTE 「ざっと」「ざっくり言えばこういうことだ」とおおざっぱに意見や内容を伝えるときに使います。

091 hopefully

MP3-093

W：When are we going to finish this project?
M：Hopefully everything will be done in August, but I'm not sure.

W：このプロジェクトはいつ終わるのですか？
M：うまくいけば8月には全てが完了しているはずですが、確信はありません。

NOTE 希望的な見通しを述べるときに使います。

092 my understanding is (that) ...

MP3-094

W：Do you think we should pay for using the tennis court?
M：My understanding is that we're allowed to use the court for free on Saturdays only.

W：テニスコートを使うのにお金がいると思う？
M：ぼくの理解では、コートを無料で使えるのは土曜のみってことだけど。

NOTE It is my understanding (that) ... と言い換えることもできます。

093 I hate to tell you this, but ...

MP3-095

M：I've made a decision. I'll fire Kevin.

W：I hate to tell you this, but I believe you're making a huge mistake.

M：決めた。ケヴィンを解雇するよ。

W：言いたくないけど、あなたは大きな過ちを犯そうとしていると思うわ。

NOTE いきなり意見を言う前に、相手を気遣ってクッションとして言う表現です。

094 I probably shouldn't tell you this, but ...

MP3-096

W：Although Nick and I broke up, I wonder if we could get back together.

M：I probably shouldn't tell you this, but Nick has already started dating another girl.

W：ニックと別れたけど、またよりを戻せるかななんて考えているの。

M：たぶん、これを言わないほうがいいんだけど、ニックはもう他の女の子と付き合い始めているよ。

NOTE 自分の言うことが相手に与える影響を考えながら伝えるときの表現です。

15 過去の出来事や体験を述べる

095 terrible

MP3-097

W：How was the weather in London?
M：It was terrible. It rained every day.

W：ロンドンの天気はどうだった？
M：ひどかった。毎日雨が降ったんだ。

NOTE 出来事を述べるときは、最初に「よい」か「悪い」かをおおまかに述べて、その後具体的に述べるのが普通です。great / awesome / wonderful / fantasticといった肯定的な「よい」「すばらしい」の対義語がterribleです。

096 was the most … experience in *your* life

MP3-098

M：Tell me about the most embarrassing experience in your life.
W：It was just yesterday. On my way to work, I had to cross a giant mud puddle. I tried to leap over it, but I ended up stepping right in it, getting all wet. When I looked back, my coworker was there, grinning. I gather he saw everything. It was so embarrassing.

M：今までに経験した一番恥ずかしいことを話して。
W：昨日のことなんだけど。会社に向かう途中、大きな水たまりを越えなくちゃいけなくて。跳んで乗り越えようとしたけど、結局そこにはまってすっかりずぶ濡れになっちゃったの。振り返ったら、同僚がそこにいてにやにやしていたのよ。たぶん一部始終見てたんだと思う。本当に恥ずかしかった。

NOTE 男性の問いかけに対して、女性はIt was just yesterday. と答えていますが、What happened just yesterday was the most embarrassing experience in my life. のように言うこともできます。このように、情景描写をするときは、〈もの・こと〉が主語の文をよく使います。

097 used to would

MP3-099

W：What kind of games did you play as a child?

M：I used to play soccer with a few friends. I would go to a park near our school. We would play until it got dark almost every day. I used to play soccer very well, but not anymore.

W：子どものころ、どのような遊びをしましたか。

M：よく友達とサッカーをしていました。学校の近くの公園に行って、ほとんど毎日暗くなるまで遊びました。昔はとても上手にサッカーをしたんですが、今はもうしませんね。

NOTE 過去に習慣的にしていたことを表現するとき、まずused toで全体的なことを述べて、それから個別の習慣的なことはwouldで表わしていきます。最終的にused toでもう一度まとめます。

098 *My* best … memory was …

MP3-100

M：What is your best high school memory?

W：My best high school memory was in my second year. I helped the men's soccer team as an assistant, and our team won the prefectural championship. Plus, I started dating the team captain. I was so happy.

M：高校時代の一番の思い出は何ですか。

W：私の高校の一番いい思い出は2年生のときのことです。マネージャーとして男子サッカー部を手伝って、部が県大会で優勝しました。また、チームのキャプテンと付き合い始めました。とても幸せでした。

NOTE be動詞のような状態を表わす動詞で始め、やや動作性の強い動詞の過去形を使って具体的に経験したことを描写しています。

16 状況や状態の変化・継続を表わす

099 change

MP3-101

W：Sean has changed a lot since he entered college. He used to look unsure of himself and was so reserved, but now he's like, "Hi Michelle, how's it going? You look great as usual."

M：I totally agree. He looks so confident and relaxed. Having said that, he still has his nice, warm personality.

W：ショーンは大学に入ってから変わったわ。彼は自信がなさそうにしていてすごく消極的だったのに、今じゃ「やあ、ミシェル、調子はどう？　いつもどおりきれいだね」みたいな感じよ。

M：まったくそのとおりだね。すごく自信があって落ち着いて見える。そうはいっても、彼はまだやさしくてあたたかい性格を持ち合わせているよ。

NOTE 変化を表現するために〈have＋-ed/en〉が使われています。

100 increase

MP3-102

W：How's your life as a manager?

M：Well, my workload has definitely increased. I can't complain, though.

W：管理職としての生活はどう？

M：うーん、明らかに仕事量が増えたよ。文句は言えないけどね。

NOTE「増える」を表わします。逆に仕事量が減った場合はdecreaseを使い、My workload has decreased. と言います。また、管理職になってから現在まで時間に幅があるので、〈have＋-ed/en〉が使われています。

101 more and more fewer and fewer

MP3-103

M：Do you think that Tokyo is an international city?

W：I do. More and more people from foreign countries live in Tokyo.

M：東京は国際的な都市だと思いますか。

W：思います。外国から来た人たちがどんどん東京に住むようになっています。

NOTE more and more ...「より多くの…が」の反対は、fewer and fewer ... です。
㊎Fewer and fewer Japanese people study abroad.（留学する日本人はますます減っている）

102 a lot/much/far/way better than

MP3-104

W：How's your new job?

M：My new workplace is a lot better than the previous one. I've got a better boss, better colleagues, and better work.

W：新しい仕事はどうですか。

M：新しい職場は前の職場よりずっといいですね。前よりもよい上司、よい同僚、よい仕事になりました。

NOTE 過去と現在を比較しています。「…よりずっとよい」という表現をするときは、X is a lot/much/far/way better than Y という表現を使うことができます。

103 turn

MP3-105

M：On the train, I saw a high school girl wearing her top inside-out, so I pointed it out. I meant well, but she suddenly turned red with embarrassment and looked at me with accusing eyes. I felt bad about it.

W：You didn't do anything bad, but girls at that age usually don't want to look awkward in public, especially in front of a young, handsome guy like you.

M：電車の中で、高校生の女の子がシャツを裏返しに着ているのに気付いたんで教えてあげたんだ。よいことをしたつもりだったけど、彼女は急に決まり悪そうに真っ赤になって、責めるような目でこっちを見たんだ。悪いことをしたみたいだ。

W：何も悪いことはしていないけど、その年頃の女の子って人前でかっこ悪く見られたくないものよ、とくにあなたのような若くてハンサムな男性の前では。

NOTE 1)〈turn＋形容詞〉で「…の状態になる」。

例 Amanda turned 17 last week.（アマンダは先週17歳になった）

Before the cherry blossoms have fully bloomed, it has turned warm.（桜の花が満開になる前に暖かくなった）

2) goを使って表現することもできます。

例 Her face went red with embarrassment.

104 grow

🔊 MP3-106

W1：The idea of speaking in front of a large number of people just freaks me out.

W2：I used to have butterflies in my stomach too, but my confidence grew with each presentation. You can do it!

W1：大勢の人の前で話すと考えるだけで、すごくこわくなってくるの。

W2：私もすごく緊張することはあったけど、プレゼンをする度に自信がついてきたの。やればできるわ！

NOTE growは「育つ」という意味で、動植物について述べるときに使います。

例 Potatoes grow well in this area.（この地域ではジャガイモがよく育つ）

そのため、比喩的に大きくなるときにもよく使います。また、〈grow＋形容詞〉の用法もあります。

例 My love for Andrew is growing stronger.（アンドリューへの私の愛は強くなっている）

105 become

MP3-107

W：Dan is so bad—he put a toy spider right next to Sarah. She became pale with fright.

M：I can't believe that a grown-up would still do such a stupid prank.

W：ダンは本当にひどいの——彼はサラのすぐ横におもちゃのクモを置いたの。彼女は恐怖で真っ青になったのよ。

M：大の大人がそんなバカないたずらをするなんて信じられないな。

NOTE She grew pale with ... と言うこともできます。

106 get

MP3-108

M：I'm getting too old to drink like you guys do.

W：Oh, come on! It's written all over your face. We won't push you to do anything you don't want to, but I'm pretty sure you'd really like to have fun with us.

M：もう歳だから君たちのようには飲めないよ。

W：まあ、そんなこと言って！　顔に書いてありますよ。したくないことを無理してさせる気はありませんが、絶対あなたはいま私たちに付き合いたいと思っていますよね。

NOTE 〈get＋形容詞〉で「～になる」。この用法では、基本的に get＝become と考えて構いません。

107 stay

MP3-109

M1：How did you get to know Aaron?

M2：We first met in college. We've stayed friends even after graduation.

M1：アーロンとどうやって知り合ったの？

M2：最初は大学で出会ったんだ。卒業してからもずっと友達でいる。

NOTE この場合は stay friends というコロケーションで名詞がきていますが、stay safe/warm のように形容詞を続ける場合もたくさんあります。

108 remain

MP3-110

M：Let's remain silent until we get more information about the topic.
W：I couldn't agree with you more.

M：この話題についてもっと情報が入ってくるまで黙っていることにしよう。
W：賛成。

NOTE 状態の継続または不変を表わす動詞として、remain / keep / safe がよく使われます。

17 出来事の始まり・ものごとの起点を述べる

109 at the beginning (of (sth))

MP3-111

M：How does the movie begin?

W：Well, it is the same as most mystery stories. There is a murder at the beginning.

M：その映画はどういう始まり方をするの？

W：うーん、ほとんどのミステリーと同じかな。最初に殺人が起こるの。

NOTE There is a murder at the beginning of the movie/story. とも言えます。

110 in the beginning

MP3-112

W1：How's the school going?

W2：Pretty good. In the beginning, I had difficulty making friends. But now, I have a few girls to hang out with.

W1：学校はどう？

W2：かなりうまくいっているわ。最初は友達をつくるのに苦労したけど。今は何人か一緒に遊ぶ子がいるの。

NOTE 出来事の最初の段階を表わします。×in the beginning of (sth) の形で使われることは通常はありません。

111 at first

MP3-113

W：At first, I thought that Jason was a very shy, quiet person, but then I realized that he talks your ear off.

M：Oh, Jason is such a chatterbox. I can't believe you've thought of him as a quiet guy even once.

W：最初はジェイソンは静かでおとなしい人だと思ったけど、結構おしゃべりなことに気付いたの。
M：ああ、ジェイソンはおしゃべりだよ。君が1度でも彼がおとなしいと考えたのが信じられないな。

NOTE ものごとの最初の段階を示し、その後との対比に使われることが多いです。

112 To begin with, …

MP3-114

W1：Who should be the next treasurer? Maybe Alan?
W2：No way! To begin with, he's not a detail-oriented person. And besides that, he's too busy to take the role.

W1：だれが次の会計をやるべき？　アランかしら？
W2：とんでもない！　まず第一に、彼は細かいことのできる人じゃないし、その役割を引き受けるには忙しすぎるもの。

NOTE「まず第一に」いくつか述べる要点の中から最も大事なことを述べるときに使います。

113 happen

MP3-115

W1：An unbelievable thing happened. Martha got a promotion and a raise. You know, she comes to work late and skips important staff meetings.
W2：You've got to be kidding! Well, she's always sucking up to Mr. Anderson, who is pretty dumb to be taken in by her flattery.

W1：信じられないことが起きたわ。マーサが昇進して給料が上がったのよ。わかるわよね、彼女いつも遅れてきて、大事な会議をすっぽかすっていうのに。
W2：冗談でしょ！　でも、彼女いつもアンダーソンさんにゴマすっているものね、彼は彼女の上手なお世辞にすっかりだまされるぐらいバカだし。

NOTE「(ものごとが) 起こる」という意味の最も一般的な語です。

114 occur

MP3-116

W1 : How's your workplace? When we met last time, you complained that you got a new boss and he listens to nobody.

W2 : I gather a change is gradually occurring in him. Now he is trying to communicate with us.

W1：職場はどう？　この前会った時は、新しい上司が誰のいうことも聞かないって怒ってきたけど。

W2：彼に少しずつ変化が起こっているみたい。今、彼は私たちとコミュニケーションを取ろうとしているわ。

NOTE A change is gradually taking place. / I can see a change gradually occurring. などのように言うこともできます。

115 break out

MP3-117

W1 : What are we supposed to do? Dana and Rick have broken out into a heated argument.

W2 : Don't worry. They do it all the time. They'll eventually make up.

W1：どうする？　デイナとリックの間で激論が起きてしまったわよ。

W2：大丈夫。いつものことだから。結局は仲直りするのよ。

NOTE break out は戦争など起こったことが激しいものを主語にして使われることもあります。

例 A riot broke out in Atlanta.（アトランタで暴動が起こった）

116 appear

MP3-118

M：I've tried to believe that Ralph is innocent, but some doubts have appeared.

W：Yeah, he didn't tell us that he worked with Mr. Howell in the past.

M：ラルフが無罪だと信じようと思ってきたけど、疑念が生まれてきたよ。

W：そうよね、彼は私たちにハウエルさんと一緒に働いたことがあったなんて言っていなかったもの。

NOTE appearはネガティヴな心理状態のときによく使われます。

117 disappear

MP3-119

W：I just got a text from Tom. He says he can make it on time.

M：Oh really? That helps my worries disappear.

W：今、トムからメッセージがきた。時間どおりに来られると言っているわ。

M：本当に？　じゃあぼくの心配はなくなった。

NOTE 116 appearの対義語です。

118 set off

MP3-120

W1：I am fed up with Wendy. She's a real big mouth.

W2：I agree. Her careless comments have set off a chain of events that have gotten a lot of people involved now.

W1：もうウェンディーにはうんざり。彼女は何でもしゃべっちゃうんだもん。

W2：まったくだわ。彼女の不注意な発言がたくさんの人を巻き込んだ一連の出来事になったんだから。

NOTE ここでは「…を引き起こす」という意味ですが、We set off on foot for the station.（私たちは徒歩で駅へ向かい始めた）のように、最も基本的な使い方も確認しておきましょう。

18 途中経過・進行状況を表わす

119 First (of all), …

MP3-121

M：I went on a school trip to Nara and Kyoto. First, we went to Nara to see a big statue of the Buddha. Next, we played with deer. Then, we moved on to Kyoto and visited some famous temples. Last, we went downtown and walked around at night.

M：修学旅行で奈良と京都に行きました。最初は奈良で大仏を見ました。それから、鹿と遊びました。その後、京都に移動して、いくつかの有名な寺を訪れました。最後に繁華街に行って、夜にあたりをぶらぶらしました。

NOTE 時間順に出来事を述べるときは、〈First, … Next, … Then, … Last, …〉あるいは〈First, … Then, … Next, … After that, … Finally, …〉のように展開していくのが一般的です。

120 And then, …

MP3-122

W1：Oh, you talked to Nick this morning on the train. You like him, huh?

W2：Yeah, here's what happened—I say hi to him, and he responds. And then, he immediately smiles. I think, "he likes me too," and I smile back. And then, …

W1：ねえ、ニックと今朝電車で話してたわね。彼のこと好きなんでしょ？

W2：うん、それで、起こったことっていうのがね。まず彼に「こんにちは」って言うでしょ、そして返事がくる。それから、彼がすぐに笑みを浮かべるの。で、思ったの、「彼も私のことが好きなんだ」って。私は微笑み返して、それでね、…

NOTE And thenは、話し言葉でカジュアルな状況でかなり頻繁に使われる表現です。

121 Second, …

MP3-123

M：Would you help me get a position at your company? I need money.
W：Sorry, Mitch. I'm afraid you're disqualified for a few reasons. **First,** you don't start work on time and leave too early. Second, you never follow the directions of your supervisor. **Lastly,** you don't have the professional skills required at my work.

M：君の会社で何か職につけるように力を貸してくれないかな。お金が要るんだ。
W：ごめんなさい、ミッチ。悪いけどいくつかの理由でダメだと思う。まず、時間どおりに仕事を始めないでさっさと退社しちゃう。次に上司の言うことをまったく聞かない。それに、仕事で必要な専門知識がないわ。

NOTE 要点を列挙するときは、〈First(ly), … Second(ly), … (Third(ly) …,) Lastly/Finally, …〉を使うのが一般的です。

122 After that, …

MP3-124

M1：You have to answer the question within one minute. After that, I'm going to ask more about your answer.
M2：All right.

M1：1分以内に答えてください。その後、あなたの回答についてまたいくつかの質問をします。
M2：わかりました。

NOTE 出来事をストーリー風に述べるときに、〈First, … Then, … Next, … After that, … Finally, …〉をパターンとして使うことも確認しておきましょう。

123 make progress

MP3-125

W：Are you done with the sales report?

M：Not yet, but I'm making progress.

W：営業報告書は終わったの？

M：まだだけど、進んではいる。

NOTE 作業などの進行を表わす、最も一般的な表現です。

124 come along

MP3-126

M1：So..., how's your new business?

M2：It's alright. We're coming along.

M1：それで、新しい事業はどう？

M2：大丈夫だよ。よい方向に進んでいる。

NOTE 口語でよく使われます。withをつけることもあります。

例 How's Chris coming along with his guitar practice?（クリスのギターの練習はどんな感じで進歩しているのかな？）

125 halfway through

MP3-127

W：We're already halfway through the project.

M：Yeah, the remaining half seems challenging, though.

W：プロジェクトも半分は終わったわね。

M：そうだね。でも、残りの半分はきつそうだよ。

NOTE halfway throughは経過の中盤を表わすときにたいへんよく使われる表現です。

126 be getting there

MP3-128

M：Where are we?
W：We've got to do a few more things, but we're getting there.

M：いま、どのくらいまでできてる？
W：まだいくつかやらなきゃいけないけど、ゴールは見えている。

NOTE be getting there は目標達成が近づいてきたときに使われる表現です。

127 still *doing*

MP3-129

W：Have you found a new job yet?
M：No, I'm still trying to find the right fit.

W：新しい仕事はもう見つかった？
M：いや、これだというのを、まだ探しているところなんだ。

NOTE No, I haven't quite found the right fit yet. のように、〈have＋-ed/en〉でそのまま返すことももちろんできますが、「未完了＝状態の継続」と気付けば〈be＋-ing〉で答えることができます。

128 go nowhere

MP3-130

M：We've gone nowhere with this project.
W：Right, we've already found it to be unsuccessful.

M：この企画、まだ何も進行していないね。
W：そう、すでにうまくいかないってわかってるよね。

NOTE get を使って言うこともできます。
例 We've gotten nowhere with this project.

19 出来事の終わり・結果を伝える

129 eventually

◀)) MP3-131

M：How many times have you changed jobs?
W：After working for eight companies, I eventually found the right one.

W：何度転職したの？
M：8つの会社に勤めた後、ついにこれという会社を見つけたの。

NOTE「ついに」という意味です。同じ意味をもつfinallyは、複数あるうちの最後の要点を述べるとき、出来事の終局を述べるときのどちらにも使えますが、eventuallyは出来事の終局を述べるときにしか使えません。eventuallyの言い換えとしては、in the end / at last があります。

130 result in

◀)) MP3-132

W1：Your stupid lie has resulted in the worst outcome—Pamela and Ted broke up.
W2：Seriously? I simply said that Ted might fall for a girl like Heather, as a joke, lightheartedly.

W1：あなたのつまらないうそが最悪の結果を招いたじゃない。パメラとテッドは別れちゃったのよ。
W2：本当なの？　私はただ、テッドがヘザーみたいな女の子にフラっとなるかなって、軽い冗談として言っただけよ。

NOTE X results in Yの形で「Xの結果としてYになる」。〈X：原因 → Y：結果〉の形で因果関係を表わします。

131 lead to

MP3-133

W：Lieutenant Pratt's investigation eventually led to the discovery of crucial evidence linking Sam Reiss to the murder.

M：Oh, that's great news. I knew he'd do it.

W：プラット警部補の調査がついにサム・ライスと殺人をつなげる決定的な証拠を見つけるに至ったわ。

M：ああ、それはよかった。彼は解決すると思っていたよ。

NOTE X leads to Yで2つの名詞の因果関係を表わします。

132 end up

MP3-134

W：You look a bit tired. What did you do last night?

M：Well, I went downtown for shopping, and I saw Mathew, a friend of mine, on accident. We hadn't seen each other for a while and decided to have dinner together. We ended up drinking until 4 in the morning.

W：少し疲れているみたいね。昨日の夜は何をしたの？

M：ええと、ダウンタウンで買い物をしていたら友達のマシューに偶然会ったんだ。しばらく会っていなかったから、一緒に食事をすることにしたのさ。それで結局、4時まで飲んでたんだよ。

NOTE end up *doing*「…して終わる」end up in/with/... (sth)「Xで終わる」のいずれの用法もよく使われます。

133 wind up

MP3-135

W1：Teressa started out wanting to be a movie star, so how did she wind up in jail?

W2：Well, she hooked up with a couple of bad guys.

W1：テレサは映画女優になろうとしたのに、なんで刑務所に入ることになったの？

W2：そうね、何人かの悪い男にひっかかったのよ。

NOTE 132 end upと基本的に同じです。 ... so how did she end up in jail? と言い換えることもできます。

134 turn out

MP3-136

M：I left the company I worked almost a decade for and started at another one, looking for a better environment. The new workplace turned out to be worse than the previous one.

W：That's too bad.

M：10年近く働いた会社を辞めて他の会社で働き始めたんだ、よりよい環境を求めて。新しい職場は前よりも悪いことに気付いたよ。

W：それは気の毒に。

NOTE It turned out that my new workplace was worse ... ということもできます。

135 prove

MP3-137

M1：A year ago, everybody was against Jessica's plan to attract a large number of young women.

M2：Now it has proven to be successful.

M1：1年前、たくさんの若い女性に向けてキャンペーンを張るジェシカの考えにみんな反対していた。

M2：今やそのキャンペーンが大成功したんだよね。

NOTE It has proven to be a success. とも言えます。〈prove that S＋V〉の用法もあります。

例 Sherlock, can you prove that Professor Moriarty stole this diamond?

136 reveal

MP3-138

W1：Did you find anything new about Tracy's case?

W2：Yeah, the police investigation revealed that Tracy killed Jed. It's terrible.

W1：トレーシー事件になにか進展はあった？

W2：ええ、警察の調査でトレーシーがジェッドを殺したことがわかったの。ひどいわよね。

NOTE「いままで隠れて（隠して）いたものを明らかにする」というrevealは一般的に用いられますが、やや硬い響きがあります。会話では turn out / prove のほうをよく使います。特に人を主語にすることは、報道以外の会話ではまれです。

例 The president revealed that he had an affair with his assistant.（社長は秘書と関係を持っていたことを認めた）

なお、「隠れていた」というニュアンスがないときは、話し言葉でもたびたび使われます。

例 The look on her face revealed what she had on her mind.（彼女の表情から彼女の考えていることは明らかだった）

137 realize

MP3-139

M：I'm glad that you've stopped seeing Jake. He could've taken everything away from you.

W：Right. At first, he seemed to have a lot of good ideas for business, but he started asking me for money. Even after I turned him down, he kept asking. That's when I realized I had to leave him.

M：君はジェイクに会うのをやめてよかったよ。彼は君から全てをうばっていったかもしれない。

W：そうね。はじめは事業のためにたくさんのいい考えがあるように見えたけど、お金を要求し始めて。断ってもまた頼んでくるし。それで、彼から離れないといけないってわかったの。

NOTE 出来事を物語的に語るとき、That's when I realized (that) ... は場面の切り替わりとしてよく使われる表現です。

138 After all,

MP3-140

W：What has become of you and Lori?

M：You see, she chose that rich guy over me. After all, money talks.

W：あなたとローリーはどうなったの？

M：まあ、ぼくよりあの金持ちの男を選んだんだ。結局、金がものをいうんだね。

NOTE 「結局」という日本語の訳だけだと 129 eventually, ... や in the end, ... と区別がつきませんが、After all, には前に述べた内容の理由を示すニュアンスがあり、使い方はだいぶ異なります。

139 complete

MP3-141

M：It took almost four years to complete my master's.
W：Congrats!

M：修士過程を終えるのに4年近くもかかった。
W：おめでとう！

NOTE「終わらせる」の最も一般的な表現です。

140 wrap up

MP3-142

W：Oh, it's ten to noon.
M：Okay, let's wrap up this meeting.

W：あら、お昼まで10分だわ。
M：そうか、じゃあ、会議のまとめに入ろう。

NOTE 139 completeと同様に「終わらせる」という意味ですが、completeよりカジュアル感がある表現です。

141 be done

MP3-143

M：Are you done?
W：Not yet, but I don't think it'll take much time.

M：終わった？
W：まだだけど、そんなに時間はかからないと思う。

NOTE Are you finished? とも言えます。

142 be over

MP3-144

W：The end of summer vacation is drawing close.

M：Yeah, summer is almost over. We've got to get down to work.

W：夏の休暇の終わりが近づいているわ。

M：ああ、夏ももう終わりだね。仕事に取り掛からないと。

NOTE 「終わる」「終わっている」という意味を表わすbe overは話し言葉ではかなり頻繁に使われます。

143 be through with (sth)/(sb)

MP3-145

M：I'm through with Dana.

W：Really? You're not in a romantic relationship with her anymore?

M：デイナとは終わったんだ。

W：本当に？　もう、彼女と付き合っていないのね？

NOTE be throughは単独で「終わる」を意味し、終わる対象があるときはwithを必要とします。一方、get throughは常に「終える」対象を必要とします。

例 I've got to get through the first two chapters before I go out to lunch.（お昼を食べに出る前に最初の2章を読み終えないと）

My mother told me how she got through her tough times.（母は私にどのように辛い時期を乗り越えたのかを話してくれた）

144 get (sth) done

MP3-146

M：Have you finished the work I assigned last week?

W：Well, not exactly. I can get it done by tomorrow, though.

M：先週渡した仕事は終わりましたか？

W：ええと、正確にはまだです。でも、明日までには終えることができます。

NOTE 「〈もの・こと〉を終わらせる」という意味です。

20 義務・禁止・許容度を表わす

145 be allowed to *do*

MP3-147

W：Are we allowed to have any pets in the building?
M：Sorry, there's a no pet policy. If guests visiting your room have a pet, though, our staff can look after it in the office during their stay.

W：建物の中にペットを入れていいですか？
M：すみませんが、ペットはお断りにしています。もし、あなたの部屋の訪問客がペットをお持ちの場合は、訪問中に事務所でスタッフがお預かりできます。

NOTE allowは、My parents didn't allow me to go out with Jake. のようにallow (sb) to *do*「人が…するのを許す」という用法があります。受け身形のbe allowed to *do* は、許可を表わすcanと同じ意味でよく用いられます。

146 be supposed to *do*
don't have to *do*

MP3-148

M：Am I supposed to contact Mr. Thomas right now?
W：No, you don't have to do it now. You can do it in the afternoon.

M：トーマス氏に今すぐ連絡しなきゃダメかな。
W：いいえ、今じゃなくても大丈夫。午後にすればいいわ。

NOTE 基本的にmust＝have to「しなければならない」と考えて構いませんが、don't/doesn't have to doは「不必要」（＝ don't/doesn't need to do）を表わすことに注意が必要です。

147 be required to *do*

🔊 MP3-149

W：Is there anything I have to keep in mind?

M：You're required to wear your employee ID badge. You can't enter this building without it. Since this is very important, you must not lose it.

W：何か頭に入れておかなければいけないことはありますか。

M：社員証を必ず身に着けておかないといけません。それがないと建物内に入れません。大変重要なものなので、なくしてはいけません。

NOTE must not / can't（＝ cannot）はともに「不許可」(be not allowed to）を表わします。

148 could you *do*? ought (not) to *do* must not *do*

🔊 MP3-150

W：Could you just give me an outline of this report? To be honest, I don't want to read it—I'm pretty busy with other stuff. You ought to value your boss' precious time.

M：Well, I hate to tell you this, but you ought not ignore the details. Plus, you must not treat people working under you as pawns.

W：報告書の概要だけ教えてくれないかしら？　正直、この報告書読む気がしないの。私はほかのことで忙しいんだから。上司の貴重な時間に敬意を払いなさい。

M：お言葉ですが、詳細を軽視ないほうがよいと思いますよ。それに部下を駒のように扱ってはならないはずです。

NOTE ought to＝shouldと考えてほぼ間違いないですが、否定のときは、ought not *do* と toが省略されるのが普通です（省略しなくても誤りではありません）。

21 述べる／報告する／伝える

149 say

MP3-151

M：You've changed how you dress. What do people say about it?

W：A lot of guys have said to me, "Jennifer, you're so hot." And I feel happy about their reaction.

M：着こなしが変わったね。みんな何て言っている？

W：たくさんの男の子が「ジェニファー、おしゃれだね」って言うわ。そう言われると結構うれしいの。

NOTE 1）相手の発言をそのまま引用するときは、X say to (sb) "..." が使えますが、〈X say (that) S＋V〉を使って表現することもできます。

例 A lot of guys have said (that) I am so hot.

2）アメリカ英語では△A lot of guys have said to me that ... とすることも可能ですが、イギリス英語では嫌われます。

150 tell

MP3-152

W：Did you tell Mark I'll probably come late?

M：Yeah, he said he can wait.

W：私がたぶん遅れるって、マークに伝えてくれた？

M：うん、待っていると言っていたよ。

NOTE 〈tell (sb) (sth)〉の語法からわかるように、誰に何を話すのかを明確にするのが基本です。that ... を使うときも同じです。同じように使う単語としてinformがありますが、こちらは書き言葉向きの少し硬い単語です。

例 I'm sorry to have to inform you that your flight has been canceled due to inclement weather.

151 announce

MP3-153

W：Oh, did Wendy leave even without saying goodbye to me?

M：Yup, I don't know what was up with her. She suddenly stood up and announced that she was leaving.

W：えっ、ウェンディーは私にさよならも言わずに行っちゃったの？

M：うん。何があったかわからない。突然立ち上がって、行くわ、と言ったんだ。

NOTE announceの後に〈that S＋V〉で話の内容を言うときは、通常、話す対象は言いません。話す対象を示すときは、Wendy announced to us that she was leaving. となります。また、150 tell と同じように〈announce (sth) to (sb)〉の語法もあります。

例 Mr. Sandford announced his retirement to his co-workers.

152 be like, "…"

MP3-154

W1：Did Kevin say anything about me?

W2：Yeah, he told me he really liked you. He's like, "I've never seen such a beautiful girl before."

W1：ケヴィンは私について何か言っていた？

W2：うん、彼はあなたのことが気に入ったみたいよ。「あんなきれいな子は見たことがない」だって。

NOTE was/is like, "…"＝said/say, "…"　カジュアルな言い回しとしてよく使われます。

153 explain to (sb) that ...

MP3-155

M：Yesterday Laura asked me whether I'd be interested in her. What am I supposed to say to her?

W：What's the problem? You could simply explain to her that you have a girlfriend and can't see another girl. Are you saying that you find her more attractive than me and want to choose her over me?

M：昨日、ぼくがローラに興味があるか、本人から聞かれたんだけど、どう答えたらいいんだろう。

W：何が問題だっていうの？　ただ自分には彼女がいるから付き合えないって説明すればいいじゃない。それとも彼女のほうが可愛くて、私じゃなくてローラを選びたいって言ってるの？

NOTE 〈ask (sb) whether S + V〉（〈人〉に…かどうか聞く）／〈explain to (sb) that S + V〉（〈人〉に…だと説明する）

154 speak / talk

MP3-156

W：Did you speak to Liz last night?

M：Yeah, I talked with her. By the way, she mentioned you might be moving to Los Angeles. Is that true?

W：リズと昨晩話したの？

M：うん、話したよ。ところで、彼女、君がロサンゼルスに引っ越すって言ってたけど、それって本当？

NOTE いずれも〈speak to/with (sb) about (sth)〉〈talk to/with (sb) about (sth)〉という使い方をしますが、speakは話すという動作に、talkは話す内容に焦点がある、という違いがあります。

155 mention

MP3-157

M：Sam mentioned that he might be going back to New York.
W：Seriously? That's too bad. I thought we could be good friends.

M：サムはニューヨークに戻ることになるかもと言っていた。
W：本当に？　残念ね。いい友達になれると思ったのに。

NOTE mentionは、少し違った文構造をとることもありますが、細かく具体的な情報をあまり言わないときによく使われます。
例 Mindy has never mentioned to me about her new job. / My boss failed to mention the importance of the project.

156 go

MP3-158

M：Did Ben finally admit to stealing your idea?
W：No, he actually denied that the idea was mine. He went, "Oh, you've reached the same conclusion. What a coincidence!"

M：ベンはついに君のアイディアを盗んだことを認めたの？
W：いいえ、あいつ、あのアイディアが私のだってことを否定したのよ。あいつときたら、「えっ、君もその結論に達したのか。すごい偶然だな！」ですって。

NOTE 1）go＝say の用法は話し言葉では頻繁に使われます。
2）admitはadmit to *do*ing / admit *do*ingの両方が可能です。また、Did Ben finally admit that he was stealing your idea? のように、that...を使う文にもできます。

157 promise (sb) that ...

MP3-159

W1：Can you promise me you'll never tell Megan this?
W2：Trust me. I swear I'm not going to tell her.

W1：これをメイガンに絶対に言わないって誓える？
W2：信用して。絶対彼女には話さない。

NOTE 〈promise (sb) that S＋V〉で「X に…を約束する」。〈swear (that) S＋V〉「…は本当だと誓う・断言する」も話し言葉では頻繁に使われる用法です。

158 insist

MP3-160

M：John insists that he did not do anything wrong.
W：I hope that came from his heart.

M：ジョンは何も間違ったことはしていないって主張しているね。
W：彼が本当のことを言っているといいんだけど。

NOTE 主張する対象を後ろにとるときは、He insists on his innocence. のように使います。 似た意味の単語としてmaintain / claimなどがあります。

159 declare

MP3-161

W1：Joey declared that she wouldn't drink alcohol any more.
W2：Well, I can't remember how many times she has said that.

W1：ジョーイはもう二度とアルコールを口にしないと断言したわ。
W2：うーん、それ何度聞いたかわからない。

NOTE declare = officially announce

160 go on to say (that) ...

MP3-162

W1：Lori is very rude. I saw her in math class, and I asked her how she was doing. She answered, "Awesome." She went on to say, "if you weren't here."
W2：That's so rude! Obviously, she's still got a grudge against you. She wanted to get the lead role so badly.

W1：ローリーはすごく失礼なの。数学の授業で見かけて、調子はどうかたずねたら「最高よ」、それから「あなたがここにいなければ」って付け加えたのよ。
W2：それはひどい態度ね！　明らかに彼女はあなたにまだ恨みをもっているのね。どうしても主役の座に就きたかったのよ。

NOTE go on *doing*「…し続ける」とは違い、前の発言や行動に続いて何か言うときに使われます。

161 go so/as far as to say (that) ...

MP3-163

W1：I hear Sam got you down again. I wonder why he can be so rude to you.

W2：Right. Although I wouldn't go so far as to say he's a chauvinist, he sometimes disrespects women.

W1：サムがまたあなたを落ち込ませたって聞いたけど。なんで彼があなたにそんなに失礼なのかわかんない。

W2：うん。彼が男性中心主義者とまでは言わないけど、ときどき女性に対して敬意がないの。

NOTE「極論として…と言う」「…とまで言う」という意味です。普通は否定の語句とともに用いられます。

22 聞く／知る／気付く　を表わす

162 see

MP3-164

W：I saw Brian cry at my place last night. I just showed him my kitty. He sees it. He jumps back. And he kneels down and holds my legs from behind. He was like, "Cat! Lisa, help me!"

M：Come on, Lisa! He confessed cats are his least favorite animals. Don't try to check if he's really allergic to them. You're a little mean.

W：昨日の夜、ブライアンが私の家で泣くのを見たの。彼に私の猫を見せただけなのよ。彼が猫を見るでしょ。後ろに飛んで引き下がるの。そして、ひざまずいて私の足に後ろからつかまったのよ。彼ったら、「猫だ！　リサ、助けて！」って。

M：何言ってんだよ、リサ。彼は猫が大嫌いって言ってただろう。本当に猫アレルギーか確かめちゃダメだよ。ちょっと意地悪だよ。

NOTE 誰かの行動を目撃するときは see (sb) *do* / see (sb) *doing* を使って表現します。

163 look at (sb)/(sth)

MP3-165

M：Do you think you've seen the guy over there?

W：Not sure. I have bad eyesight. I'll have to look closely at him.

M：あそこにいる男に会ったことがある？

W：よくわからない。目が悪くて。もっと近くで見てみる。

NOTE have a closer look at (sb)/(sth) ということもあります。

164 watch

MP3-166

M：Roger was like, "I've formed a band with some friends. We often perform on the street."

W：Actually, I watched them playing on the street. They were pretty good.

M：ロジャーが「友達とバンドを組んだんだ。通りで演奏している」って。
W：実は彼らが通りで演奏しているのを見たの。かなりうまかった。

NOTE watch (sb) *do* という語法もあります。
例 We watched Ashley talk to Rob.
似た単語にobserveがありますが、こちらはかなりフォーマルです。
例 The police officer observed a group of teenage girls riding their bikes on the sidewalk and told them to get on the road.

165 notice

MP3-167

W：I noticed that Cathy looked unusual this morning.
M：Really? I didn't see anything.

W：気付いたんだけど、キャシーは今朝、普通じゃなかった。
M：本当？　気付かなかったけどな。

NOTE notice は何か普通と違う様子に気付いたときに使われます。

166 spot

MP3-168

M：Don't you think Tom Belanger has disappeared intentionally?
W：Well, a neighbor spotted him leaving his house at 7:00. At least, he planned to go to work as usual.

M：トム・ベレンジャーが自分の意思で失踪したと思わないんですね？
W：うーん、近所の人が7時に家を出るところを見ているんです。少なくとも、彼はいつも通り職場に行くつもりだったと思います。

NOTE spot は 165 notice に似ていますが、瞬間を見つけたというニュアンスがあります。
例 I finally spotted my daughter in the crowd.

167 catch (sb) *doing*

◀)) MP3-169

W：Did you really witness Martha's crime?
M：Yes, I clearly caught her putting the ring into her bag.

W：マーサの犯罪を本当に目撃したの？
M：うん、確かに彼女がその指輪を自分のカバンに入れるのを見たんだ。

NOTE catch は何かいけないものごとを目撃したときに使います。

168 catch sight of (sb)/(sth)

◀)) MP3-170

M：Why do you think I have a thing for Annie?
W：Come on, Nick. I'm not stupid. Your face lit up as you caught sight of her this morning. It was too obvious.

M：どうしてぼくがアニーに気があると思うの？
W：ちょっと、ニック、私はばかじゃないのよ。今朝彼女を見つけたときあなたの顔がパッと輝いたもの。バレバレよ。

NOTE 誰か・何かがパッと目に入ったときは catch sight of を使います。

169 catch/get a glimpse of (sb)/(sth)

◀)) MP3-171

W1：Did you actually see Wayne enter Sarah's room?
W2：Well, I just got a glimpse of him going into the apartment building.

W1：実際にウェインがサラの部屋に入るのを見たの？
W2：うーん、彼がアパートの建物に入っていくのを見ただけよ。

NOTE ごくわずかな時間にちらっと見たときに使います。

170 hear

MP3-172

W1：Have your ever experienced anything bad at work?
W2：Yes, I heard my coworkers bad-mouth me.

W1：職場で何か嫌なことを経験したことはありますか？
W2：はい、同僚が私の悪口を言うのを聞いたのです。

NOTE 1) I heard my coworkers bad-mouthing me. でも構いませんが、この場面では悪口の一部始終を聞いたニュアンスがあるbad-mouthのほうが適切です。
2) Did you hear Nick is leaving? のようなhear (that) ... はもちろん、I've heard a lot about Gayla. / I've heard of the actress, but I haven't seen the movie she stars in. などの用法も押さえておきましょう。

171 listen to

MP3-173

W1：Now a lot of people are saying that Aaron and Jessica got engaged.
W2：As a matter of fact, I saw Jessica yesterday and listened to her talk about him. It's just a rumor somebody has spread.

W1：今やたくさんの人がアーロンとジェシカが婚約したと言っているわ。
W2：実は昨日ジェシカと会って、彼のことについて話すのを聞いたの。それは誰かが広げたうわさよ。

NOTE 〈listen to (sb)/(sth) *do*〉〈listen to (sb)/(sth) *doing*〉のどちらの形も可能です。
例 I went to her place and listened to her talking about what actually happened last night.

172 learn

MP3-174

M：What was the lesson you got from this contest?
W：You know, I learned that in order to accomplish something big, you've got to plan ahead.

M：このコンテストを通して何を学んだの？
W：まあ、何か大きなことを成し遂げるとしたら、前もって計画しないといけないことね。

NOTE 新しい概念を「知った」「学んだ」というときに使われます。findもこれに近い用法があります。

例 I found that people aren't always ready to do something new.

173 find out

MP3-175

W：We found out that Jenny skipped school four days in a row.

M：Wow, that's a problem. So, what was your daughter doing instead of going to school?

W：ジェニーが4日連続で学校をさぼったことがわかったの。

M：わあ、それは問題だね。で、娘さんは学校に行かずに何をしていたの？

NOTE 偶然であれ、探して見つけたものであれ、新しい情報を入手したときに使います。

174 be aware

MP3-176

W1：Seems like Christen has something going on with her parents.

W2：Yeah, I'm aware that she's been suffering from family trouble.

W1：クリスティンは両親と何かあるみたい。

W2：そうね。彼女が家族の問題を抱えているのは気付いてるわ。

NOTE 気付いていない状態から気付いた状態への変化を問題にするときはbecome awareを使います。

例 Ian suddenly became aware that Laurie had gone away.

that... の代わりに名詞のカタマリを後ろにとるときはofを使います。

例 Most people are aware of the risks of using the new drug.

23 理解・同意を伝える

175 You mean, ...?

MP3-177

W：I can't stand it anymore. I give up.
M：You mean, you'll quit the club? Wait.

W：もうがまんならない。やめてやる。
M：それって、クラブをやめるってこと？　待ってよ。

NOTE 自分の理解が正しいか確認するための表現です。相手が長い発言をしたときなどは、〈What you're trying to say is (that) S＋V〉を使うこともあります。

176 I hear you.

MP3-178

W：This is a very important project. We can't make any mistakes.
M：I hear you. Let me get down to work right away.

W：これはとても大事なプロジェクトよ。失敗は許されないの。
M：わかりますよ。ただちに取りかかります。

NOTE I understand. とも言えますが、あまり使われません。この場合だと「了解した」という意味で、All right. を使うこともできます。

177 I see what you mean, but ...

MP3-179

M：We've got to make our decision immediately.
W：I see what you mean, but we ought to check with the other members.

M：すぐに決めないと。
W：それはわかるけど、他のメンバーの意見も聞くべきよ。

NOTE 理解を示しながら異論を述べるときに使います。That's for sure, but ...「確かにそうだけど、…」なども使えます。

178 Yeah, ...

MP3-180

M：Have you met Todd—the new guy?

W：Yeah, he's very handsome.

M：あの新しく入ってきた人——トッドにはもう会った？

W：ええ、彼ってとってもハンサムね。

NOTE Yeah は Yes に比べてくだけた表現であると同時に、相手の問いに答えるだけでなく、何か情報を付け加えるときにも使われます。

179 couldn't agree with you more

MP3-181

W：Why does Joan always say things like this? She'll lose all her friends.

M：I couldn't agree with you more.

W：なんでジョーンはいつもこういうことばかり言うのかしら。友達なくすよ。

M：まったくそのとおり。

NOTE I completely agree with you. と言うよりも強く同意している感情が表現できます。同じような意味の表現に、You can say that again. / I'll say. / That's so true. / Absolutely. / Definitely. があります。

180 Don't you think so?

MP3-182

M：Sophie is very sweet. She's very smart, but she's very friendly as well. Don't you think so?

W：Well, I have a slightly different opinion about her.

M：ソフィーは本当に素敵だね。とても頭がいいのに、とても親切でもあるんだから。そう思わない？

W：うーん、私の彼女に対する意見はちょっと違うんだけど。

NOTE「そうでしょう？」と同意を促す表現としては、Right? などが使えます。こういう場面での応答の Well, には、賛成しかねる意思を柔らかく表明するといったニュアンスがあります。

24 決定・決意を伝える／確認する

181 make a decision

MP3-183

W：It's time to decide which candidate we will hire.

M：Right, but it's hard to make a decision.

W：そろそろどの候補者を雇うのか決める時よ。

M：うん。でも、決めるのは難しいね。

NOTE decide よりもカジュアルな表現です。

182 go with (sth)

MP3-184

M：Which design would you choose for our new company logo?

W：I think I'll go with the pink one. It's cute.

M：どっちのデザインを会社の新しいロゴとして選ぶ？

W：私はこのピンクのほうがいいな。かわいいもの。

NOTE 特定のタイプの人やものを選ぶような場合は go for (sth)/(sb) が使われます。

例 Shannon says she doesn't care about men's looks, but she always goes for the handsome ones.（シャノンは男性の容姿は気にかけないと言っているが、いつもハンサムな男性を選ぶ）

183 pick (sth) out

MP3-185

W1：Tomorrow is Karen's birthday.

W2：Right. Let's go to the mall and pick out a gift for her.

W1：明日はカレンの誕生日よ。

W2：そうね。モールに行って、プレゼントを選びましょう。

NOTE 日本語に「いくつかの選択肢の中から選ぶ」という意味で「ピックアップ」という言葉がありますが、これは和製英語です。

184 debate whether ...

MP3-186

W：Have you decided what to order?
M：I'm still debating whether to go with the cheeseburger or the chicken steak.

W：何を注文するか決めた？
M：チーズバーガーか鶏肉のステーキのどっちにするのか、まだ迷っているんだ。

NOTE「論争する」ではなく「何に決めようか考えている」ときに使う debate は、口語ではよく使われます。

185 up in the air

MP3-187

M：Have you decided what to do during the vacation?
W：It's still up in the air.

M：休みに何をするか決めた？
W：まだ決めていないの。

NOTE「未決定の」という意味のイディオム。It remains undecided. と言い換えることができます。

186 make sure

MP3-188

W：We've got to check if we've put all the names down.
M：I'll make sure everybody is on the list.

W：みんなの名前が載っているかどうか確認しないと。
M：全員の名前があるかぼくが確認するよ。

NOTE 文法的には〈make sure that S＋V〉ですが、that は普通は省略されます。「…のようになっているはず」という気持ちが強いときに使われるので、whether / if がくることはあまりありません。確信度が低い時は〈check/see if S＋V〉を使います。〈make certain (that) S＋V〉も使えます。

187 check (sth) out

MP3-189

W：Do you think this computer still works?
M：I don't know. Let me check it out.

W：このコンピュータはまだ動くのかしら。
M：わからないな。調べてみよう。

NOTE「確認する」という意味では、check with (sb)も覚えておきましょう。

例 I'm not sure if I can make it. Let me check with my wife.（できるかどうかまだ確信がない。妻に確認させてよ）

また、checkの対象が人物で、check (sb) out となると「（性的な）関心をもってながめる」という意味になります。

例 When Stella showed up in a skimpy outfit, every guy there started checking her out.（ステラが扇情的な服を着て現れると、そこにいた男はみんな彼女をじろじろ見つめ始めた）

188 see to it that ...

MP3-190

W：Would you see to it that everybody gets a copy of this handout?
M：Certainly.

W：みんなにこの配布物のコピーが行き渡っているか確認してくれますか。
M：かしこまりました。

NOTE see to it that ... = make sure that ...

25 出来事の因果関係を表わす

189 … because …

MP3-191

M：You shouldn't tell a lie because it's not good for anybody.
W：That's true, but as a matter of fact, a lot of people lie. Why?

M：うそをつくべきではない。それはみんなのためによくないから。
W：それはそうだけど、実際のところ、たくさんの人がうそをつくのはどうして？

NOTE 〈S＋V＋… ［意見］ because S＋V＋… ［理由］〉は最もスタンダードな形ですが、〈S＋V＋… ［意見］. S＋V＋… ［理由］〉のように、becauseを使わずセンテンスを2つ並べるのも一般的です。
例 Parents should not give kids their own smartphones. They are too distracting.

190 , so …

MP3-192

M：What do you think of Ms. Kasich?
W：She sometimes exercises her power, like forcing us to work overtime without pay, so I can't trust her.

M：ケイシックさんのことをどう思う？
W：無理やりサーヴィス残業させようとしたり、ときどき自分の持つ権力を乱用しようとするから、信用できないわ。

NOTE 〈S＋V＋… ［原因］, so S＋V＋… ［結果］〉の場合は、「結果として…になった」の部分が強調されます。

191 Since ..., ...

MP3-193

M：You went snowboarding with Melinda last week, right? How did it go?

W：Um—since it was my first time to snowboard, I fell down a bunch of times.

M：メリンダと先週スノボーに行ったんだよね？　どうだった？

W：うーん、スノボーは初めてだったから、何度も転んじゃった。

NOTE 〈Since S＋V, S＋V.〉の形をとります。189 becauseよりも2つの〈S＋V〉の因果関係がはっきりしていないときに使われます。

192 in order to

MP3-194

M：Honey, I don't feel like working today, or ever. Can I stay home?

W：Kevin, you're over 40. Don't act like a ten-year-old child! People sometimes do jobs they don't like in order to make a living.

M：ねえ、今日働きたくないんだ、いや、一生働きたくないかも。家にいていいかな？

W：ケヴィン、40歳を超えた大人が、10歳の子どものようにふるまわないで！　働いている人というのはときどき生活のためにやりたくないことをするの。

NOTE「…しないように」のときは in order not to を使います。

例 Candice turned her face away in order not to show her distress.（自分の不安を見せないようにキャンディスは顔を背けた）

193 so ～ that ...

MP3-195

W1：Amanda is so clumsy that one time she went to work leaving the price tag on her skirt.

W2：That's funny. To be honest, to me, your sister is so perfect that I often feel it hard to reach her. Hearing such a funny episode, though, makes me feel relaxed in that even Amanda makes mistakes.

W1：アマンダはそそっかしくて、1度、スカートに値札をつけたまま会社に行ったの。
W2：それは面白いわね。正直言うと、私にとってはあなたの妹は完璧すぎて近寄り難いって感じなの。だけど、そういうおかしなエピソードを聞くと、アマンダでも失敗することがあるのねってちょっと安心するわ。

NOTE thatは省略されることがあります。
例 The app is so simple even a kid could use it.
似たような表現に〈such ～ that ...〉がありますが、suchのすぐ後ろは名詞がきます。
例 Nancy had such a jealous boyfriend that she couldn't be alone with any other guy.

194 so that ...

MP3-196

M1：I think you should tell Brett to stop investing.
M2：I know. Actually, I've told him many times, but he didn't listen to me and even asked for an allowance so that he could put more money into investing.

M1：ブレットに投資をやめるように言ったほうがいいと思うよ。
M2：わかっている。実は、もう何度も彼には言ったんだ。だけどぼくの言うことは聞かなくて、もっと投資にお金をつぎ込めるようにって小遣いをせがんできたんだ。

NOTE so thatのthatは省略可能です。同じ意味でin order that ...もありますが、やや形式的で、話し言葉ではあまり使われません。

195 Because of that, ...

MP3-197

W1：Anne always eats lunch by herself. Why's that?
W2：You know, Anne is so critical, and because of that, she doesn't have a lot of friends.

W1：アンはいつも1人でお昼を食べてる。なぜかしら。
W2：あのね、アンはものすごくきつい言い方をするから、そのせいであまり友達がいないのよ。

NOTE 「そのせいで」と言うとき、thereforeのような書き言葉はあまり使われません。話し言葉では because of that, … が多用されます。

196 That's why …

MP3-198

W1：Do you like Valentine's Day in Japan?

W2：As a matter of fact, yes. I like that just giving chocolate creates a good relationship with my boyfriend and the people around me. That's why I like Valentine's Day.

W1：日本のヴァレンタインデーは好き？

W2：実は好きなの。ただチョコレートをあげるだけで、自分の彼氏や周りの人間とよい関係を築けるというのがいいなと思うわ。そういうわけで、ヴァレンタインデーは好き。

NOTE 前に話したことを受け、結果としてこうだ、と述べる表現です。基本的に話し言葉の表現ですが、カジュアルかフォーマルかは関係なく使えます。

197 for these reasons, …

MP3-199

M1：You mentioned soccer is a lot better than baseball. Where does this idea come from?

M2：Soccer doesn't need as much equipment as baseball. Also, the rules are very simple. On top of that, it is played everywhere in the world. For these reasons, I think soccer is better than baseball.

M1：君はサッカーのほうが野球よりもずっといいって言ったけど、どうしてそう思うんだい？

M2：サッカーには野球ほどたくさんの道具がいらないだろう。加えて、ルールはとても簡単だ。それに、世界中でプレーされてる。これらの理由から、ぼくはサッカーのほうが野球よりもよいと思うな。

NOTE 複数の理由を最後にまとめるときに使います。

26 仮定・条件に関わることを述べる

198 When S + V + ..., S + V + ...

MP3-200

M：Meg looks really professional when she wears a suit.
W：Seriously? You don't know anything about dressing professionally, I'd say.

M：メグはスーツを着ているとぐっと仕事ができる人に見える。
W：真面目に言っているの？　あなたは仕事での着こなしについて何も知らないのね。

NOTE when を使って、199〈If S＋V＋..., S＋V＋...〉と同じように条件の意味を表わすことができます。

199 If S + V + ..., S + V + ...

「もし…ならば…だ」という、条件付きの事柄を述べるとき、〈If S＋V＋..., S＋V＋...〉の形を使うことができます。ただし、動詞部分にどのような時制を使うのかは、その条件で表わされる事柄の現実性がどれだけ高いかによります。

❶

MP3-201

M：If I try to talk to Karen, she just gives me a dirty look.
W：Apparently, she dislikes you.

M：カレンに話しかけようとすると、いやそうな顔をするんだ。
W：明らかに嫌われているわね。

NOTE かなり確実性が高い場合は、〈If S＋現在形, (then) S＋現在形〉が使われます。ここでは〈if＝when / whenever / every time〉です。科学的事象や数学論理において因果関係を述べるときにも使えます。
例 If you mix yellow and blue paint, (then) you produce green paint.（黄色と青の絵の具を混ぜると、緑の絵の具ができる）

❷ MP3-202

M1：If Bob goes to school tomorrow, he will see his ex-girlfriend.
M2：Well, that's life.

M1：ボブが明日学校に行くと、前の彼女に会う事になる。
M2：まあ、人生そんなものだよ。

NOTE 基本的には確実そうだが、実現しない場合もあり得る場合は、〈If S＋現在形, S＋will＋原形〉になります。

❸ MP3-203

M：You'll find Michelle very attractive—if she's not emotionally unstable, that is.
W：Now my question is, how often does she become emotionally unstable?

M：ミシェルはとても魅力があるんだ、まあ、彼女が情緒不安定でなかったらのことだけど。
W：気になるのは、どのくらいの頻度で彼女が情緒不安定になるかってことね。

NOTE このように〈If S＋現在形, S＋will＋原形〉の〈If S＋現在形〉を否定にして、当てはまらないときの条件を述べる表現の仕方もあります。

❹ MP3-204

W：If Ken will sincerely apologize to me, I'll forgive him.
M：I don't think he will.

W：ケンが本気で謝るなら、私は彼を許すつもりです。
M：謝らないだろうけどね。

NOTE 実現があまり高くなく、条件に動詞部分で表わされる動作の主体の意志が必要な場合は、〈If S＋will＋原形, S＋will＋原形〉が使われます。

Chapter 1 表現編
Chapter 2 ルール編
Chapter 3 実践演習編
Chapter 4 実用会話編

⑤ MP3-205

M：If I had a lot of money, I would travel around the world.
W：It sounds like a pipe dream.

M：もしたくさんお金があったら、世界中を旅行するんだけど。
W：見果てぬ夢ってとこよね。

NOTE 実現の可能性がかなり低く、仮定の話をしているときは、〈If S＋過去形, S＋would / could / might＋原形〉になり、この過去形の使われ方を指して仮定法（過去）と呼ばれることもあります。

⑥ MP3-206

W：I saw Laura for the first time yesterday, but she's a real knockout.
M：I know. If Laura was not my best friend's sister, I would go out with her.

W：昨日初めてローラを見たんだけど、信じられないほどの美人よね。
M：そうなんだよ。ローラがぼくの親友の妹じゃなかったら、デートするのに。

NOTE If Laura were not my best friend's sister, … とするのが文法のルールとしては正しいのですが、話し言葉ではLaura was not … とするネイティヴがたくさんいます。

⑦ MP3-207

M1：If I had known Keisuke was such a liar, I would've worked with Danny instead of him.
M2：I hear you.

M1：ケイスケがそんなうそつきだったと知っていたら、彼じゃなくてダニーと仕事をしていたよ。
M2：わかるよ。

NOTE 過去にあった出来事と矛盾する条件で話をするときは、〈If S＋had＋-ed/en, S＋would / could / might have -ed/en〉になります。ただし、話し言葉では、〈If S＋would / could / might have -ed/en, S＋would / could / might have -ed/en〉とするネイティヴも増えているようです。

例 If I would've known Keisuke was such a liar, I would've worked with Danny instead of him.

200 whenever

MP3-208

W1：Who is your best friend?

W2：My best friend is Mina. We went to the same high school. Now we go to different colleges but we are still friends. She's very considerate and always gives me good advice whenever I get in trouble. I tell all my secrets to her, and she tells me all of hers.

W1：あなたの親友は誰なの？

W2：私の親友っていったらミナかな。同じ高校に通ってたの。今は別々の大学だけど、いまだにつながってるの。彼女はとても思いやりがあって、困ったことがあったら、いつもいい意見を言ってくれるわ。彼女にならどんな秘密も話せるし、彼女も私に何でも話すの。

NOTE troubleは数えられない名詞なので、have trouble / be in trouble / get in(to) troubleのようにa / theをつけずに使います。have (got) a problemと区別しましょう。

201 no matter what/how/…

MP3-209

W1：No matter what you say, I'm going to leave this company.

W2：I won't stop you. It's up to you, and I won't miss you.

W1：あなたが何と言おうと、私はこの会社を出て行くから。

W2：私は止めない。それはあなたの問題だし、あなたがいなくてもさびしいとも思わない。

NOTE「たとえ…だとしても」ということですが、ちょっと芝居掛かった感じがある表現です。

202 come what may

MP3-210

W：I hear we'll be understaffed during the summer, but come what may, I'll take a two-week vacation.

M：Me too. Taking a vacation is one of our rights as workers.

W：夏に人手が足りなくなると聞いているけど、どんなことがあろうと2週間の休暇はとってやるわ。
M：ぼくも。休暇を取得するのは労働者としてのぼくらの権利のひとつだからね。

NOTE come what mayは「たとえ何が起ころうと」というイディオム。

203 only when ...

MP3-211

W：Dr. Rice, we'd like you to hold a workshop in our town.
M：Well, I'll be up for it only when my transportation and accommodations are reimbursed.

W：ライス先生、私たちの街でワークショップを開催していただきたいのですが。
M：そうですねえ、交通費と宿泊費の払い戻しをしていただけるときのみお引き受けいたします。

NOTE Let me know when (×if) you arrive at the station.（駅に着いたら知らせてね）のように、whenが「時」を、ifが「条件」を表わすのが原則ですが、onlyを伴なうとwhenが条件を表わすときもあります。

204 when it comes to (sth)

MP3-212

M：I'm good at academics, but when it comes to school activities, there's nothing to report.
W：Why don't you apply for school president?

M：学校の成績はいいんだけど、課外活動となると、特記することが何もないんだ。
W：じゃあ、生徒会長に立候補してみたら？

NOTE「…になると」という意味を表わします。

205 as long as

MP3-213

W：Which would you choose, a boring job with a high salary or an interesting job with a poor salary?

M：I'd definitely take a job with a high salary. As long as you get paid enough, you can enjoy your free time.

W：高い給料で退屈な仕事と低い給料で面白い仕事のどっちを選ぶ？

M：絶対に高い給料の仕事を選ぶな。十分な給料をもらっている限り、自分の自由な時間を楽しむことができるからね。

NOTE「…する限り」という意味を表わします。

206 unless

MP3-214

M：Unless the salary is excessively bad, you should find a workplace where you can do something you like to do.

W：I agree. Then, you'll feel happy in your working time as well as in your free time.

M：給料が極端に安くない限り、やりたいことができる職場を探したほうがいいよ。

W：そうね。それなら、自由時間だけじゃなくて勤務時間も気分よくいられるしね。

NOTE unlessは「…でない限り」という、当てはまらない条件を述べるときに使います。

207 in this case

MP3-215

M：I've got no reservation, but is there any vacancy?
W：We usually don't let anyone in without a reservation, but in this case, we'll consider it as an exception.

M：予約していないのですが、空きはありませんか。
W：通常は予約なしではどなたも入れないことになっているのですが、今回は特別扱いにしましょう。

NOTE「この件については」という意味を表わします。

208 in that case

MP3-216

M：Conrad can join us.
W：In that case, we need two cars to get there.

M：コンラッドも仲間に加われるかも。
W：その場合には、そこに行くのに2台車がいるね。

NOTE〈in that case＝if that's the case〉です。問題にしている条件によって、何かが変わるときに使われます。

209 hold true

MP3-217

W1：In order to get a good guy, you've got learn how to cook. Guys love girls who cook well.
W2：Does this rule still hold true in the 21st century?

W1：いい男を手に入れるには、料理を勉強しないとね。男は料理がうまい女性が好きだもの。
W2：このルールは21世紀でも当てはまるの？

NOTE hold trueは問題にしている事柄が条件に当てはまるときに使われる表現です。

210 apply to

MP3-218

M：I guess this new regulation about hiring part-time workers is only for big companies. We can probably ignore it.

W：What're you talking about? If we did that, we'd get busted! This applies to every company employer in the United States.

M：このパートタイム労働者の雇用に関する新しい規制は大会社のみのためのものだよ。たぶん、ぼくらはこれを無視していいんだよ。

W：何を言っているの？　もしそんなことをしたら、私たちは捕まるのよ！　この規則は合衆国の全ての雇用者に適用されるの。

NOTE 〈(sth) applies to (sth)〉は「ものごとが条件に適用する」という使い方です。〈(sb) applies for (sth)〉「人が仕事やサービスに申し込む・申請する」と混同してはいけません。

27 会話を進行させる／中断させる

211 From what I hear,

MP3-219

W1：From what I hear, Brian bought a new house near the beach.

W2：Right. Actually, I was invited to the house last weekend. It has a splendid view.

W1：うわさによれば、ブライアンが海岸の近くに新しい家を買ったらしいわ。

W2：ええ。実は先週末にその家に招かれたの。素敵な眺めだったわ。

NOTE 話題を振るときに使います。Did you hear…? や、From what I've heard / I've heard it said… なども使えます。

212 Right. / Okay.

MP3-220

W：Right. Let's get started. Where should we begin?

M：Okay. I think clearing this table must be the first thing to do.

W：さて。取りかかりましょう。どこから始めましょうか。

M：そうですね。まずはこのテーブルを片付けるべきかと思いますが。

NOTE 会話を始めるときに使います。他に、Now, / So, / Let's see. なども使われます。

213 Wow, …

MP3-221

W：Guess what? I finally got a new job.

M：Wow, that's amazing. What kind of job is it?

W：何があったと思う？　ついに仕事が見つかったの。

M：わぁ、それはよかった。どんな仕事なの？

NOTE 相手の言ったことに反応を示すときに使います。他に Really? などがあります。

214 Oh, …

MP3-222

M：I went to the aquarium in Springfield.

W：Oh, you did? I went there too—probably last month. It's good, wouldn't you say?

M：スプリングフィールドの水族館に行ったんだ。

W：へえ、そうなの？　私も確か先月に行ったわ。いい所よね？

NOTE まず相手の発言に反応し、続いて、その話題に関係することを述べるのが会話のセオリーです。..., wouldn't you say? は同意を期待するときに使われます。"..., right?" や、イギリス英語の "..., isn't it?" に近い口語表現。

215 And then?

MP3-223

M：Last week I ran into Harry at the station.

W：And then?

M：先週たまたまハリーに駅で出会ったんだ。

W：それから？

NOTE 他にも、Yeah? / So? などが使えます。自分が相手の会話に興味をもっていることを示し、続きの情報を引き出すのに使われます。

216 Sorry to interrupt, but …

MP3-224

W：Sorry to interrupt, but Mr. Maeda is in the lobby.

M：Oh, is it already four? I'm coming.

W：中断させて申し訳ありませんが、マエダさんがロビーでお待ちです。

M：あ、もう4時か。今そちらに行きます。

NOTE 会話に割り込むときの表現。ややくだけた間柄では、Excuse me, may I cut in? も使えます。

217 I'm not finished.

MP3-225

M：Excuse me. I'm not finished.

W：Oh, sorry, go ahead.

M：すみません。まだ話の途中なんです。

W：ああ、ごめんなさい、続けてください。

NOTE 相手による中断を退けるときの表現で、Let me finish. とも言えます。Go ahead. の代わりに Let's hear it. などを使うこともできます。

28 定義する／説明する／言い換える

218 , who ...

MP3-226

W：What famous person do you admire?

M：I admire Paul McCartney, who wrote a lot of beautiful songs.

W：どんな有名人を尊敬していますか。

M：私はポール・マッカートニーを尊敬しています。というのも、彼はたくさんの美しい曲を書いたからです。

NOTE Paul McCartney がどのような人物か、, who を使って説明を加えています。次の例のように、定義しなければならない要素（Kay）の直後に、定義・説明・言い換えの要素を述べることもできます。

例 After Hilary turned down my request, I asked Kay, another smart girl, to help me finish my homework.（ヒラリーに頼んだが断られた後、私はもう1人の頭のいい女の子であるケイに宿題を終えるのを手伝ってくれるように頼んだ）

219 , which ...

MP3-227

M：Mariko cannot make even a rice ball, which doesn't require very advanced cooking skills.

W：Well, making a rice ball is not as easy as you think, I'd say.

M：マリコはおにぎりさえ作れない。おにぎりというのは、高い料理技術を要求しないのに。

W：あのね、おにぎりを作るのって、あなたが思っているほど簡単じゃないんだけど。

NOTE which が直前の名詞だけでなく前のセンテンス全体を指す用法も使えると便利です。

例 I tried yoga for the first time yesterday, which was interesting.（私は昨日初めてヨガに挑戦してみたが、楽しかった）

220 Which is ...?

MP3-228

M：I got into big trouble.
W：Which is ...?
M：I haven't paid my apartment rent for two months.

M：まずいことに気付いた。
W：何がまずいって？
M：アパートの家賃を2か月払っていないんだ。

NOTE Which is ...? は、相手に定義をしてもらうときに使えます。他にLike (what)? という表現も使えます。

221 In other words, ...

MP3-229

M：I couldn't stop thinking about Laura. In other words, I was in love with her.
W：So, did you tell her how much you loved her?

M：ローラのことを考えるのをやめることができなかった。別の言い方をすれば、ぼくは彼女に恋をしたんだ。
W：それで、彼女にあなたがどれだけ彼女のことが好きか伝えたの？

NOTE in other wordsは何かを言い換えるときに使われます。

222 that is to say, ...

MP3-230

W：What does the guy do for a living—I mean, the guy who just moved in?
M：Steve Hamilton is a qualified financial planner—that is to say, a specialist in dealing with money.

W：あの人、何している人なの？　この前、越してきた人のことなんだけど。
M：スティーヴ・ハミルトンはファイナンシャルプランナーの資格を持っている。つまり、お金を扱う専門家ということだ。

NOTE 説明を加える前にthat is to sayと言っています。「つまり」というニュアンス。

223 I mean, …

MP3-231

M：I can't see any problem with high school students having to wear uniforms. They don't have to worry about what to wear every morning and can focus on studying rather than fashion. Some students even think they look cute in them. I mean, all is good.

W：I disagree. That's from a teachers' perspective. Each student has the right to decide what to wear.

M：制服を高校生が着ることに何の問題があるのかわからない。毎朝何を着るのか悩まないですむからファッションより勉強に集中できる。制服を着て可愛いと思う生徒さえいる。つまり、いいことずくめってことだよ。

W：ちがうよ。それは先生目線での発言よ。全ての学生は何を着るのか自分で決める権利があるはずよ。

NOTE I mean を使って、前に述べたことを簡潔に言い換えています。

224 What I mean is …

MP3-232

W1：Did you just say that I'm mature? Which means, I am old? Oh, you're talking about these wrinkles, aren't you? The ones that give me the creeps? You're so mean. It makes me depressed.

W2：No, no, no. What I mean is—the way you talk has become more sophisticated than before, more like an adult, I mean, a mature-sounding young lady. You'll always look young.

W1：今、私が成熟してるとか言わなかった？　それって、年取ってるっていうこと？　ああ、このしわのこと言っているのね？　この気にしているしわのこと。最低ね。すごく気分が悪くなったわ。

W2：いやいや、違うの。言いたかったのは、話し方が前より洗練されて、もっと大人っぽく――何というか、しっかりとした若い女性になったってこと。あなたはいつも若く見えるわ。

NOTE 223 I meanと意味は同じですが、相手により注意を引きつけるときに使います。I meanもWhat I mean is...も訂正や説明し直すための表現です。これらの表現を適切な言葉が出てこないときの時間稼ぎのために使う学習者がいますが、聞き手に「今までのことは忘れていい」と思わせてしまうので、その目的で使ってはいけません。

225 let me put it this way

MP3-233

W1：What do you think of Ginny?

W2：Oh, Ginny ... she's strange. It's very hard to hang out with her. All right, let me put it this way, I don't like her.

W1：ジニーについてどう思う？

W2：ああ、ジニーねえ…変わっているよね。彼女と付き合うのはとても難しいわ。まあ、こう言ったらいいかな。彼女のこと嫌いなの。

NOTE 221 in other words / to put it another wayという表現でも代用できる、再定義の方法です。「はっきり言ってしまえば」というニュアンスがあります。

226 whatchamacallit

MP3-234

M：I ate noodles at—whatchamacallit—like a restaurant or store where people sell something on the street?

W：Oh, do you mean a stall? Or you could probably call it a stand as well.

M：ぼくはそばを食べたんだ、あそこで、何て言うんだっけ、あの、道で何か売っているレストランや店みたいなやつ。

W：ああ、屋台のことかな。スタンドっていう言い方もあるけど。

NOTE What you may call itのことで、思い出せない言葉が名詞の場合はよく使われます。同じような表現にwhatddayacallit = what do you call itがあり、次のように使われます。

例 Whatddayacallit? I forget what is called.

29 場をつなぐ／合意形成する／発言を訂正する

227 you know

MP3-235

M：Did you hear that Shawn—you know, the guy you were dating a few years ago—is coming back to our branch?

W：Well, you know, I'm not really in the mood to discuss the matter.

M：ショーンが——あの、君が数年前に付き合っていた彼が、ぼくたちの支社に戻ってくるって聞いた？

W：ええと、わかると思うんだけど、そのことについて本当に話したくないのよ。

NOTE フォーマルな場面で多用するのはよくないとされていますが、会話ではかなり頻繁に使われる表現です。

228 you see

MP3-236

W：How about I drive your car and you take the passenger seat so that you can get some rest?

M：Nice try, but definitely no. You see, you still can't make the distinction between a gas pedal and a brake pedal. I don't want a hair-raising ride.

W：私があなたの車を運転して、あなたは助手席に座って、少し休むっていうのはどうかしら。

M：試しに言ってみたんだろうけど、絶対にだめだ。というのは、君はまだブレーキとアクセルの区別ができていない。そんな怖い運転はごめんだ。

NOTE you see, は相手に共通理解を促す意味で 227 you know, と置き換えられる場合も多いですが、「知らない」「気付いていない」相手に対して注意を促すようなニュアンスがあります。

229 um, ... / uh, ...

MP3-237

W：Caitlin, let me introduce our coworker to you. This is Roger. Roger, this is Caitlin. She's just graduated from college. Very fresh and energetic, huh? Like me. Anyways, she'll be the new addition to our team. Be sure to be nice to her, um...like how I always treat you.

M：Nice to meet you, Caitlin. Uh...what I can say about our boss is... uh...she has a good sense of humor.

W：ケイトリン、同僚を紹介するわ。こちらはロジャー。ロジャー、ケイトリンよ。大学を卒業したばかりなの。とっても新鮮でやる気に満ちているでしょ？　私みたいに。とにかく、私たちのチームに加わるの。彼女にやさしくしてね。まあ、私がいつもあなたにしているように。

M：はじめまして、ケイトリン。えぇと、ぼくらの上司についてぼくが言えることは、何て言うか、とてもユーモアのセンスがあるってことさ。

NOTE 日本語の「ええと」のように、言葉が出てこない、あるいは、言葉に出して言うべきか迷ったときにum, / uh, が使われます。

230 kind of ...

MP3-238

W1：I think Laura is kind of bossy, you know?

W2：Kind of bossy? What are you talking about? She is bossy. Some people even call her a control freak. She plans things in advance and asks people around her to do things according to her plans. She can't be satisfied unless she has everything under control.

W1：ローラってちょっとしきり魔よね。

W2：ちょっとしきり魔？　何言ってんの？　彼女はしきり魔そのものよ。彼女のことを支配魔って呼びさえする人もいるわ。彼女は全部前もって計画して、周りの人間にその計画どおりに行動ようにするように要求するの。全部自分の思いどおりにできないと満足できないの。

NOTE kind of ... はいろいろな要素を和らげることができます。動詞にも「ちょっと」というニュアンスを加えることができます。例I kind of saw Wendy.（ちょっとウェンディに会ったんだ）/ I like Heidi, kind of.（ハイディのことちょっと気に入ってるんだ）/ I kind of had a feeling we would get in trouble.（なんとなく問題に巻き込まれそうな気がしていたんだ）　同じ意味でsort ofという表現もあります。

30 話題を提供する／情報・問題意識を共有する

231 actually

◀)) MP3-239

W：Oh, you graduated from Warrensburg High. Do you happen to know Stacy Davis?

M：Yes, I know Stacy. Actually, I used to date her.

W：あら、あなたはウォレンズバーグ高校を卒業したのね。ステイシー・デイヴィスって知らない？

M：ああ、ステイシーなら知っているよ。実は、前にデートしたこともあるんだ。

NOTE 話し言葉ではかなり頻繁に使われます。In fact, … と言い換えることもできます。この会話のように相手の知らないことを述べるだけでなく、次のような用法もあります。

1）前の発言を修正して正しい情報を伝える

㊎Laura appears to be a teenager, but she's actually 35.

2）いきなり伝えるのを避けるために冒頭につけて語調を和らげる

㊎This movie was better than I thought. Actually, all the movies by David Lynch I saw in the past were a bit boring.—Oh, really? Actually, he's my favorite movie director.

232 as a matter of fact

◀)) MP3-240

W：You don't understand how I feel. You're not married.

M：As a matter of fact, I am. I got married to my sweetheart when I was 20.

W：あなたに私の気持ちがわかるわけない。結婚してないから。

M：それが実は、結婚しているんだ。20歳のとき彼女と結婚したんだ。

NOTE 231 actuallyとほぼ同じ意味ですが、as a matter of fact は意外な事実をよりもったいぶって言う感じがあります。

233 for the record, ...

MP3-241

M：I just saw you talking with Mr. Brown in the cafeteria. You two looked like you were in a good mood.

W：Wait a minute. Do you think we're having an affair or something? Your guess is crazily wrong. For the record, he's married, and I have a boyfriend.

M：食堂で君がブラウンさんと話すのを見たよ。君たち2 人はいいムードだったな。

W：ちょっと待ってよ。私たちがそういう関係だと思っているの？　あなたの想像は馬鹿馬鹿しいほど間違いよ。参考までに、彼は結婚しているし、私には彼氏がいるの。

NOTE For the record, は一応言っておきたい、「参考までに／言っておくけど」という感じで大事な情報を伝えるときなどに使われます。似た表現に Mind you, があります。

例 Mind you, if he wasn't married, I might be interested in him.（ここだけの話、彼が結婚していなかったら、気になったかも）

234 Like I said,

MP3-242

W：I can't believe Steve has left this early, even though he's not finished with the assigned work. I'll have to cover for him ...

M：Like I said, his wife just had a child. He needs to do a lot of things at home. I can help you out.

W：スティーヴったらまだ与えられた仕事が終わっていないのに、こんなに早く帰るなんて信じられない。彼の埋め合わせをしないと。

M：前にも言ったけど、奥さんが子どもを産んだばかりで、家でやらなければいけないことがたくさんあるんだよ。ぼくが手伝うよ。

NOTE この場合、男性は「スティーヴの奥さんが子どもを産んだばかり」という事実を以前から女性に伝えていたことになります。

235 the question is ...

MP3-243

W：Am I just imagining it, or have you gained a bit of weight these days? You should exercise more.

M：I know. The question is, how can I find time to go to the gym?

W：私の気のせいかしら、あなた最近ちょっと太ったんじゃない？　もっと運動したほうがいいわよ。

M：わかってるさ。問題は、どうやってジムに行く時間を見つけられるんだい？

NOTE 相手の意見を受け入れながらも、より本質的に考えるべき問題は何か、と疑問を呈するときに使える表現です。Question is, のようにThe が脱落することもあります。

236 the thing is, ...

MP3-244

M：You haven't eaten anything. Come on. Try some. I'm sure you'll like it.

W：Thank you for serving us such great dishes. The thing is, I can't eat raw fish.

M：何も食べていませんね。どうぞ。お試しください。きっと気に入られると思いますよ。

W：こんな素敵な料理でもてなしていただいてありがとうございます。実は、生の魚は食べられないんです。

NOTE 問題に理由や説明を加えるときに使われます。いきなりI can't eat raw fish. ではぶしつけで失礼な感じがするので、The thing is,（くずれてThing is, ... となることもあります）を加えると、「言いにくいことですが…」というニュアンスが出ます。

237 my point is, ...

MP3-245

W：Do you think Ken will forgive what I did? Should I call him, or would it be okay to send him a text message?

M：I don't think it matters much. My point is, you should sincerely apologize to him right away.

W：ケンは私がしたことを許してくれると思う？　電話したほうがいいと思う？　携帯メールで大丈夫かな？
M：そういうことはあまり重要じゃないと思うよ。大事なことは、今すぐ彼に心から謝ることなんだよ。

NOTE「本当に重要なことは」のように問題点を強調する表現です。The point is ..., / Point is, も使います。

238 By the way, ...

MP3-246

M：Good morning, Veronica. How was your weekend?
W：Thanks for asking, Jeff. It was great. I could relax a lot. By the way, are you ready for the presentation this afternoon?

M：おはよう、ヴェロニカ。週末はどうだった？
W：聞いてくれてありがとう、ジェフ。いい週末だったわ。たっぷり休めたし。ところで、今日の午後のプレゼンの準備はどう？

NOTE 違う話題・大事な話題に切り替えるときに使われます。

239 speaking of which, ...

MP3-247

M：This dish has a lot of calories. Speaking of which, how's your diet going?
W：Don't ask me. As a matter of fact, I've already given up.

M：この料理はカロリー高めだよね。カロリーと言えば、ダイエットはどう？
W：聞かないでよ。実は、もう諦めたのよ。

NOTE「…と言えば」のように、前に出た話題に関連して、新しい話題を提供します。

240 anyway

MP3-248

W：Anyway, I'll see you next time, probably on Friday, at Matthew's house. I most likely won't make it on time, but I'll go to the party for sure. Okay, I've got to run.

M：Right, okay, see you Friday.

W：とにかく、次に会うのはたぶん金曜日にマシューのところでかしら。時間ぴったりには来られないと思うけど、必ずパーティーには行くから。じゃあ、行かないと。

M：そうだね、わかった。じゃあ金曜日に。

NOTE 一方がso, / anyway, / right, / okayを使って会話をそろそろ終えようと合図を送り、相手もこれらの表現で合図を送り返し、会話が終了するのが普通です。anyways, となることもあります。

31 追加情報を示す

241 also

MP3-249

W : How did you get to know Suzan?
M : She's my classmate. Also, she and I work at the same restaurant.

W：どうやってスーザンと知り合いになったの？
M：スーザンはぼくのクラスメイトです。それに、彼女と私は同じレストランで働いています。

NOTE 追加情報を表わす最も一般的な表現です。

242 besides

MP3-250

M : What's the benefit of doing sports?
W : Obviously it makes kids healthy. Besides, it helps them learn to cooperate with other kids.

M：スポーツをするメリットって何でしょうか。
W：明らかに、スポーツをすると子どもたちは健康になります。加えて、他の子どもと一緒に行動することを学びます。

NOTE in addition と言うこともできます。

243 plus

MP3-251

W : Rachel came into the classroom late. Plus, she forgot her homework.
M : Wow, she made a really bad impression on her second day.

W：レイチェルはクラスに遅れてきました。それに、彼女は宿題を忘れました。
M：わあ、2日めにして、すごく悪い印象を与えたね。

NOTE 肯定的な内容にも使えます。
例 Rachel is smart. Plus, she's so pretty.

244 on top of that, ...

MP3-252

W：I need to study for the test tomorrow. On top of that, I have to practice the piano for the concert next month.

M：Oh, you've been so busy. Hang in there.

W：私は明日のテストのために勉強しなければいけません。おまけに、来月のコンサートのためにピアノの練習もしなければなりません。

M：わあ、ここのところすごく忙しいんだね。がんばって。

NOTE on top of that = in addition to thatです。後者は話し言葉・書き言葉の区別があまりありませんが、前者は会話でよく使われる表現です。

245 and another thing

MP3-253

M：Why are you avoiding Danny?

W：Well, he talks too much. And another thing—he always tells me to do something, which annoys me.

M：なぜダニーを避けているの？

W：うーん、彼はしゃべりすぎるから。それに、彼は私にいつも何かするように言ってくるから、それがイラつくの。

NOTE「それにもうひとつ」という感じで付け加えるときに使います。

246 what's more

MP3-254

W：What was the worst moment in your life?

M：Obviously, last year was the worst. I injured my leg, and because of that, I had to be away from rugby. What's more, my girlfriend dumped me.

W：あなたの人生の中で最悪の瞬間は？

M：明らかに、去年が人生の中で最悪の瞬間でした。足をけがして、ラグビーから離れていなければいけなかったし。おまけに彼女に振られてしまいました。

NOTE「そのうえ」と前に述べたことだけでなく、まだこんなこともあるよ、という感じで自分の意見を補強するニュアンスです。これも話し言葉特有の表現です。

32 例を挙げる

247 such as ...

MP3-255

M：What kind of food do you like?
W：I like all kinds of Italian food, such as spaghetti, pizza, or tiramisu.

M：どんな食べ物が好きですか？
W：私は全ての種類のイタリア料理が好きです。スパゲッティでもピザでもティラミスでも。

NOTE You need an ID, such as a driver's license. のように後に続けるものがひとつだけの場合もあれば、上のように複数並べることもできます。

248 like

❶ MP3-256

M：Tom will never know Peggy's good points like I do.
W：You know her more than her boyfriend, huh?

M：トムはペギーの長所について私のようにはわからない。
W：ペギーの彼よりもあの子についてよく知っているってことよね。

NOTE 文法的にはasが好まれますが、実際の会話ではlikeがよく使われます。

❷ MP3-257

W：People like Stephanie or Nicole wouldn't understand our feelings.
M：I agree. They are way richer than us.

W：ステファニーやニコールのような人たちには私たちの気持ちは絶対わからない。
M：そう思う。ぼくらよりずっと金持ちだから。

NOTE like = such as

③ MP3-258

W：Erica likes to chat. Like yesterday she called me at night, and she didn't hang up until 2 o'clock.

M：Oh, I had a similar experience to that.

W：エリカはおしゃべりが好きなの。例えば昨日、彼女は夜中私に電話をしてきて、2時まで電話を切らなかったのよ。

M：ああ、ぼくもそれと似たような経験がある。

NOTE この会話のlikeは、指す対象がyesterdayなのか、... until 2 o'clockまでなのかはっきりしません。話し言葉ではこのような使われ方もあります。

249 For example, ...

MP3-259

W：Bree's room is so messy. For example, there are a lot of old newspapers, unused items, and piles of unwashed underwear on the floor.

M：Wow, it looks like she's not the neat freak she looks like.

W：ブリーの部屋はとても散らかってるの。例えば、たくさんの新聞や使われていないもの、洗濯していない下着の山が床に転がっているのよ。

M：へえ、きれい好きに見えるけど、そうじゃないみたいだね。

NOTE 〈For example, S＋V.〉というのが原則ですが、口語だとセンテンス未満の語句がくることもあります。

例 I saw a lot of people there—Jerry and Kari, for example.

250 in some cases

MP3-260

W：Sara often criticizes others, and in some cases, she goes too far.

M：You're right. She's too harsh at times.

W：サラはよく他人の批判をして、ときにやりすぎることがあるの。

M：そうだね。ときどききつすぎるよね。

NOTE「ある場合においては」という限定的な状況を示すときの表現です。

251 especially

MP3-261

M：Tony seems to be hiding something.

W：Right. Especially when he talks about Laura. There's something fishy.

M：トニーは何か隠しているみたいだね。

W：そうね。特にローラについて話すときなんか。何か怪しいわ。

NOTE 前の情報の一部を強調するときに使います。

252 in particular

MP3-262

W：You went to the newly opened museum, right? How was it?

M：In fact, all the exhibits were great, but I was impressed by Al Fischer's work in particular.

W：あなたは新しくオープンした美術館に行ったのよね？　どうだった？

M：実のところ、全部の展示品がすばらしかったんだけど、特に、アル・フィッシャーの作品に強く印象付けられたよ。

NOTE 251 especially同様、強調したいものごとの例を挙げるときの表現です。

33 対比する／逆のことを述べる

253 , but …

MP3-263

M：I've seen that girl a couple of times, but I've never talked to her.
W：Actually, I know her. Do you want me to introduce you to her?

M：あの女の子を何回か見かけたことはあるけど、話したことはないんだ。
W：ああ、あの子なら知っているけど。紹介してあげようか？

NOTE 〈S＋V, but S＋V.〉は最も基本的な対比の表現です。

254 While …,

MP3-264

W1：While some people prefer to stay home on weekends, others like to be engaged in some outdoor activities.
W2：Right. Personally, I prefer staying inside.

W1：週末に家にいたい人もいれば、屋外での活動に興じるのが好きな人もいる。
W2：そうね。個人的には屋内にいるほうが好きかな。

NOTE「…の一方で、…」という表現です。〈While S＋V, S＋V.〉のほか、〈Some (people) …, Others …〉という対比表現も使われます。

255 although

MP3-265

W：My dream is to become a singer, although I know it's very tough to make it come true.
M：Well, you can accomplish anything you put your mind to. Good luck!

W：実現するのはたいへん難しいとはわかっていますが、私の夢は歌手になることです。
M：いや、目標をきちっと定めればどんなことだって実現可能だよ。がんばって！

NOTE 〈S＋V although S＋V.〉のほか、〈Although S＋V, S＋V.〉という使い方もできます。

例 Although some people may say that Chiaki is the prettiest girl in our section, I find Asami the most attractive.（チアキが私たちの課で一番きれいだと言う人もいるが、私はアサミが一番魅力的だと思う）

256 Despite the fact that ...

MP3-266

M：Despite the fact that Emi has lived in Canada for just three months, she speaks English like a native speaker.

W：Wow, she must be gifted at learning languages.

M：エミはカナダにたった3か月住んだだけなのに、ネイティヴスピーカーのように英語を話す。

W：わあ、きっと語学を学ぶ特別な才能があるのね。

NOTE 255 although と同じ意味で使われます。少しもったいぶった感じがありますが、会話では結構頻繁に使われます。

257 though

MP3-267

W：I really like Megan. I don't like her boyfriend, though.

M：Well, I like both of them.

W：メイガンのことは本当に好きだけど、彼女のボーイフレンドは好きじゃない。

M：へえ、ぼくは2人とも好きだけどな。

NOTE この会話のように、〈S＋V. S＋V, though.〉の形で使うのが基本です。書き言葉でも使えますが、1つめのセンテンスに補足情報として付け加える表現として、話し言葉で使うほうがしっくりきます。

258 however

MP3-268

M：In Japan, people are expected to understand other people's feelings. In the United States, however, people are encouraged to express their own opinions in public.

W：Professor, can you give an example?

M：日本では、人々は他人の気持ちを理解することが求められる。一方アメリカでは、人前で自分の意見を表現することが求められる。

W：先生、例を挙げてもらえますか。

NOTE ライティングではよく見られますが、howeverは話し言葉としては少しフォーマルな感じを与えます。副詞なので、2番めのセンテンスの頭・中間・末尾のいずれにもくることができます。

259 On the one hand, … (but) on the other (hand), …

MP3-269

W：You broke up with Kim? I thought, since she's a bit conservative, you'd have gotten on well with her.

M：Well, it's complicated. On the one hand, she let me take the lead, but on the other, she's too—how can I say—too needy.

W：キムと別れたんだって？　彼女は堅いところがあるから、あなたに合うと思っていたのに。

M：まあ、難しいよ。一方では、彼女はぼくに仕切らせてくれたんだけど、また一方では、すごく――どう言えばいいのかな、依存心が強すぎるんだ。

NOTE 1）on the other hand単独で対比を表わすこともできます。

例 Living in a small town sounds boring. <u>On the other hand,</u> you may find some benefit that you could never have in the city.

2）ここでは、needyという語が浮かばず、時間稼ぎのためにhow can I say? という表現を使っています。

260 even though

🔊 MP3-270

W1：Has Jim changed jobs yet?
W2：No, he's still at the same restaurant, even though he is always grumbling about working under harsh conditions.

W1：ジムは仕事を変えたの？
W2：いいえ、彼はいつもひどい条件での仕事に文句を言っているのに、まだ同じ店で働いているわ。

NOTE 〈S＋V even though S＋V.〉〈Even though S＋V, S＋V.〉のどちらも可能です。255 although / 256 despite the fact に比べて〈S＋V〉の部分に話し手の強い驚きが含まれているときに使われます。

261 even if

🔊 MP3-271

M：Kevin will probably carry out his plan of opening a new school, even if people around him raise objections to it.
W：Oh, even if everyone turns their thumbs down to the plan?

M：周りの人間の強い反対にあっても、ケヴィンはおそらく新しい学校を開校する計画を実行するだろうな。
W：え、たとえみんながその計画がダメだと主張しても？

NOTE even if は「たとえ〜しても」というときに使われます。

262 That said / Having said

🔊 MP3-272

M：What do you think of this movie?
W：Well, I found the storyline quite banal. That said, there's some beautiful, touching scenes.

M：この映画どう思う？
W：うーん、ストーリーはかなり平凡よね。とはいっても、いくつか美しくて、泣かせるシーンがあったけどね。

NOTE 教科書などにはあまり見ない表現ですが、会話でもスピーチでも、話し言葉では比較的頻繁に耳にする表現です。2つの相対する情報を前にして「とはいうものの〜」という、話し手の迷いのようなものがニュアンスとして感じられます。That saidの代わりにThat being saidを使う人もいます。

263 certainly, ... however

MP3-273

M：Do you think money is the most important thing?

W：Um...probably no. Certainly, money is important. I believe, however, that time is more important.

M：お金はいちばん重要だと思いますか？

W：そうですねえ、いや、違うと思います。確かに重要ではありますが、時間のほうがもっと大事です。

NOTE 意見を主張するときに、まず「自分の考えと反対の意見にも一理ある」というバランスのあるコメントをするときに使われる表現です。

264 part of *you*

MP3-274

W1：Have you decided to leave Fred?

W2：Not yet. Part of me wants to break up with him, but part of me still thinks we can get over this.

W1：フレッドの元を去る覚悟はできた？

W2：まだよ。別れたいと思っている私がいて、まだやり直せるって思っている私もいるの。

NOTE 1人の人間が2つの相反する考えで葛藤しているときに使われる表現です。

Chapter 1 表現編 / Chapter 2 ルール編 / Chapter 3 実践演習編 / Chapter 4 実用会話編

34 まとめる／結論づける

265 To sum up, ...

MP3-275

M：What do you think of students working part-time?

W：Well, I'm quite positive about it. When I was a student, I worked at a couple of different places, from a gas station and a customer service center, to a bar. Through these jobs, I learned a wide range of skills, which I couldn't learn in class. To sum up, students should be allowed to work part-time because they have the right to do so and they can learn a lot of things through working.

M：学生のアルバイトについてどう思う？

W：うーん、私は賛成。自分が学生のときは、ガソリンスタンドやカスタマーサービスからバーまで、いろいろなところでバイトしたわ。それらの仕事を通して幅広い技術が身についたの。そういうスキルは授業では得られないし。要約すれば、学生はアルバイトをするのを許可されるべきってこと。というのは、彼らはそうする権利があるし、仕事を通してたくさんのことを学べるんだから。

NOTE まとめを述べる前のつなぎ言葉として、最も一般的な表現です。カジュアルな場面でもフォーマルな場面にも使えます。

266 To summarize

MP3-276

W：If you were the president or prime minister of your country, what would you do?

M：Japan has a lot of problems—a rigid education system, social issues, and foreign policy. However, none of these are as important as our economy. To summarize, I'd make the economic conditions better.

W：もし、あなたが自分の国の大統領や首相なら、何をしますか。

M：日本はたくさんの問題を抱えています。──なかなか改善されない教育制度もそうだし、社会問題や外交政策もあります。けれども、このどれも経済ほどは重要じゃありません。まとめると、私ならば経済情勢をよくしようと思います。

NOTE 265 to sum upより少し硬めの表現です。

267 (And) so

MP3-277

W1：I'm just wondering, but can I ask why you are always wearing tights?

W2：Well, they're comfortable. They make me look chic. And so I like to wear tights and I wear them every day.

W1：ちょっとした関心なんだけど、なんでいつもタイツを履いているのか聞いてもいい？

W2：うーん、単に着やすいからかな。おしゃれに見えるから。それで毎日タイツでいようと思うし、実際そうするの。

NOTE 今までのことを受けて「結論として、つまり」のような意味でsoをセンテンスの頭で使うのは、話し言葉ではきわめて自然な用法です。

例 We missed the last train. So we decided to walk.（終電に乗り遅れたので、歩くことにした）

268 Anyway, ...

MP3-278

M：What summer event in Japan do you recommend?

W：You should go to Fuji Rock Festival. It is held every summer at a ski resort in Niigata, from the last Friday to the last Sunday of July. Musicians from a variety of genres come from across Japan and other countries to perform at this event. One of the cool things about this event is that you can make a lot of friends. Anyway, Fuji Rock Festival is cool.

M：日本の夏のイベントとして何を勧めますか？

W：フジロックフェスティバルに行ったほうがよいと思います。新潟のスキーリゾートで、毎年夏、7月の最終の金曜日から日曜日に開かれます。日本や外国からさまざまなジャンルのミュージシャンが集まってきて、このイベントで演奏をします。このイベントのよいことのひとつはたくさんの友達をつくることができることです。とにかく、フジロックフェスティバルは最高です。

NOTE まとめたり結論づけるanywayは、カジュアルな場面では頻繁に使われます。

269 In short

MP3-279

M1：What kind of job would you like to have in the future?

M2：Well, I like math and I want to use it at work. Maybe a math teacher? Also, being a researcher or an engineer sounds good as well. In short, as long as I can use math and help others, I'd want to do any kind of job.

M1：将来どんな仕事に就きたいですか。

M2：ええと、数学が好きなので、それが役に立つ仕事がしたいです。数学の先生かな。あるいは研究者やエンジニアというのもいいですね。とにかく、数学が使えて他人の役に立つなら、どんな仕事でもやりたいです。

NOTE「手短に言えば」というようなフレーズはここで紹介しているものも含めて割とたくさんありますが、最も一般的なものはこれです。

270 essentially

MP3-280

M：I don't understand the point. Is Ms. Rosenbaum on Matt's side or his wife's?

W：What Ms. Rosenbaum is saying is, essentially, that the current law does not protect the rights of people like Matt.

M：よくわからないな。結局ローゼンバウムさんはマットの味方なのかな。それとも彼の奥さんの味方？

W：彼女が言っていることは結局、現行の法では、マットのような人たちの権利を守ることはできないということでしょ。

NOTE 最も重要な要点を述べるときに使います。in essenceでも同じ意味ですが、よりフォーマルになります。

271 To make a long story short, ...

MP3-281

W：You look miserable, Nate. What happened?

M：Oh, you can tell? I had a big fight with my wife. It started from just a teeny, tiny thing. Well, to make a long story short, she's left our home.

W：ひどい顔してるわよ、ネイト。何があったの？

M：ああ、わかる？　妻と大ゲンカしたんだ。ささいなことから始まったんだけど。まあ、手短に言えば、妻が家を出て行ってしまったんだ。

NOTE「まとめると」「簡単に言えば」という意味のアメリカ口語特有の表現です。

272 The bottom line is (that) ...

MP3-282

M：All right. Jenny is sexy, and she likes sports. She always watches comedy shows on TV, but never reads any books. Why are you telling me these things?

W：Don't you get it? The bottom line is that you're not her type. Find somebody who is more like you.

M：わかったよ。ジェニーはセクシーでスポーツが好き。彼女はいつもテレビでお笑い番組を見るけど、決して本は読まない。何でこんなことをぼくに言うんだ？

W：わかんないの？　要するに、あなたは彼女のタイプじゃないってこと。あなたに似た人を探しなさい。

NOTE「前にいろいろなことを述べたけど、それらは結局大切ではなくて、要するに大事なところだけ述べる」ということです。

273 What it comes down to it is (this)

MP3-283

W：Why do you think Kyoto is the best city in Japan?

M：There are old buildings, tea houses, and lots of disappearing customs there. What comes down to it is this—you can find different things there compared to other cities such as Tokyo or Osaka.

W：なぜ、京都が日本でいちばんの街だと思うの？
M：そこには古い建物や、茶室や、なくなりつつある多くの習慣があるんだ。つまり、東京や大阪みたいな他の都市とは違うものが見つけられるんだ。

NOTE What it comes down to it is (this)は「つまり、まとめるとこういうことなんだ」というように、相手にわかるように要点をしぼる、というニュアンスがあります。

274 All in all, …

MP3-284

M：What do Japanese people do on *obon*?
W：Go back to their hometown to see their families and relatives ... All in all, *obon* is equivalent to Thanksgiving Day in the US.

M：日本人はお盆に何をするのですか。
W：実家に戻って家族や親戚に会ったりします。まあ、ざっくり言えば、お盆はアメリカの感謝祭みたいなものですよ。

NOTE all in all, はそれほどカジュアルな表現ではなく、ライティングで使う人もいます。「細かいことはさておいて」「おおざっぱにまとめれば」というニュアンスがあります。

275 This experience taught me …

MP3-285

W：Have you gotten in trouble while traveling?
M：Yeah, several times. To name a few, in Beijing, I took the wrong train and went in a totally opposite direction from my destination. In Greece, I flirted with one girl at a club, but I got in a fight with her boyfriend. In Rome, I had my wallet stolen. These experiences taught me to be careful during trips overseas.

W：旅行中にトラブルにあったことはありますか。
M：うん、何度か。例を挙げれば、北京ではまちがえた電車に乗って目的地とはまったく反対方向に行ってしまった。ギリシャでは、クラブで女の子になれなれしく話しかけていたら、彼女のボーイフレンドとけんかになった。ローマでは、財布を盗まれた。これらの経験が教えることは、外国旅行中は気をつけろということだね。

NOTE 出来事をストーリーとして語った後、教訓を引き出すときによく使われます。

35 類似点・相違点を表わす

276 (Just) like ...,

MP3-286

W1：Did your high school have a school uniform?

W2：Yeah, we had a blazer with matching pants for the boys or a pleated skirt for the girls. I had my skirt very short, just like most high school girls at that time did. I'd feel uncomfortable with that short a skirt now.

W1：あなたの高校には制服はあったの？

W2：うん、ブレザーの制服でそれに合わせたズボンを男子が、プリーツスカートを女子が身につけることになってた。当時のその年代の女子高校生がしていたように、スカートをすごく短くしていたわ。今なら、そんな短いスカートは恥ずかしくて履けないけど。

NOTE この場合は、〈like S＋V〉を〈as S＋V〉に置き換えられます。また、Paula acts like she's better than us. のように like を as if / as though に置き換えられる用法もあります。

277 look like/as if

MP3-287

M：Some people have told me that you look like Tanya Laurence, but, I kind of disagree.

W：Can't you see the resemblance? Both of us are so pretty!

M：誰かが君がターニャ・ローレンスに似ていると言ったけど、同意できないな。

W：どこが似ているのかわからないの？　私たち2人ともすごい美人じゃない！

NOTE 1) look like (sb) / (sth)（…に似ている）だけでなく、look likeには判断・推測を表わす用法もあります。

例So far it looks like Kevin's business is going well.（これまでのところケヴィンの事業はうまくいっているようだ）

Martha looked like she was close to tears.（マーサはいまにも泣きそうに見えた）

2)〈look like/as if S＋V〉は「…のように見える」という表現です。この場合、フォーマルな〈as if S＋V〉では、現在のことに過去形が使われることがよくあります。

例 Magan looks like she doesn't care, but she's really jealous of Karen's success. ＝Magan looks as if she didn't care, but ...（メイガンは気にしていないように見えるが、カレンの成功を本当に妬んでいる）

278 unlike

MP3-288

W1：Is your sister like you?

W2：Not really. We are very different from each other in looks and in personality. Unlike me, she's interested in dancing, and she's got an athletic build. She's very outgoing—this is also unlike me.

W1：妹さんはあなたに似ているのですか？

W2：いいえ、全然。見かけも性格もまったく違います。私と違って、彼女はダンスが好きでしまった体つきをしています。彼女はとても社交的で、この点でも私と違います。

NOTE like ↔ unlike を理解するのは難しくないと思いますが、日本語と英語の否定の表わし方が違うので注意が必要です。「彼女は私のように静かではない」というつもりで、She's not quiet like me. と言うと、Both she and I are outgoing, not quiet. と受け取られます。こういうときは unlike を使うか、She's not as quiet as I am. のように表現しなければなりません。

279 as

MP3-289

M：I'll simply do as people around me say. I don't want to make any decision or take responsibility for it.

W：Darin, you'd better learn to stand on your own two feet.

M：ぼくは単純に周囲の人間がやれということをやることにするよ。自分で決めたり、責任を取ったりしたくないんだ。

W：ダーリン、いい加減、大人にならないと。

NOTE 話し言葉ではこの as を like に言い換えることもできます。

280 similar

MP3-290

W：I lost a large amount of money through trading activities.
M：Actually, your situation is quite similar to mine—I loaned my dad a lot of money, but he turned it into debt.

W：商取引でかなりのお金を失ってしまったわ。
M：実は、君の状況はぼくのと似てるよね。ぼくは父親に大金を貸したんだけど、彼はそれを借金にして返してきたんだ。

NOTE X is similar to Yは2つのものが似ていることを表わします。「何において似ているのか」を示すなら、My mother and I are extremely similar in appearance. とします。

281 different than

MP3-291

M1：Any bad thing in the world—bullying, violence, war, unfair treatment—is somewhat related to discrimination.
M2：Right. If people feel somebody is different than them, they'll bully the person.

M1：世界で起こっている全ての悪いこと——いじめ、暴力、戦争、不公平な扱い——というのは、ある程度、差別に関係があると思うんだ。
M2：そうだね。人々は自分たちとは違うと思ったら、いじめをするからね。

NOTE 書き言葉ではdifferent fromのほうが好まれますが、〈different than S＋V〉とできる便利さがあるため、話し言葉では使用頻度がぐんとあがります。
例 I feel like a different person than I was in high school.

282 as well

🔊 MP3-292

W：Any thoughts about telling lies?

M：You can't tell a lie in any case. Lies will hurt other people, and they will hurt you as well.

W：うそをつくことについて何か考えはある？

M：どんなときでもうそはついちゃいけない。うそは人々を傷つけるし、そして、そのうそは自分をも傷つけるから。

NOTE as well = too

Chapter 2

通じないことの多くは「論理」が問題

「中学・高校で英語をそれなりに真面目に勉強した」、「単語や文法はけっこう知っている」――そういう人が実際にネイティヴスピーカーを相手に英語を話したところ、通じなかったというのはよくあることです。

多くの場合、そういう人の英語が通じないのは「論理（logic）」に問題があるからです。

論理というと「論理学」という学問を想像し、数式のようなものを使った小難しいものだと思うかもしれません。

しかし、言語によるコミュニケーションにおいて「論理」とは、その言語を使うときに当たり前のように踏む手続きのことをいいます。この手続きが英語と日本語では異なるので、日本語の論理で話すと、英語のネイティヴスピーカーに伝わりにくいのです。

ルール編　英語の論理を支える20のルールと3つのコラム

ルール編

英語の論理を支えるルールを知ろう

Chapter 2では、英語の論理を支えている20のルールを紹介します。
語る内容によってルールは少しずつ異なります。そこで、それぞれのルールに、

・原則
・出来事：体験した出来事などを語る
・対象：人物や物事について描写する／説明する
・意見：理由を説明しながら、相手を説得する
・会話：心地よいコミュニケーションを築き会話を進める

の5つのカテゴリーを示しました。

ネイティヴスピーカーに伝わりやすい英語の話の流れがどのようなものか、ひとつひとつ学んでいきましょう。

Rule 01 原則 「抽象的・一般的」なことから「具体的・個別」のことを述べる

英語では抽象的・一般的なことを述べてから、具体的・個別のことを述べることが論理の上で重視されます。

Sample 01

A) × Joan likes to swim in a river in summer and go hiking in winter. She likes nature.

ジョウンは夏は川で泳ぎ、冬はハイキングをするのが好きです。彼女は自然が好きです。

B) ○ Joan likes nature. She likes to swim in a river in summer and go hiking in winter.

ジョウンは自然が好きです。彼女は夏は川で泳ぎ、冬はハイキングをするのが好きです。

A、Bともに、文法的には何の問題もありません。しかし、ネイティヴスピーカーはBのほうがより自然な流れの英語だと感じるはずです。それは、「抽象→具体」「一般→個別」というルールに従っているからです。

swimやgo hikingは具体的な行動を表わしています。一方、natureは抽象的な概念を表わしています。日本語では、英語と逆の「具体→抽象」、「個別→一般」という順序で話してもおかしなことではありませんが、英語を母国語にしている人には、かなり奇異に聞こえます。ささいな発音や文法のミスよりも理解に影響することさえあります。

このルールを身につけるには2つの事柄を比べ、どちらがより「具体的・個別」のものか、どちらがより「抽象的・一般的」かを意識する練習が必要です。まずは名詞レベルから練習します。そのため、次の公式を使ってみましょう。

X is a kind of Y.

Xに「具体的・個別」のこと、Yには「抽象的・一般的」なことが入ります。この公式に従って、大トロの寿司を例にして考えてみましょう。

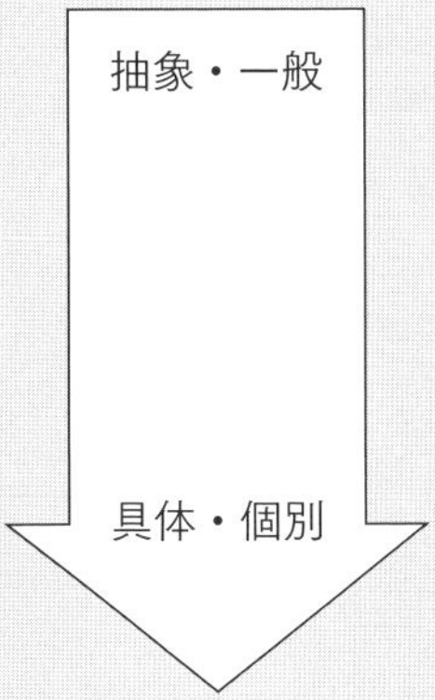

food（食べ物）
↓
Japanese food（和食）is a kind of food
↓
sushi（寿司）is a kind of Japanese food
↓
tuna（まぐろ）is a kind of sushi
↓
supreme tuna belly（大トロ）is a kind of tuna

◎ Exercise 01-1

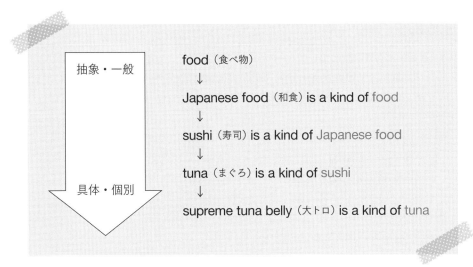

上の例のように、「抽象・一般」的な言葉から「具体・個別」の言葉になるように、次の語句を並べ替えましょう。

1） a country in East Asia / Japan / a country located in the Pacific Ocean / a country

2） a *tanuki* / a creature / a mammal / an animal / a raccoon dog / the *tanuki* I saw yesterday

3） exercise / jog / run / jog along the river

4） the pretty woman at my workplace who always says bad things about me / a woman / a woman at my workplace / a person / a pretty woman at my workplace

5） a sci-fi movie made in the '80s / a sci-fi movie / a popular sci-fi movie made in the '80s / a movie / the popular sci-fi movie made in the '80s entitled *Back to the Future* / entertainment

Answer ◎Exercise 01-1

1） a country（国）
→ a country located in the Pacific Ocean（太平洋に位置する国）
→ a country in East Asia（東アジアの国）→ Japan（日本）

2） a creature（生物）→ an animal（動物）→ a mammal（哺乳類）
→ a raccoon dog（タヌキ属の動物）→ a *tanuki*（タヌキ）
→ the *tanuki* I saw yesterday（昨日見かけたタヌキ）

3） exercise（運動する）→ run（ 走る）→ jog（ジョギングする）
→ jog along the river（川辺をジョギングする）

4） a person（人）→ a woman（女性）
→ a woman at my workplace（職場の女性）
→ a pretty woman at my workplace（職場のきれいな女性）
→ the pretty woman at my workplace who always says bad things about me（私の悪口ばかり言っている職場のきれいな女性）

5） entertainment（娯楽）→ a movie（映画）→ a sci-fi movie（SF映画）
→ a sci-fi movie made in the '80s（80年代製作のSF映画）
→ a popular sci-fi movie made in the '80s（80年代製作の人気SF映画）
→ the popular sci-fi movie made in the '80s entitled *Back to the Future*（『バック・トゥ・ザ・フューチャー』というタイトルの80年代製作の人気SF映画）

解説 抽象的・一般的な言葉に説明語句・限定語句を付け加えることによって、具体的・個別の言葉を作ることができます。

◎ Exercise 01-2

次の英文で、「抽象・一般→具体・個別」の流れで述べているものには○、そうでないものには×を書きましょう。その後、音声を聞き、「抽象・一般→具体・個別」の流れを確認してください。文の入れ替えにより主語が変わるものもあります。

1） Tastes differ. Jessica likes romantic comedies, but I like zombie movies.

2） With the Internet, we can access the latest information and connect to people faster than we used to. Technology makes our life easier.

3） My girlfriend found that I had dated with another woman a few times and punched me in the face. Secrets will be revealed in the end.

4） Learning a foreign language gives you a lot of benefits. You can make friends with people from other countries and understand different cultures.

5） Anne is captain of the volleyball team at school, and she does volunteer work on weekends. She is very active.

6） My girlfriend cooked a delicious stew when she invited me to dinner at her house. She likes to cook.

7） Ayumi and I went to the same kindergarten, elementary school, middle school, and high school. We have known each other for a long time.

8） My boyfriend is a musician. He is in a band and plays the guitar.

9） In Milwaukee, there's a large mix of Hispanics, Asians, and African Americans. This city is a very diverse one.

10） I thought it was the worst moment in my life. I injured my leg, I had to be away from rugby, and what's more, my girlfriend dumped me.

Answer ◎Exercise 01-2 MP3-293

1) ○

スクリプト Tastes differ. Jessica likes romantic comedies, but I like zombie movies.

訳 人の好みはそれぞれです。ジェシカはラブコメが好きですが、私はゾンビ映画が好きです。

2) ×

スクリプト Technology makes our life easier. With the Internet, we can access the latest information and connect to people faster than we used to.

訳 科学技術は私たちの暮らしを楽にします。インターネットがあれば、最新の情報にアクセスできるし、かつてより早く人々とつながることができます。

3) ×

スクリプト Secrets will be revealed in the end. My girlfriend found that I had dated with another woman a few times and punched me in the face.

訳 秘密は結局ばれてしまうものです。ぼくの彼女は、ぼくが別の女性と何回かデートしたことを突き止めて、ぼくの顔を殴りました。

4) ○

スクリプト Learning a foreign language gives you a lot of benefits. You can make friends with people from other countries and understand different cultures.

訳 外国語を学ぶことにはたくさんの利点があります。他の国から来た人と友達になれるし、異なる文化を理解することができます。

5) ×

スクリプト Anne is very active. She is captain of the volleyball team at school, and she does volunteer work on weekends.

訳 アンはとても活発な人です。彼女は学校のバレーボール部のキャプテンで、週末にはボランティア活動もします。

6) ×

スクリプト My girlfriend likes to cook. She cooked a delicious stew when she invited me to dinner at her house.

訳 私の彼女は料理が好きです。彼女の家に夕食に私を招いてくれたとき、おいしいシチューを作ってくれました。

7） ×

スクリプト Ayumi and I have known each other for a long time. We went to the same kindergarten, elementary school, middle school, and high school.

訳 アユミと私はお互いに昔からの知り合いです。同じ幼稚園、小学校、中学校、高校に行きました。

8） ◯

スクリプト My boyfriend is a musician. He is in a band and plays the guitar.

訳 私の彼氏はミュージシャンです。バンドに所属していて、ギターを弾きます。

9） ×

スクリプト Milwaukee is a very diverse city. In this city, there's a large mix of Hispanics, Asians, and African Americans.

訳 ミルウォーキーは多様性のある都市です。この都市には、多くのヒスパニック系、アジア系、アフリカ系のアメリカ人が溶け込んでいます。

10） ◯

スクリプト I thought it was the worst moment in my life. I injured my leg, I had to be away from rugby, and what's more, my girlfriend dumped me.

訳 そのときは人生の中で最悪の瞬間だと思いました。足をけがして、ラグビーから離れていなければいけなかったし、おまけに彼女に振られてしまいました。

Rule 02 原則 まず話の概要を示し、次に話の中身を述べ、最後に話をまとめる

長めの話をするときは、まず、話す内容の概要を示してから伝える中身・内容を具体的に述べます。そして、最後にポイントをまとめます。ここではセンテンス単位で「概要→話の中身→まとめ」の流れを意識する練習に取り組みます。

◎Exercise 02

次の1)～4)は1つの話のまとまりです。話の流れが通るように、各センテンスの(　)に番号を入れましょう。その後、音声を聞いて、「概要→話の中身→まとめ」の流れを確認してください。

1) (　　) So, Friday, which was yesterday, I didn't get home until very late.
(　　) When I opened the door, I could see my wife's angry face.
(　　) I forgot that yesterday was my wife's birthday.
(　　) I made a big mistake.
(　　) She didn't say anything, but her eyes were surely accusing me.
(　　) I had remembered it on Monday, but I was too busy from Tuesday through Thursday.

2) (　　) Plus, he's got a sense of humor.
(　　) He listens to us.
(　　) Have I ever told you that I started working with a new boss?
(　　) I'm glad that I can work with him.
(　　) He's really cool—much better than the previous one.
(　　) He's also good at motivating us.

3) (　　) I think it's easy enough, but call me if you get lost.
(　　) Last, you'll see the station in front of you after you walk for about one minute.
(　　) Let me tell you how to get to the station.
(　　) Next, turn left and walk two blocks.

(　　) First, go straight on Knox Avenue until the grocery store.
(　　) Then, turn right at the corner with the Indian restaurant.

4) (　　) Finally, leaders in Japan don't have enough management skills to deal with issues related to nuclear energy.
(　　) For these reasons, I'm firmly against Japan operating nuclear power plants again.
(　　) Second, it's dangerous to have power plants in Japan where there are tons of earthquakes.
(　　) First, most reactors in Japan are too old to use.
(　　) In my opinion, Japan should change its nuclear power policy for a few reasons.

Answer ◎Exercise 02　MP3-294

1) 4 → 5 → 2 → 1 → 6 → 3

スクリプト I made a big mistake. I forgot that yesterday was my wife's birthday. I had remembered it on Monday, but I was too busy from Tuesday through Thursday. So, Friday, which was yesterday, I didn't get home until very late. When I opened the door, I could see my wife's angry face. She didn't say anything, but her eyes were surely accusing me.

解説 間違いをしたという概要を示してから、具体的にしてしまったことを時間順に述べています。

訳 大きな間違いをしたよ。昨日が妻の誕生日だということを忘れていたんだ。月曜日には覚えていたんだが、火曜から木曜まであまりに忙しくて。そして、昨日の金曜日、とても遅く家に帰ったんだ。ドアをあけたら、そこに妻の怒った顔があったんだ。彼女は何も言わなかったけど、彼女の目は明らかにぼくを責めていた。

2) 5 → 3 → 1 → 6 → 2 → 4

スクリプト Have I ever told you that I started working with a new boss? He's really cool—much better than the previous one. He listens to us. He's also good at motivating us. Plus, he's got a sense of humor. I'm glad that I can work with him.

解説 新しい上司についての話題を振ってから、前の上司よりもよい人物で、そのよい点を具体的に述べて、最後にそれを受けての自分の感想をまとめています。

訳 新しい上司の下で働くことになったことを話したっけ。彼はすごくいいの。前の上司よりもずっと。私たちの話を聞いてくれるし、私たちのモチベーションを高めるのがうまいの。それに、ユーモアのセンスもある。一緒に働けてうれしいわ。

3) 6 → 5 → 1 → 3→ 2 → 4

スクリプト Let me tell you how to get to the station. First, go straight on Knox Avenue until the grocery store. Next, turn left and walk two blocks. Then, turn right at the corner with the Indian restaurant. Last, you'll see the station in front of you after you walk for about one minute. I think it's easy enough, but call me if you get lost.

解説 最初に駅への道順を示すことを述べ、道順どおりに述べています。最後に簡単だけれども、それでもわからなければ電話するように述べています。

訳 どうやって駅に着くかを説明するね。まず、ノックス通りをまっすぐスーパーまで進むんだ。次に左に曲がって2区画歩く。それから、インド料理の店の角を右に曲がるんだ。それで1分ぐらい歩いたら、目の前に駅が見えるよ。十分簡単だと思うけれども、迷ったら電話して。

4) 4 → 5 → 3 → 2→ 1

スクリプト In my opinion, Japan should change its nuclear power policy for a few reasons. First, most reactors in Japan are too old to use. Second, it's dangerous to have power plants in Japan where there are tons of earthquakes. Finally, leaders in Japan don't have enough management skills to deal with issues related to nuclear energy. For these reasons, I'm firmly against Japan operating nuclear power plants again.

解説 最初に原発政策を見直すべきという意見を伝えてから、具体的な理由を述べ、最後にもう一度自分の意見を繰り返しています。

訳 私の意見では、日本はいくつかの理由で原発政策を変えないといけないと思うの。まず最初に、日本にある原子炉は古すぎて使えない。次に、地震がたくさんある日本で原子力発電所をもつのは危険ということ。それに、日本のリーダーは原子力に関する問題に対処できるスキルがないと思うわ。こういう理由から、日本が原発再稼働するのには絶対反対ね。

Rule 03 原則　相手が「知っている情報」から相手の「知らない情報」へ話を進める

センテンスは、すでに述べられていて聞き手が「知っている情報」で始めます。聞き手がまだ「知らない情報」はセンテンスの後ろのほうに持っていきます。これによって聞き手は、大事な情報を逃すことが少なくなります。

Sample 03

M：What is your favorite food?

W：My favorite food is spaghetti. It's quick, easy, satisfying, and it goes with almost everything.

M：どんな食べ物がいちばん好きですか。

W：私の好きな食べ物はスパゲティです。早くて、簡単で、満足できるし、それにほとんどどんな食べ物にも合うので。

女性が語る最初のセンテンスの主語はMy favorite foodです。これは質問されたことですから、聞き手にとっては「知っている情報」です。そして、その答えにあたるspaghettiが、聞き手にとって「知らない情報」あるいは「新しい情報」です。そして、次のセンテンスで、スパゲティが好きな理由を述べており、これは相手にとって「知らない情報」です。このセンテンスの主語のitはspaghettiなので、やはり相手が「知っている情報」から始めています。このように、何を指しているのかハッキリしている代名詞のit / he / she / theyなど、あるいは〈the/this/that/its＋名詞〉を主語にしてセンテンスを始めると、相手が新しい情報を自然に受け取ることができます。

前のセンテンスで述べたこと、つまり「知っている情報」でセンテンスが始まっていると、聞き手としては情報を処理しやすいわけです。

「知っている情報 → 知らない情報」の順でセンテンスをひとつひとつ作っていけば、聞き手が話し手の解釈を誤ることは少なくなります。

◎Exercise 03

次の文章が、「知っている情報 → 知らない情報」として自然な流れになるのに適切なセンテンスをA／Bから選びましょう。その後、音声を聞いて「知っている情報 → 知らない情報」の流れを確認してください。

1) I have two older sisters.
- **A** One goes to college, and the other works at a bank.
- **B** A college student is one, and a bank teller is the other.

2) Yesterday, I saw a movie.
- **A** A very interesting movie that's what I can call it.
- **B** It was interesting.

3) Last summer, I went to Kyoto for a school trip.
- **A** During this trip, I visited a lot of sightseeing spots and met some nice people.
- **B** A lot of sightseeing spots interested me, and some nice people talked to me.

4) My favorite singer is Taylor Swift.
- **A** Country songs are sung by her, but a variety of people listen to her music.
- **B** She sings country songs, but a variety of people listen to her music.

5) I prefer living in the countryside to living in the city.
- **A** Country living has a slower pace of life.
- **B** The slower pace of life attracts me.

Answer ◎Exercise 03 MP3-295

「知っている情報」は［囲み］、「知らない情報」は下線で示しています。

1) A

スクリプト I have two older sisters. [One] goes to college, and [the other] works at a bank.

解説 one ～, and the other ...「1人／1つは～、もう1人／1つは…」という表現。ここでは「(2人の姉のうちの) 1人、もう1人」ということ。

訳 私には2人姉がいます。1人は大学に通っていて、もう1人は銀行で働いています。

2) B

スクリプト Yesterday, I saw a movie. It was interesting.

解説 Bのセンテンスの主語itは、前のセンテンスのa movieを指します。

訳 昨日、映画を見ました。とても面白かったです。

3) A

スクリプト Last summer, I went to Kyoto for a school trip. During this trip, I visited a lot of sightseeing spots and met some nice people.

解説 はじめの文のa school tripを主語にして、This trip gave me an opportunity to visit famous sites and meet nice people. とすることも可能ですが、なかなか思いつかないかもしれません。

訳 昨夏、修学旅行で京都に行きました。旅の途中、多くの観光名所に行き、親切な人に何人か会いました。

4) B

スクリプト My favorite singer is Taylor Swift. She sings country songs, but a variety of people listen to her music.

解説 Bのセンテンスの主語SheはTaylor Swiftを指します。

訳 私の大好きな歌手はテイラー・スウィフトです。カントリー歌手ですが、さまざまな人が彼女の音楽を聞いています。

5) A

スクリプト I prefer living in the countryside to living in the city. Country living has a slower pace of life.

解説 living in the countrysideを country livingと言い換えています。

訳 都会で暮らすよりも田舎に住みたいと思っています。田舎暮らしにはゆったりとした生活があるからです。

Rule 04 原則 ディスコースマーカー（つなぎ言葉）をうまく使う

ディスコースマーカー（discourse marker：談話標識）とは、聞き手に話の全体的な構成や次にどういう情報がくるのかを伝える「つなぎ言葉」となる単語や語句のことです。日本語のコミュニケーションにおいては、聞き手が話し手の情報を整理して内容理解することを求められることが多く、論理展開の目印としてのディスコースマーカーの役割はあまり意識されません。英語でわかりやすく話を進めるには、ディスコースマーカーの用法と使いどころに習熟することが必要です。

それでは、英語の話し言葉で使われるディコースマーカーを紹介しましょう。

◆ 順番・列挙・過程　「まず…」「次に…」

- □ first (of all)
- □ next
- □ then
- □ last (of all)
- □ finally / lastly
- □ second
- □ third
- □ to begin with
- □ after / following that

◆ 逆説・対比　「しかし」「一方では」

- □ but
- □ even though
- □ though
- □ despite (the fact that)
- □ although / however
- □ while
- □ (on the one hand ...) on the other hand / nevertheless / whereas

◆ 理由・因果関係　「…なので～」「…だから」

- □ because S + V
- □ ..., so S + V
- □ in the end
- □ in order to
- □ for
- □ so (that) S + V
- □ since S + V

◆ 条件 「…のときには」「…ならば」

- □ if
- □ unless（…でないかぎり）
- □ when
- □ whether
- □ as long as
- □ even if（…だとしても）

◆ 例示 「例えば」「…のように」「特に」

- □ like
- □ such as
- □ for instance
- □ for example
- □ in some cases
- □ especially

◆ 追加 「それに」「加えて」「また」

- □ also
- □ and another thing …
- □ in addition
- □ besides
- □ plus
- □ on top of that
- □ what's more

◆ 定義・説明 「つまり」「というのは」

- □ in other words
- □ that is (to say)
- □ I mean
- □ …, which (is)

◆ 要約 「まとめると」「結局」

- □ in summary
- □ to sum up
- □ to conclude
- □ in conclusion
- □ in short
- □ anyway（とにかく）

ここではディスコースマーカーを役割ごとに列挙するにとどめておきますが、会話で多用されるものはChapter 1でも取り上げています。このリストを見てなじみのないものが多いと感じられたのなら、Chapter 1に戻って実際の会話の中での使われ方を確認するとよいでしょう。

◎Exercise 04

それぞれのセンテンスが正しくつながるよう、適切なディスコースマーカーを選びましょう。その後、音声を聞いてセンテンスのつながりを確認してください。

Set A

although　to sum up　but　like　for example　plus　though

1) Rachel came into the classroom late. ______, she forgot her homework.

2) ______ some people may say that Chiaki is the prettiest girl in our section, I find Asami the most attractive.

3) Cathy has a very good memory. ______, she remembers the breakfast she ate two years ago today.

4) Jun will never know Haruka's good points ______ I do.

5) ______, students should be allowed to work part-time because they have the right to do so and they can learn a lot of things through working.

6) I've seen that girl a couple of times, ______ I've never talked to her.

7) I really like Megan. I don't like her boyfriend, ______.

Answer ◎Exercise 04 **Set A** MP3-296

1) スクリプト Rachel came into the classroom late. Plus, she forgot her homework.

訳 レイチェルはクラスに遅れてきました。それに、彼女は宿題を忘れました。

2) スクリプト Although some people may say that Chiaki is the prettiest girl in our section, I find Asami the most attractive.

訳 チアキが私たちの課でいちばんきれいだという人もいるだろうが、私はアサミがいちばん魅力的だと思う。

3) スクリプト Cathy has a very good memory. For example, she remembers

the breakfast she ate two years ago today.

訳 キャシーはとても記憶力がいい。例えば、2年前の今日、朝ごはんに何を食べたか覚えている。

4）スクリプト Jun will never know Haruka's good points like I do.

訳 ジュンはハルカの長所について私のようにはわからない。

5）スクリプト To sum up, students should be allowed to work part-time because they have the right to do so and they can learn a lot of things through working.

訳 要約すれば、学生はアルバイトをするのを許可されるべきだ。なぜなら、彼らはそうする権利があるし、仕事を通してたくさんのことを学ぶことができるからだ。

6）スクリプト I've seen that girl a couple of times, but I've never talked to her.

訳 私はあの女の子を何回か見かけたことはありますが、話したことはありません。

7）スクリプト I really like Megan. I don't like her boyfriend, though.

訳 メイガンのことは本当に好きだが、彼女のボーイフレンドは嫌いだ。

Set B

despite the fact that　for example　such as
on the other hand　like　besides

1）Doing sports makes kids healthy. ______, it helps them learn to work with other kids.

2）I like all kinds of Italian food, ______ spaghetti, pizza, and tiramisu.

3）Erica likes to chat. ______ yesterday she called me at night, and she didn't hang up until 2 o'clock.

4）Bree's room is so messy. ______, there are a lot of old newspapers, unused items, and a pile of unwashed underwear on the floor.

5）Living in a small town sounds boring. ______, you may find some benefit that you could never have in the city.

6) ______ Emi has lived in Canada for just three months, she speaks English like a native speaker.

Answer ◎Exercise 04 **Set B** MP3-297

1) **スクリプト** Doing sports makes kids healthy. Besides, it helps them learn to work with other kids.

訳 スポーツをすることで子どもたちは健康になります。加えて、他の子どもと一緒に行動することを学びます。

2) **スクリプト** I like all kinds of Italian food, such as spaghetti, pizza, and tiramisu.

訳 私は全ての種類のイタリア料理が好きです。スパゲティでもピザでもティラミスでも。

3) **スクリプト** Erica likes to chat. Like yesterday she called me at night, and she didn't hang up until 2 o'clock.

訳 エリカはおしゃべりが好きだ。例えば昨日、彼女は夜中私に電話をしてきて、2時まで電話を切らなかった。

4) **スクリプト** Bree's room is so messy. For example, there are a lot of old newspapers, unused items, and a pile of unwashed underwear on the floor.

訳 ブリーの部屋はとても散らかっている。例えば、たくさんの古新聞や使われていないもの、洗濯していない下着の山が床に置いてある。

5) **スクリプト** Living in a small town sounds boring. On the other hand, you may find some benefit that you could never have in the city.

訳 小さな町での生活は退屈そうに思います。しかし、その一方、都会では経験することのできない何かよいものを見つけることができるかもしれません。

6) **スクリプト** Despite the fact that Emi has lived in Canada for just three months, she speaks English like a native speaker.

訳 エミはカナダにたった3か月住んだだけだが、ネイティヴスピーカーのように英語を話す。

Set C

while　like　on top of that　for these reasons

1) I need to study for the test tomorrow. ______, I have to practice the piano for the concert next month.

2) People ______ Kumiko or Yoko wouldn't understand our feelings.

3) Soccer doesn't need as much equipment as baseball. Also, the rules are very simple. On top of that, it is played everywhere in the world. ______, I think soccer is better than baseball.

4) ______ some people prefer to stay home on weekends, others like to be engaged in some outdoor activity.

Answer ◎Exercise 04 **Set C**　MP3-298

1) **スクリプト** I need to study for the test tomorrow. On top of that, I have to practice the piano for the concert next month.

訳 私は明日のテストのために勉強しなければいけません。おまけに、来月のコンサートのためにピアノの練習もしなければなりません。

2) **スクリプト** People like Kumiko or Yoko wouldn't understand our feelings.

訳 クミコやヨウコのような人たちには私たちの気持ちは絶対わからない。

3) **スクリプト** Soccer doesn't need as much equipment as baseball. Also, the rules are very simple. On top of that, it is played everywhere in the world. For these reasons, I think soccer is better than baseball.

訳 サッカーは野球ほどたくさんの道具を必要としない。加えて、ルールはきわめて簡単である。それに、世界のいたる所で競技が行なわれている。これらの理由から、私はサッカーのほうが野球よりもよいと思う。

4) **スクリプト** While some people prefer to stay home on weekends, others like to be engaged in some outdoor activity.

訳 週末に家にいたい人もいれば、屋外での活動に興じる人もいる。

Rule 05 原則 「事実」と「意見」を区別して話す

英語のネイティヴスピーカー、特にアメリカ人は幼いころから「事実」と「意見」を区別し、意見を言うときには必ず「理由」も述べるように教育されます。日本人が英語のネイティヴスピーカーと話していると、理由を述べることを期待されているのに述べなかったり、逆に理由を述べる必要がないのに述べたりして、聞き手が混乱してしまうことも多いと聞きます。「事実」と「意見」は意識して区別しなければなりません。

Sample 05-1

W：Where do you live?

M：Oh, I live in California because I like the warm weather.

W：どちらにお住まいですか。

M：ああ、暖かい気候が好きなので、カリフォルニアに住んでいます。

この会話は英語の論理的には不自然です。I live in California. は、話し手・聞き手の主観に関係のないただの「事実」です。人がどこかに住むのに必ずしも理由はいらないし、理由がなくても、この男性がカリフォルニアに住んでいる事実は変わりません。話を続けるなら、次のように詳細を述べることになります。

I live in California. It is a good place—the weather is warm, and there is no snow...

カリフォルニアに住んでいます。いい場所ですよ――気候はいいし、雪は降らないし…

Sample 05-2

M：What do you think of Tony?

W：I don't trust him. He flatters everybody, but he badmouths them behind their back.

M：トニーについてどう思う？

W：私は彼を信用しないわ。誰にでもお世辞を言うくせに、陰ではその人たちの悪口を言うのよ。

男性からトニーという人物についてどう思うか聞かれて、女性はI don't trust him. と「意見」を述べています。このとき、この女性がその「理由」を言わなければ男性はWhy? とたずねたくなるはずです。このように「意見」を述べたときは、「理由」を続けるのが英語の論理では原則です。

◎Exercise 05

① 次のセンテンスが「事実」を述べているか、個人的な「意見」を述べているか、考えましょう。②「意見」を述べているセンテンスの内容について、その「理由」を考えましょう。③ 音声を確認してください。「意見」を述べているものについては「理由」の例を加えています。

1） Japan has 47 prefectures.
2） Rachel is probably angry.
3） Guns should be banned.
4） Water boils at 100 ℃ or 212 ˚F.
5） It looks like Gabby doesn't like Don.
6） Karen is over six feet tall.
7） I like Karen better than Laurie.
8） For Japanese students, it's better to study in Alaska than in California.
9） Alaska is larger than California.
10） The Japanese government should decide to stop operating all its nuclear reactors.
11） Currently, there are over 50 nuclear reactors in Japan.
12） Nowadays, even elementary students have their own smartphones.
13） Parents should not give kids their own smartphones.
14） It's good for high school students to wear a uniform.
15） Most high school students in Japan are required to wear a uniform.

Answer ◎Exercise 05 MP3-299

1） 事実
スクリプト Japan has 47 prefectures.
訳 日本には47の都道府県がある。

2） 意見（下線部は理由）

スクリプト Rachel is probably angry. She didn't say anything, but her eyes looked like she was accusing me.

訳 レイチェルはたぶん怒っている。彼女は何も言わなかったが、目は私を責めているようだった。

3） 意見（下線部は理由）

スクリプト Guns should be banned. More guns in criminals' hands will cause more homicides.

訳 銃は規制されるべきだ。犯罪者の手に銃が渡れば渡るほど、殺人事件が増える。

4） 事実

スクリプト Water boils at 100 ℃ or 212 ℉.

訳 水は摂氏100度あるいは華氏212度で沸騰する。

5） 意見（下線部は理由）

スクリプト It looks like Gabby doesn't like Don. Whenever she sees him, she always gives him the cold shoulder.

訳 ギャビーはダンのことが嫌いみたいだ。彼を見るといつも冷たい態度をとる。

6） 事実

スクリプト Karen is over six feet tall.

訳 カレンの身長は6フィートを超えている。

7） 意見（下線部は理由）

スクリプト I like Karen better than Laurie. Both are pretty, but Karen is more friendly and likes to hang out with guys like us.

訳 ローリーよりカレンのほうが好きだ。2人ともきれいだけど、カレンのほうが気さくで、ぼくらのような男たちにも付き合ってくれる。

8） 意見（下線部は理由）

スクリプト For Japanese students, it's better to study in Alaska than in California. There isn't much distraction, and they can focus on studying.

訳 日本人学生にはアラスカのほうがカリフォルニアより勉強するにはよい。娯楽があまりなく、勉強に集中できる。

9) 事実

スクリプト Alaska is larger than California.

訳 アラスカはカリフォルニアよりも大きい。

10) 意見（下線部は理由）

スクリプト The Japanese government should decide to stop operating all its nuclear reactors. They are dangerous.

訳 日本政府は全ての原子炉の稼動を止める決断をすべきだ。原子炉は危険だ。

11) 事実

スクリプト Currently, there are over 50 nuclear reactors in Japan.

訳 いままでのところ50を超える原子炉が日本にある。

12) 事実

スクリプト Nowadays, even elementary students have their own smartphones.

訳 このごろは小学生でも自分用のスマートフォンを持っている。

13) 意見（下線部は理由）

スクリプト Parents should not give kids their own smartphones. They are too distracting.

訳 親は子どもに自分用のスマートフォンを持たせるのをやめるべきだ。スマートフォンに気をとられすぎてしまう。

14) 意見（下線部は理由）

スクリプト It's good for high school students to wear a uniform. It helps them to avoid worrying about their fashion too much.

訳 高校生が制服を着るのはよいことだ。ファッションをあまり心配しなくてよくなる。

15) 事実

スクリプト Most high school students in Japan are required to wear a uniform.

訳 日本の多くの高校生は制服を着ることを義務付けられている。

Rule 06 原則 センテンスを通して１つの話題が直線的に流れるように意識する

スピーキングであれ、ライティングであれ、英語の文章で論理的と呼ばれるものは、各センテンスが前後のセンテンスと意味上および形式上の関わりがあり、聞き手・読み手が消化しやすい順序で情報が直線的に流れていきます。さらに、全てのセンテンスが明確に1つの話題について述べていて、文章全体として1つのメッセージを成しています。

話題を保ち、直線的に情報が流れるようにする方法の1つに、主語を統一することがあります。話している話題の中心となる人物や出来事を絶えず主語にすることで、聞き手が焦点を見失うことはなくなります。さらに、多くの場合、これによって文章全体のまとまりも保たれます。

Sample 06

MP3-300

スクリプト **W**：The most unique person I've ever met is Mr. Kiriyama. He was my boss at my previous company. He had a very unique character. He never cared about his looks. His hair was always messy—I gather he had never combed it in his life. He always wore clothes with a bunch of holes. On top of that, his actions and behaviors were far from sophisticated. Whenever he came back from the bathroom, his fly was unzipped. He often looked at young women at work, including me, in a strange way and even embarrassed us with dirty jokes. Despite these bad traits of his, Mr. Kiriyama had a good reputation as department head—everybody admired his creativity and professionalism at work. Plus, he was almost always ready to give us a hand with any remaining work, which left us with a pretty good impression of him. As a matter of fact, some girls and I had a crush on him and competed for his attention up until he fell for an intern last summer.

訳 **W**：今まで会った中で最も独特な人はキリヤマさんです。彼は前の会社での上司でした。彼はとても変わった人でした。見た目にはまったく気を遣いませんでした。髪の毛はいつもぐちゃぐちゃで、たぶん、人生の中で髪をとかすことなどなかったと思います。いつも穴のたくさんあいた服を着ていました。その上、ふるまいも態度も、洗練とは程遠いものでした。トイレから戻ってくるたびにズボンのチャックが開いていました。彼は私を含めて職場の若い女性をおかしな目で見ることがあったし、品のない冗談で困らせることさえありました。これらのひどい要素がありながら、キリヤマさんは部長として評判がよかったのです。みんな彼の創造力と仕事に対するプロ意識に感銘を受けていました。それに、私たちがなかなか手をつけられずに残ってしまう仕事にも、いつでも手を貸そうとしてくれて、そのせいで、みんないい印象を持っていました。実のところ、私と何人かの女子社員は彼に気があり、彼の気を引こうと争っていました。去年の夏に彼がインターンの女の子に夢中になるまでは。

これは印象に残る人物について述べたものですが、最初を除いて、ほとんどのセンテンスの主語が話題の中心であるMr. Kiriyama、もしくは彼に関係するものを指す代名詞になっています。

◎Exercise 06-1

MP3-301

A、Bの英文を聞いて、より論理的だと思う文章を選びましょう。

Answer　◎Exercise 06-1

スクリプトA　**W**：I like Tanabata best. People celebrate Tanabata. It's July seventh. Orihime is a princess, and Hikoboshi is a prince. The Milky Way is where Orihime and Hikoboshi cross and meet each other. The Milky Way is a river. Tanabata comes from Chinese folklore. Orihime is Vega and Hikoboshi is Altair, so Tanabata is the "Star Festival." Everybody writes their wish on a slip of paper and attaches it to a bamboo branch. Tanabata is really cool. Some people in yukata dance on the streets. I like a lot of Japanese traditional events. Orihime and Hikoboshi's story is so romantic that my favorite Japanese traditional event is Tanabata.

訳　**W**：私は七夕が一番好きです。人々は七夕を祝います。それは7月7日です。織姫は王女様で、彦星は王子様です。織姫と彦星が渡り、会う場所が天の川です。天の川は川です。七夕は中国の言い伝えに由来しています。織姫はヴェガで彦星はアルタイルですから、七夕は星のお祭りです。人々は皆、願いごとを紙に書いて、竹の枝にくくりつけます。七夕は最高です。通りで浴衣を着て踊る人もいます。私はたくさんの日本の伝統行事が好きです。織姫と彦星のお話はとてもロマンチックなので、私が一番好きな伝統行事は七夕です。

スクリプトB **W**：There are lots of Japanese traditional events, but I think Tanabata—some people may call it the "Star Festival"—is the best. It takes place everywhere in Japan on July seventh. Only on this day, in Chinese folklore, Orihime and Hikoboshi—a girl symbolizing Vega and a boy symbolizing Altair—meet each other by crossing a river called the Milky Way. Japanese people celebrate the day the two meet. Also, they write their wishes on slips of paper and attach them to bamboo branches. In some areas, you can meet people in yukata dancing on the street. I especially like Tanabata because of the story of Orihime and Hikoboshi, which is really romantic.

訳 **W**：日本にはたくさんの伝統行事があります。しかし、七夕――「星祭り」と呼ぶ人もいるかもしれません――が最高だと思います。日本各地で7月7日に行なわれます。中国の言い伝えでは、この日にだけ、織姫と彦星――ヴェガを象徴する女子とアルタイルを象徴する男子を指していますが――は天の川と呼ばれる川を渡って互いに会います。日本人はこの2人が出会う日を祝います。また、彼らは紙に願いごとを書き、竹の枝にくくりつけます。地域によっては、浴衣で踊っている人を通りで見かけることもあります。私が七夕が好きなのは、織姫と彦星の話はとてもロマンチックだと思うからです。

解　説 答えはBです。A、Bともにテーマは「七夕」です。Bはセンテンスが自然に流れているので聞いていて心地よく、非常にわかりやすい印象を受けると思います。しかし、Aはそれぞれのセンテンスが脈絡がなく述べられているので、内容を理解するのに苦労します。例えば、The Milky Way is a river. Tanabata comes from Chinese folklore. という2つの連続した文は、お互いに関わりのないことを述べています。これでは、おそらく七夕を知らないネイティヴスピーカーにはまったく伝わらないと思います。

◎Exercise 06-2

MP3-302

A、Bの会話を聞いて、より論理的だと思う文章を選びましょう。

Answer ◎Exercise 06-2

スクリプトA

M：Jessica is very cute, and I like her.

W：Cute girls like spaghetti.

M：Spaghetti is very easy to cook.
W：Cooking has changed my life, you know.

訳　M：ジェシカはとってもかわいいから、好きなんだ。
W：かわいい子はスパゲッティが好きだよね。
M：スパゲッティは作るのがとても簡単さ。
W：料理は私の人生を変えたのよね。

スクリプトB

M：Jessica is very cute, isn't she?
W：Oh, really? I think she's just okay.
M：Just okay? She's gorgeous. Whenever I see her, my heart pounds.
W：Your heart pounds? I'm sure you're in love with Jessica.

訳　M：ジェシカってかわいいよね？
W：あら、そう？　普通だと思うけど。
M：普通？　あの子すごいよ。会うたびに胸がどきどきするんだ。
W：胸がどきどき？　ジェシカにときめいちゃったのね。

解説　答えはBです。Aを聞いても、ジェシカのことなのか、スパゲティのことなのか、料理のことなのか、話題がわかりません。それに対してBは、ジェシカという女性のことを話題にしていることが明確です。

COLUMN

cohesion & coherence
論旨を明快にする「つながり」と「まとまり」

日本語では「話につながりがない」と言うとき、その話の主題から外れていることを指し、「話にまとまりがない」という言い方とさほど違いはありません。「人と人とのつながりとまとまり」のように使うと、同義語を並べているだけのような感じがします。しかし英語には、論旨を明快にする要素として、cohesion（つながり）とcoherence（まとまり）があり、これらをはっきり区別します。

cohesionは、Rule 06で学んだ「直線的にことばが流れていること」「前後に意味的なつながりを出す形（文法）の上での工夫がなされていること」です。

● **cohesion：「つながり」のイメージ**

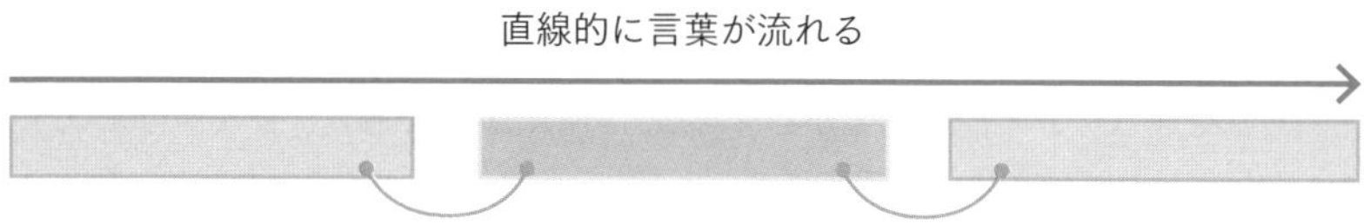

次の2つの例を見てください。

1） × Last year, I made a big mistake. There was my big mistake at the convenience store on Hasting Street. My crush was working.

2） ○ Last year, I made a big mistake. It happened at the convenience store on Hasting Street. My crush was working there.

1）はcohesionのないダメな例です。crush（熱を上げている相手）を除けば難しい単語はないのに、かなり意味をとるのに苦労すると思います。

2）の2つめのセンテンスの冒頭、It = a big mistakeです。同じものを指す語を使うことで、前のセンテンスと意味上のつながりが生まれています。また、このセンテンスは 1）と同様、the convenience store on Hasting Streetで終わっていますが、次のセンテンスではそれを指すthereが使われています。

cohesionのある文章にするには、次のような方法があります。

① he / his / it / them / there / hereなどの限定詞や代名詞などの指示語を使う Rule 03

Yesterday I saw a horror movie. It was so scary.

② ディスコースマーカー（つなぎ言葉）を使う Rule 04

Living in a small town sounds boring. On the other hand, you may find some benefit that you could never have in the city.

③ 具体的な語を抽象的な語（あるいはその逆）で言い換える Rule 01

Technology makes our life easier. With the Internet, we can access the latest information.

形式面の工夫からなされるcohesionに対して、coherenceは「内容が全体として1つにまとまっていること」を指します。

● coherence：「まとまり」のイメージ

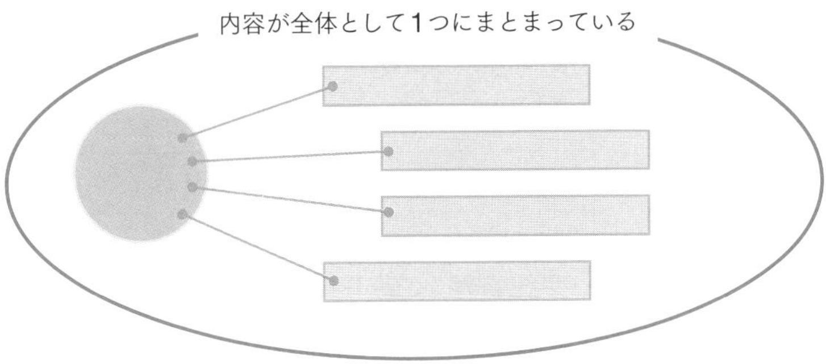

テーマから外れない、Rule 02で学んだ「概要を示してから中身を述べる」、Rule 07で学ぶ「展開パターンに沿って述べる」のはcoherenceを出す工夫です（後者をglobal coherence, unityなどと呼んで区別するライティング指導者もいますが、英語学習者にとっては「概要→中身」の展開スキルと一緒にして問題ありません）。

自分では論旨明快に英語を話したり書いたりしているつもりでも、相手がわかりにくいと感じるときは、cohesionとcoherenceのどちらかが欠けていることが多いようです。まずはこの2つの違いを意識することからはじめてみてください。

Rule 07 原則 話し言葉の展開パターンを覚えておく

英語の文章構成には、その目的ごとに典型的な論理の展開パターンがあります。聞き手が慣れている展開パターンに沿って話すことがわかりやすい論理的な話をする上で非常に有効です。

もちろん、会話の場面では、スピーチやプレゼンテーションなどの場合と違って、論理展開を十分に考える時間はありません。しかし、英語のスピーキング力をつけるために、ネイティヴスピーカーの聞き手が期待している構成に沿って話す練習をすることは効果的です。日本語とは異なる英語の論理構成が自分のものになると、意識しなくても英語でわかりやすく話すことができるようになります。

本書では次のようにまとめました。

文章の目的	展開パターン
出来事を述べる	時間順にストーリーを述べる narrative / storytelling
対象について述べる	描写する　descriptive
	わかるように説明する　expository
意見を述べる	理由を説明しながら、相手を説得する persuasive / argumentative
会話を進める	会話のやりとりをする conversation / dialogue

アメリカで小学校から行なわれる作文教育では、文章の書き方を目的ごとに4つの展開パターンに分類しています。それが、narrative / descriptive / expository / persuasiveです。これらはネイティヴスピーカーにとってはおなじみのものです。このパターンに沿って話をすると、ネイティヴの知人や先生に自分の英語のフィードバックをもらうときに便利なのであえて英語での用語も挙げました。本書ではスピーキング力の向上を目的としているため、それに会話のやりとりの基本パターンを加えています。

Rule 08 出来事 「場面設定→ストーリー→考察・一般化」の流れで話す

旅行から帰ってきて友人にするみやげ話、何気なく家族と夕食の席でする「今日あったこと」、週明けに同僚に話す「週末の面白い経験」、お父さんお母さんが床についた子どもにするお話、また昔話や言い伝え。このようなケースで「出来事を語る」展開パターンを用います。

「出来事を語る」文章の大まかな構造を把握しておきましょう。

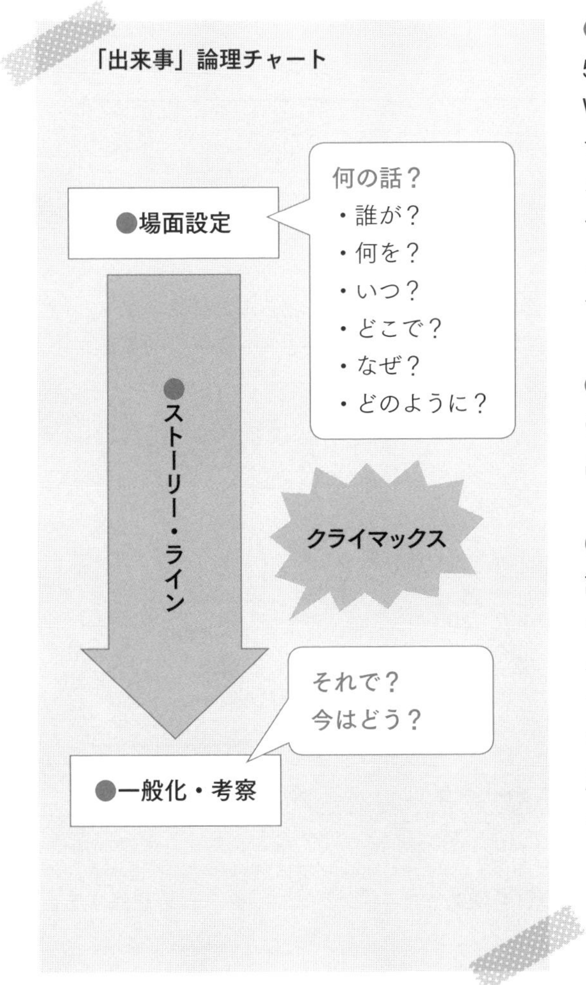

● 場面設定

5Ws（Who What When Where Why）& Howを意識することが大切です。いわゆる「誰が・何を・いつ・どこで・どうして・どのように」という点を自分の中で整理して話を始めます。

● ストーリー・ライン

（話の流れ）

出来事を時間順に述べます。

● 一般化・考察

話を最後まで語り終えたら、その話から導かれる一般化されること（教訓など）を述べてまとめます。個人的な体験を語る場合であれば、その体験が現在の自分にどんな影響を与えているのかを述べます。

Rule 09 出来事　クライマックスに向かって話を進める

言語を問わず、話の上手な人とそうでない人がいます。両者の違いは語りの中の「クライマックス」の有無です。

起こったことを単純に時間順に並べているだけでメリハリがない話では、聞き手は飽きてしまいます。

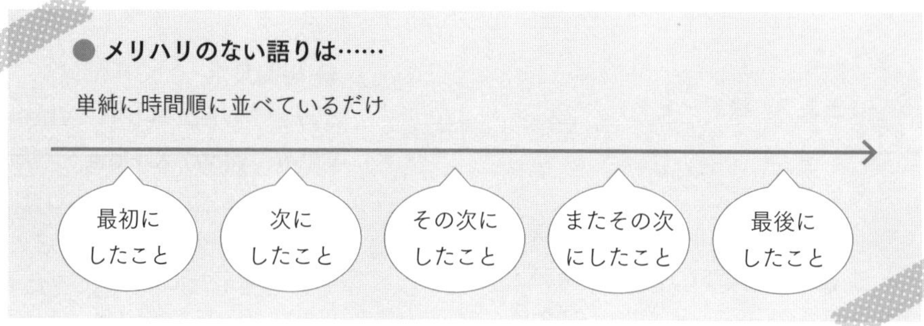

一方、話のうまい人は、場面と場面の関係を意識し、きちんと「話のヤマ」「話のオチ」を作ります。「クライマックス」に向かってストーリー・ラインを進めます。

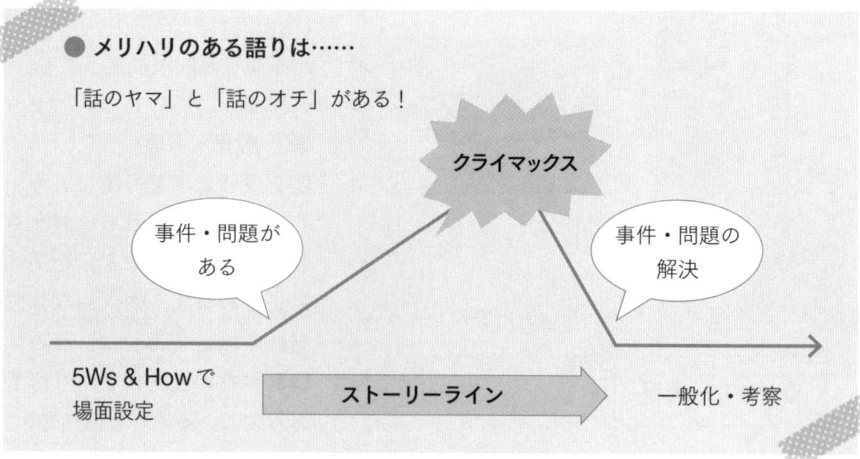

「クライマックス」の有無が話の質を決めます。「クライマックス」を意識すると語る力が着実に上達していきます。

● **メリハリのある語りのポイント**

① 基本的には過去形、または過去をドラマティックに語るため現在形を使う。
② 5Ws & How を考え、冒頭で場面設定をする。
③ 起きた出来事の話の流れを時間順に述べる。
④ 出来事の羅列でなく、クライマックスに向かってストーリー・ラインを進める。
⑤ 語った出来事にどんな意味があるのか、現在の自分がその出来事にどのような影響を受けているのかを述べる。（一般化・考察）

「出来事を語る文章」では、次のような決まり文句が有効です。論理構成がわかりやすくなり、聞き手が出来事の展開を理解するのを助けます。

◆ **場面設定**

「…の時〜」	□ when I was …	□ … years ago,
	□ In 19XX, …	□ This[It] happened …

◆ **ストーリーライン**

「はじめに…」	□ First,	□ At first,
	□ At the beginning[start],	□ To begin[start] with,
「次に…」	□ Next,	□ (In the) meantime,
	□ After a while,	□ Later on,
「そして…」	□ Then,	□ And then,
	□ After that,	
「ついに…」	□ Finally,	□ Eventually,
	□ At last,	□ In the end,

◆ **一般化・考察**

「今では…」	□ This experienced taught me …	
	□ After this happened,	□ Now,

〈状態の変化・継続を表わす動詞〉

grow	turn (out)	become	get
change	start	end up (with / *doing*)	go
happen	occur	break (out)	appear
set off	stay	remain	result in
lead to	wind up (with / *doing*)		

◎ Exercise 09-1

「出来事を語る文章」としてわかりやすくなるように、空所に入る適切な語句を入れましょう。その後音声を聞き、文章の流れを確認してください。

1) I went on a school trip to Nara and Kyoto. ______, we went to Nara to see a big statue of the Buddha. ______, we played with deer. ______, we moved on to Kyoto and visited some famous temples.

2) I've decided to become a guitarist. I'm planning to practice playing the guitar at home for a few months. ______, I'll start to form a band with some friends.

3) Mark and I used to be friends. We would play soccer. We would visit each other's houses after school. We would share our secrets. But, the good times didn't last. ______ we graduated from middle school, he gradually became a bad boy and started hanging out with gangs. They had him give them all the money he had. ______, he even asked me to give him money so that he could hang out with them. ______, I decided to ditch him. He used to be my friend, but he's not anymore.

4) In Rome, I had my wallet stolen. ______ to be careful during trips overseas.

Answer ◎ Exercise 09-1 　MP3-303

1) **スクリプト** I went on a school trip to Nara and Kyoto. First, we went to Nara to see a big statue of the Buddha. Next, we played with deer. Then, we moved on to Kyoto and visited some famous temples.

訳 修学旅行で奈良と京都に行きました。最初、奈良に行き大仏を見ました。次に、鹿と遊びました。それから、京都に移動して、いくつかの有名な寺を訪れました。

2) **スクリプト** I've decided to become a guitarist. I'm planning to practice playing the guitar at home for a few months. And then, I'll start to form a band with some friends.

訳 ギタリストになることに決めました。数か月、家でギターを練習するつもりです。それから、友達何人かとバンドを組みます。

3) スクリプト Mark and I used to be friends. We would play soccer. We would visit each other's houses after school. We would share our secrets. But, the good times didn't last. After we graduated from middle school, he gradually became a bad boy and started hanging out with gangs. They had him give them all the money he had. Then, he even asked me to give him money so that he could hang out with them. Eventually, I decided to ditch him. He used to be my friend, but he's not anymore.

訳 マークと私は友達でした。サッカーをよくやりました。放課後、互いの家によく行きました。秘密を共有しました。しかし、そういうよい時期は続きませんでした。私たちが中学校を卒業した後、彼はだんだん素行が悪くなり、不良と付き合い始めました。彼らはマークに持っている金を全部渡すように言いました。それから、彼は、自分が彼らと付き合いたいものだから、私に金をせびるようにさえなりました。結局、私は彼と手を切ることにしました。彼はかつては私の友達でしたが、今はもうそうではありません。

4) スクリプト In Rome, I had my wallet stolen. This experience taught me to be careful during trips overseas.

訳 ローマで私は財布を盗まれた。この経験から、海外旅行中は注意深くなった。

◎ Exercise 09-2

次のトピックについて、「出来事を語る」文章形式に沿って話しましょう。

What did you do last weekend?（先週末、あなたは何をしましたか。）

▶① ブレイン・ストーミングQ&A

MP3-304

「先週末したこと」に関する8つの質問に口頭で答えましょう。

1) What did you do? →

2) Where were you? →

3) Who was with you? →

4) How did your story begin? →

5) How did your story develop? →
6) When is the climax of your story? →
7) How did the story end? →
8) What is the result? →

▶② 論理展開を考える

①で答えた内容を、下の論理チャートにまとめましょう。

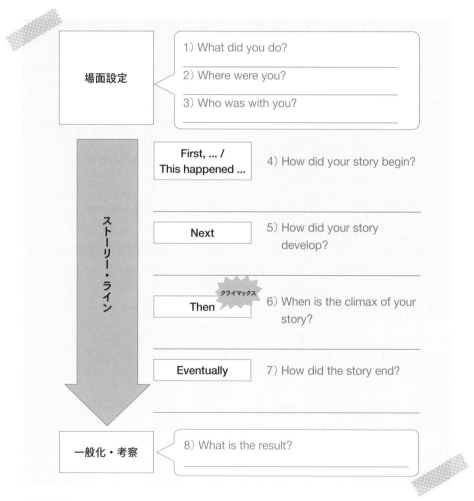

場面設定

1) What did you do?

2) Where were you?

3) Who was with you?

ストーリー・ライン

First, ... / This happened ... 4) How did your story begin?

Next 5) How did your story develop?

Then クライマックス 6) When is the climax of your story?

Eventually 7) How did the story end?

一般化・考察

8) What is the result?

▶③ 話す

②で作った論理チャートを参考に、実際に話しましょう。

Answer ◎Exercise 09-2 MP3-305

▶①②

場面設定

went shopping
in Shibuya
Emi, Makiko, and me

ストーリー・ライン

This happened ...

a guy asked Emi out on Friday for a first date on Sunday

Next

Emi asked Makiko and me to choose her clothing
↓
a bit mad
Makiko and me → no boyfriends
Emi got a date

Then クライマックス

decided it was wrong
Emi is our best friends
We should celebrate her happiness

Eventually

enjoyed shopping

一般化・考察

Emi's first date went well
Makiko and I are happy

▶③ MP3-306

スクリプト **W**：I went shopping in Shibuya on Saturday. I went there with my friends—there were three of us—Emi, Makiko, and me. Things happened like this: first, a guy in our class asked Emi out on Friday, and they were going to have their first date on Sunday. Next, Emi asked Makiko and me to choose her clothing for the day. To be honest, we were a bit mad. We were like, "why should we have to? You've found a date. We haven't. Don't you know how we feel?" Then, we decided it was wrong—Emi is our best friend, and we should celebrate our best friend's happiness. And anyway, for us, looking at a lot of clothes is fun. Eventually, we enjoyed our time shopping, and after the date, Emi told me that her first date went well, and now Makiko and I are really happy about it.

訳 **W**：私は土曜日に渋谷に買い物に行きました。私は友達とそこに行きました——全員で3人でした——エミとマキコと私です。事の起こりはこうでした。まず、クラスの男の子が金曜にエミをデートに誘っていて、日曜が彼との初デートの予定でした。次に、エミが、マキコと私にその日のための服を選ぶよう頼んだのです。正直言って、私とマキコは少し怒っていました。私たちは、「何で私たちがそんなことしなきゃいけないの？　あなたは相手が見つかった。私たちはまだ。私たちがどう感じてると思うの？」って感じでした。それから、私たちはそれが間違いだと決めたんです。エミは親友だし、親友の幸せは喜ぶべきだもの。それにいずれにしても、私たちにとって、服をたくさん見るのは楽しいですし。結局、私たちは買い物の時間を楽しく過ごし、そして、デートの後、エミは彼女の最初のデートがうまくいったと話してくれました。そして今、マキコと私はそのことをとても喜んでいます。

Rule 10 対象 「主題」を述べ、「ポイント→詳細」を繰り返す

英語の論理の原則は「抽象」→「具体」、「一般」→「個別」です Rule 01。そして、一定の長さがあるものを話すときは、一番初めに、何について話すのかということ、すなわち主題を述べます Rule 02。主題を述べた後、具体的な内容を述べるわけですが、この場合もまず、具体的な内容の概要となる「ポイント」を示し、そこから「詳細」を加えます。詳細を十分に述べた後は、また次のポイントを提示し、詳細を加えます。これも「抽象」→「具体」、「一般」→「個別」の原則どおりです。

●「対象」論理チャート

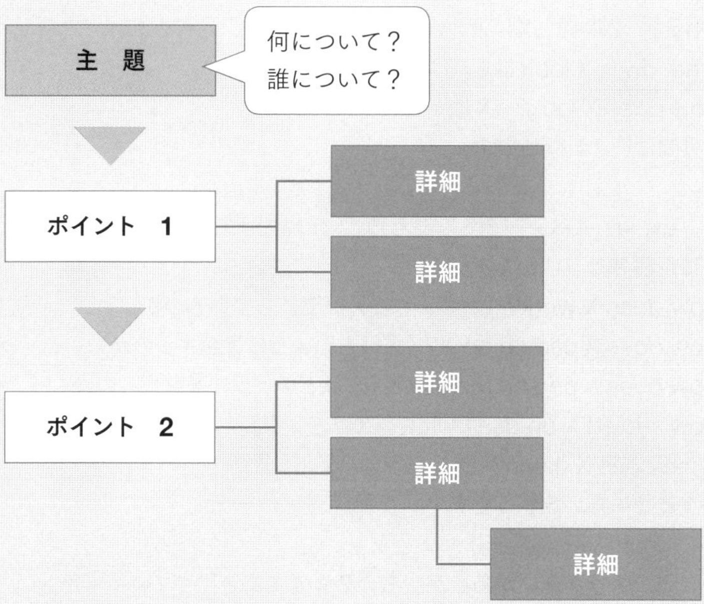

このように「主題」から始まり、「ポイント1」→「ポイント1の詳細」→「ポイント2」→「ポイント2の詳細」→「ポイント3」→「ポイント3の詳細」…と繰り返していきます。ライティングでは最後に結論として今まで述べたことの要約やまとめを述べますが、スピーキングの場合は必須ではありません。

COLUMN

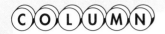

describe ≠ explain
「描写」と「説明」は違う？

次のRule 11では対象を「描写する」文章の論理を学びます。

そして続くRule 12から、対象を「説明する」文章の論理を学びます。

英語では、「描写する」と「説明する」という2つに明確な区別があります。それは、日本語の訳語では伝えきれないdescribe（描写する）とexplain（説明する）の語義の違いに起因すると考えられます。

describeとは、あたかも自分がカメラになったように、聞き手・読み手の頭に対象の写真や絵を描く手伝いをすることです。

What is X like?（Xはどのようなものか）
What does X look like?（Xはどのような外見か）
How does X look?（Xはどのような様子か）

という質問に答える感じです。

一方、explainとは、対象となるものごとの背後にある「仕組み」や「因果関係」を相手に理解させることです。

How does X work?（どのようにXは機能しているのか）
How does a person do X?（人はどのようにXをするのか）
How does a person make X?（人はどのようにXを作るのか）
How should X be dealt with?（Xはどう扱われるべきか）
What does X mean?（Xはどういう意味か）

といった質問に答える感じです。

実際にどのような違いがあるか、右の2つの文章を比べてみてください。

Sample A

My wife got severely injured. Covered in cuts and bruises, her skin, which was creamy and translucent until just a few minutes ago, looks like bare rock. There is a bump right above her half-closed left eye. Both her arms are bleeding. Her clothes seem to have successfully protected her body, but they are soaked with blood.

私の妻はひどい怪我をした。顔中に切り傷やあざがある。ほんの数分前までやわらかく透きとおるようだった彼女の肌は岩肌を思わせるほどだった。半分閉じた左目の上にはこぶがあった。両腕から出血していた。彼女の衣服は体が傷つくのを守ったようだが、それらは血まみれだった。

Sample B

In order to make my wife happy, I do these things: do some chores, give her a gift at times, and most importantly say, “I love you” at least once a week.

妻を喜ばせるために、私はこれらのことをする。いくつかの家事をする、たまにプレゼントをあげる、そして最も大事なことに、最低週1回は「愛している」と言う。

ともにある人物が自分の妻について述べたものです。

Sample A では、事故にあったらしい妻の状況を知らない人のために言葉を使って「描写」しています。一方、Sample B は、妻をどのように幸せにするかの「説明」している、という違いがあります。

Rule 11 対象 人物や場所を「描写」するときは詳細を客観的に述べる

対象について描写するには、言葉によって聞き手の頭の中にその対象をイメージさせなければなりません。この場合も、「概要」→「ポイント」→「詳細」の流れに沿って話すのが基本です。

① 概要 → 描写する対象が何か述べる
② ポイント → 対象の特徴的な点に言及する
③ 詳細 →ポイントについて詳しく話す

②の「ポイント」は、対象について、大まかで主観的な表現で構いませんが、③の「詳細」では、その対象にしかない事実を客観的に述べることが大切です。

Sample 11-1

Maho is very attractive. She's got very beautiful hair. She's got charming eyes. She looks so gorgeous.

マホはとてもすてきだ。彼女はとても美しい髪をしている。魅力的な瞳をしている。とても素晴らしい。

下線部が「おおまかな」あるいは「主観的な」描写です。これでは、attractiveだということはわかっても、どのようにattractiveなのかわかりません。

Sample 11-2

Maho is very attractive. She's got straight, mid-length, brunette hair and bright, sparkling, brown eyes. She looks a little heavier than the supermodels in fashion magazines, but most people would say that her body is fit and healthy enough.

マホはとても素敵だ。彼女はまっすぐのセミロングの茶色の髪で、明るいきらきらとした茶色の瞳をしている。彼女はファッション雑誌のスーパーモデルに比べると少しぽっちゃりしているが、ほとんどの人は彼女の体つきはバランスよく、十分健康的だと言うはずだ。

Sample 11-1と同様、attractiveという主観的な表現で始まっていますが、「抽象」

→「具体」の流れに沿って、マホについて詳細な描写が続いています。「詳細」では、マホにしかない魅力の特徴を客観的に述べています。このほうがマホの魅力がハッキリと伝わってくるでしょう。

◎Exercise 11-1

1)～10) に続く適切なセンテンスを、A)～J) から選び、文章を完成させましょう。その後、音声を聞いて「ポイント→詳細」の流れを確認してください。

1) Darin is very tall.
2) Rie loves singing.
3) Aya looks extremely tired.
4) Alicia is very attractive.
5) Tokyo Skytree is a very tall tower.
6) The room is very classic.
7) The house is relatively new.
8) Megan is very strong.
9) Wayne is a very tidy person.
10) Trisha is a very difficult person.

A) It's 634 meters. It's the tallest structure in Japan.
B) Some say she's got mediocre looks, but once you look into her eyes, you'll feel attached to her.
C) I have never seen her smiling, and whenever somebody points out her mistakes, she gets angry and yells at that person.
D) It was built seven years ago.
E) She has been learning karate since she was six, and she can break a pile of bricks with only her head.
F) On his desk, in his car, and in his room, no single item is misplaced.
G) She has dark circles under her eyes, and when she speaks, her voice is not as cheery as it usually is.
H) She goes to a karaoke place every week.
I) There are some paintings are on the wall, all the furniture is antique, and there's a fireplace.
J) He's probably over 190 centimeters.

Answer ◎Exercise 11-1 MP3-307

1) J

スクリプト Darin is very tall. He's probably over 190 centimeters.

訳 ダリンはとても背が高い。おそらく190センチを超えているだろう。

2) H

スクリプト Rie loves singing. She goes to a karaoke place every week.

訳 リエは歌うのが好きだ。毎週カラオケに行く。

3) G

スクリプト Aya looks extremely tired. She has dark circles under her eyes, and when she speaks, her voice is not as cheery as it usually is.

訳 アヤはものすごく疲れて見える。目の下にくまがあるし、話すときに声にいつもの元気さがない。

4) B

スクリプト Alicia is very attractive. Some say she's got mediocre looks, but once you look into her eyes, you'll feel attached to her.

訳 アリシアはとても魅力的な女性だ。平凡な容姿だと言う人もいるが、目を見た途端、彼女に引き寄せられる。

5) A

スクリプト Tokyo Skytree is a very tall tower. It's 634 meters. It's the tallest structure in Japan.

訳 東京スカイツリーはとても高い塔だ。634メートルで、日本一高い建造物だ。

6) I

スクリプト The room is very classic. There are some paintings are on the wall, all the furniture is antique, and there's a fireplace.

訳 その部屋はとても古風だ。絵画がいくつか壁にかかっていて、全ての家具はアンティークで、暖炉がある。

7) D

スクリプト The house is relatively new. It was built seven years ago.

訳 その家は比較的新しい。7年前に建てられた。

8）E

スクリプト Megan is very strong. She has been learning karate since she was six, and she can break a pile of bricks with only her head.

訳 メイガンはとても強い。6歳から空手を習っていて、頭で積み重ねたレンガを割ることができる。

9）F

スクリプト Wayne is a very tidy person. On his desk, in his car, and in his room, no single item is misplaced.

訳 ウェインは整理整頓をきちんとする人だ。彼の机も、車も部屋も、まちがえて置かれているものは何ひとつない。

10）C

スクリプト Trisha is a very difficult person. I have never seen her smiling, and whenever somebody points out her mistakes, she gets angry and yells at that person.

訳 トリーシャはとても気難しい人物だ。笑っているのを見たことがないし、誤りを指摘されると、怒って、指摘した人に噛みついてくる。

◎Exercise 11-2

次の課題について、人物や場所を「描写する」文章の展開パターンに沿って話してみましょう。

Describe somebody you know.（あなたが知っている人を描写しなさい。）

▶① ブレイン・ストーミングQ&A　MP3-308

「あなたが知っている人」に関する8つの質問に口頭で答えましょう。

1）What are you going to describe? →
2）What are the points you want to use to describe it? →
3）What is the first point? →
4）Give details for it. →
5）What is the second point? →
6）Give details for it. →
7）What is the third point? →
8）Give details for it. →

▶② 論理展開を考える

①で答えた内容を、下の論理チャートにまとめましょう。

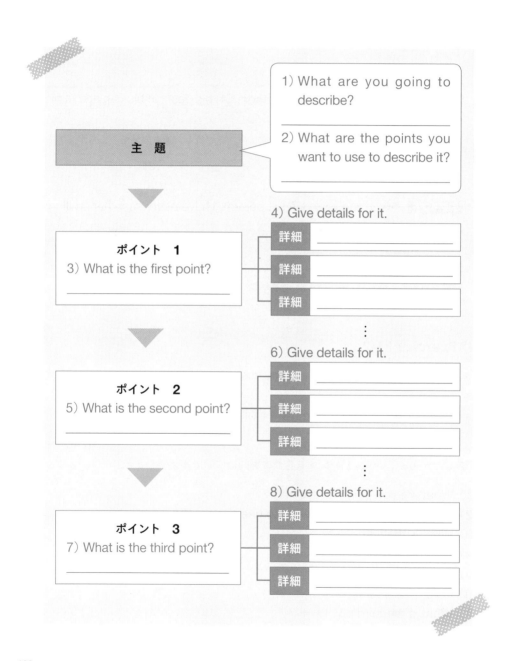

主　題

1) What are you going to describe?

2) What are the points you want to use to describe it?

ポイント　1

3) What is the first point?

4) Give details for it.

詳細

詳細

詳細

⋮

ポイント　2

5) What is the second point?

6) Give details for it.

詳細

詳細

詳細

⋮

ポイント　3

7) What is the third point?

8) Give details for it.

詳細

詳細

詳細

▶③ 話す

②で作った論理チャートを参考に、実際に話しましょう。

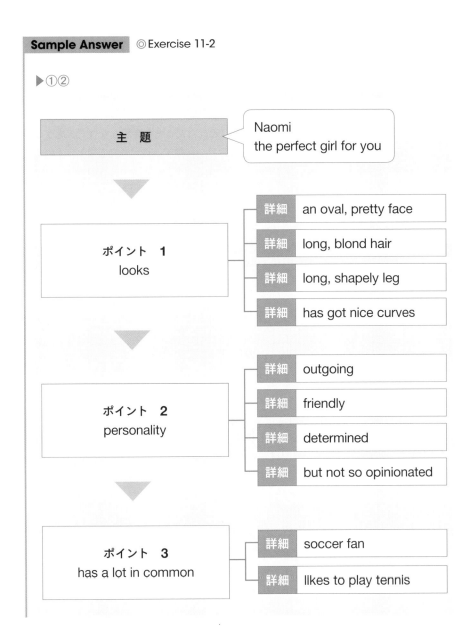

Sample Answer　◎Exercise 11-2

▶①②

主　題：Naomi / the perfect girl for you

▼

ポイント　1
looks
- 詳細　an oval, pretty face
- 詳細　long, blond hair
- 詳細　long, shapely leg
- 詳細　has got nice curves

▼

ポイント　2
personality
- 詳細　outgoing
- 詳細　friendly
- 詳細　determined
- 詳細　but not so opinionated

▼

ポイント　3
has a lot in common
- 詳細　soccer fan
- 詳細　likes to play tennis

▶③ MP3-309

スクリプト **W**：Have you ever seen Naomi? I believe she's the perfect girl for you. You'll be amazed by her looks—an oval, pretty face; long, blond hair; long, shapely legs; and she's got nice curves. Plus, she has a good personality—outgoing, friendly, and determined, but not so opinionated. Also, Naomi has a lot in common with you. She's a soccer fan. She likes to play tennis. You should definitely think of asking her out.

訳 **W**：ナオミに会ったことある？　彼女はあなたにとって完璧な女性だと思うの。彼女の容貌を見たらきっと驚くわ——卵型のきれいな顔で、長い金髪の髪をしていて、長くてきれいな足をしていて、曲線美があるのよ。それに、とっても性格がいいの——明るくて、親しみやすくて、しっかりしていて、でも押しつけがましくなくて。それに、ナオミとあなたにはたくさんの共通点があるの。サッカーファンだし、テニスをするのが好きだし、彼女をデートに誘うことを考えてみたほうがいいわ。

◎Exercise 11-3

次の課題について、人物や場所を「描写する」文章の展開パターンに沿って話してみましょう。

Describe where you live.（あなたが住んでいる場所を描写しなさい。）

▶① ブレイン・ストーミングQ&A MP3-310

「あなたが住んでいる場所」に関する8つの質問に口頭で答えましょう。

1） Where do you live? What type of house is it? →
2） What are the points you want to use to describe it? →
3） What is the first point? →
4） Give concrete details for it. →
5） What is the second point? →
6） Give concrete details for it. →
7） What is the third point? →
8） Give concrete details for it. →

▶② 論理展開を考える

①で答えた内容を、下の論理チャートにまとめましょう。

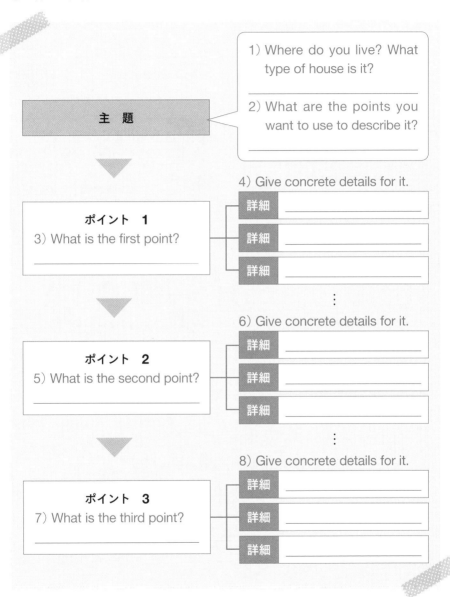

主　題

1) Where do you live? What type of house is it?

____

2) What are the points you want to use to describe it?

____

▼

ポイント　1

3) What is the first point?

____

4) Give concrete details for it.

- 詳細 ____________________
- 詳細 ____________________
- 詳細 ____________________

⋮

▼

ポイント　2

5) What is the second point?

____

6) Give concrete details for it.

- 詳細 ____________________
- 詳細 ____________________
- 詳細 ____________________

⋮

▼

ポイント　3

7) What is the third point?

____

8) Give concrete details for it.

- 詳細 ____________________
- 詳細 ____________________
- 詳細 ____________________

▶③ 話す

②で作った論理チャートを参考に、実際に話しましょう。

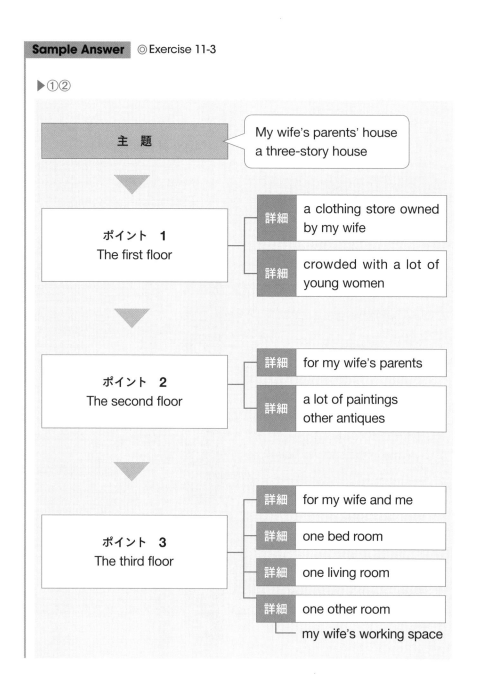

Sample Answer ◎Exercise 11-3

▶①②

主　題
My wife's parents' house
a three-story house

ポイント　1
The first floor
- 詳細: a clothing store owned by my wife
- 詳細: crowded with a lot of young women

ポイント　2
The second floor
- 詳細: for my wife's parents
- 詳細: a lot of paintings
  other antiques

ポイント　3
The third floor
- 詳細: for my wife and me
- 詳細: one bed room
- 詳細: one living room
- 詳細: one other room
  - my wife's working space

▶③ MP3-311

スクリプト **M**：My wife and I live in my wife's parents' house. It's a three-story house. The first floor is a clothing store owned by my wife. It is always crowded with a lot of young women, so I gather her business is going well. The second floor is for my wife's parents. There are a lot of paintings and other antiques, which they like to collect. On the third floor is where my wife and I live. There's one bedroom, one living room, and one other room—my wife's working space. I sometimes feel like having my own room, but can't complain—I work part-time and rely on my wife's earnings. Overall, I'm satisfied with where I live.

訳 **M**：妻と私は妻の両親の家に住んでいます。3階建ての家です。1階は妻が所有する洋品店です。いつも若い女性で賑わっているので、経営はうまくいっているのでしょう。2階は妻の両親が住んでいます。絵画やら他のアンティークがありますが、これらは妻の両親が趣味で集めているものです。3階には私と妻が住んでいます。ベッドルームが1つ、リビングが1つ、それともう1つ部屋があり、そこは妻の仕事場です。私もときどき自分の部屋が欲しいと思いますが、文句は言えません。アルバイトで働いていて、妻の収入に頼っていますから。全体的には今住んでいる場所に満足しています。

Rule 12 対象 「説明」にもいろいろあることを知る

対象を「説明」するには、いろいろな論理展開があります。それらは大きく次のように分類できます。

定義 definition / explanation	用語や概念の定義を述べる。
過程・手順 process / order (how to)	レシピや説明書のように、やり方の手順を示す。
問題解決 problem-solving	問題を指摘して解決策を示す。
長所・短所 pros and cons (positive & negative)	良い点と悪い点を述べる。
比較・対照 compare & contrast	2つの対象について、類似点と相違点を述べる。
因果関係 cause & effect	ものごとがなぜそうなっているのかという因果関係を述べる。

説明の種類によって情報の整理の仕方が少し変わってきます。例えば、「過程・手順」を表わす場合は、チャートにすれば以下のようになります。

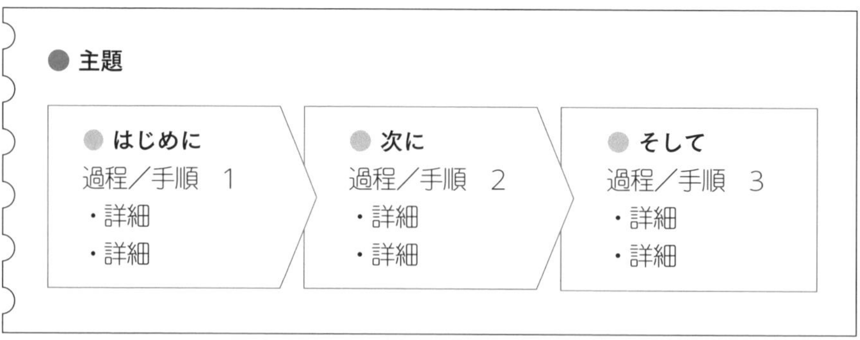

また、「長所・短所」述べるときは、次のようなリストを作るとよいでしょう。

長所	短所
1.	1.
2.	2.
3.	3.
4.	4.

さらに、類似点と相違点を述べる「比較・対照」の場合は、次のような図にして考えるとよいでしょう。

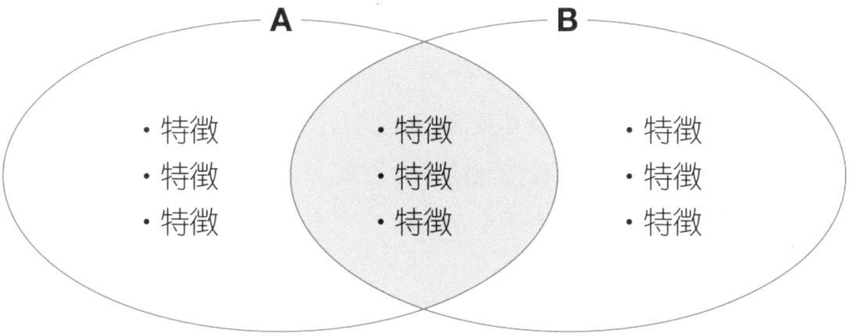

常にこのようなチャートを作る必要はありませんが、伝えたい情報を自分なりにわかりやすい形にして頭の中で整理することが重要です。

Rule 13 対象 「ポイント→詳細」を繰り返して「説明」する

「対象について説明する」文章の展開パターンも、「対象を描写する」文章と同様、「概要」→「ポイント」→「詳細」の流れでまとめます。

① 概要 →説明する対象が何か述べる
② ポイント → 対象の特徴的な点に言及する
③ 詳細 →ポイントについて詳しく話す

ここでも大事なのは、「抽象」→「具体」／「一般」→「個別」という大原則であることを意識しましょう Rule 01。

◎ Exercise 13-1

〈例〉を参考に、次の項目について英語で説明してください。説明にかかる時間は30～40秒程度です。難しい場合は**HINT**を参照してください。その後、音声を聞き、自分の説明の仕方と比べてみましょう。

〈例〉七夕（Tanabata） MP3-312

スクリプト July 7 is called Tanabata. This custom is based on Chinese folklore. In the folktale, Orihime and Hikoboshi, a princess and prince, meet each other by crossing the Milky Way. It's not a Japanese national holiday, but people write their wishes on sheets of paper and attach them to bamboo branches.

訳 7月7日は七夕と呼ばれます。この慣習は中国の伝承をもとにしています。その伝承の中では、織姫という王女様と彦星という王子様が天の川を渡って互いに会うことになっています。日本の祝日ではないですが、人々は紙に願いごとを書き、それを竹の枝にくくりつけます。

1） ドラえもん（Doraemon）
2） AKB 48

3）高校野球（Japanese high school baseball）
4）痴漢（molester）
5）塾（cram school in Japan）
6）過労死（karoshi）
7）多世帯同居（multi-generational living）
8）ネットカフェ難民（net café refugees）
9）モンスター・ペアレント（monster parents）
10）KY
11）窓際族（*madogiwa zoku*）
12）面倒くさい（*mendokusai*）
13）満員電車（packed train）
14）ブラック企業（black company, black corporation）

▶ **HINT**

1）Doraemon is _____ in a Japanese _____. It is a _____ in the 22nd century. In the story, Doraemon comes to the present and helps _____, Nobita, who is _____, solve _____. Doraemon often _____ Nobita tools he _____ from the 22nd century. Nobita uses Doraemon's _____ in the _____ way, and he often makes his problems _____.

2）AKB48 is _____. Most of its _____ are teenagers, but some are _____. This group has become so _____ in Japan that you can't finish your day without seeing the face of at least one group member. This _____ probably _____ from Yasushi Akimoto's _____ to make the members feel _____ to people.

3）High school baseball is _____ in Japan. Especially, the national tournament _____ in summer is a _____. All the teams representing each area play at one ballpark, which is named Koshien. This Koshien national tournament is _____, and it's _____ everywhere in Japan during the _____.

4）A molester is a person who _____. You may encounter one while _____ in Japan, _____ trains, subways, and buses. If you _____, please say, "_____" in a _____voice to _____ others of the molestation act. This is a crime, and you should _____ as well.

5) Japanese school kids often _____. _____ for one of the following reasons. First, they _____ their schoolwork. They get _____ at a cram school to catch up. Second, they learn advanced knowledge or test taking skills to _____. Kids go to cram schools in the _____ after _____.

6) Karoshi is a Japanese term, but this word is sometimes used in English and German. It literally means "_____." This word became famous in the 1990s, when a lot of Japanese workers _____ to the point of _____ because of their stress at work.

7) A lot of people _____ with at least two adult generations. _____ this multi-generational living. _____, my wife and I live with my wife's parents. People do this for different reasons: to _____ money, to _____ in the household chores, or to avoid feeling _____. Most multi-generational living households, including mine, seem to feel happy as long as they can _____.

8) Net café refugees are people who don't have _____ and have to _____ in an internet café or a place like McDonald's _____. They may not be as _____ as homeless people, but unless they have _____ good enough to _____ their apartment rents, they may _____.

9) Monster parents are parents who always _____ for any of their kids' problems. For example, if their kids can't get a _____ grade, they will _____ the teacher to _____ the grade. Most school staff are _____ by the existence of monster parents.

10) KY _____ the initials of the two Japanese words: *kuki*, which means _____, and *yomenai*, which means "can't read." This phrase is used to ridicule unpredictable _____. This term seems to be very cultural-oriented. Many American people think predictable people are ______, but most Japanese people dislike those who don't ______ their surroundings.

11） In Japan, people who ______ are called *madogiwa zoku*, or window-side people, which is ______ the English words "deadwood" or "excess baggage." Some think that window-side people are pathetic because they can't ______. Some people may envy them, though, because they are ______.

12） This literally means, "smells like trouble", but this phrase is functionally used when ______. "I don't want to take the time" is a universal feeling, so once native speakers of English learn this Japanese word, they ______ it in English sentences as an adjective. They probably feel that "this is *mendokusai*" is an ______ way to say, "I don't want to take the time doing this."

13） The Japanese public ______, especially trains in the city areas, can be extremely ______. The most crowded time, which they call ______, is 7 to 9 in the morning, and 6 to 8 in the evening. It is almost impossible to ______ during this rush hour, and your body is ______ against other ______ in the train, which is ______.

14） The term "black company" is used for employers that ______ workers. Employees of such exploiting companies have to ______ to a low salary, ______ for overwork, and no benefits. The reason is that, in Japan, there are not enough ______ to stop these companies from ______ their employees unfairly.

Answer ◎Exercise 13-1 MP3-313

1） スクリプト Doraemon is an imaginary character in a Japanese cartoon. It is a cat-shaped robot made in the 22nd century. In the story, Doraemon comes to the present and helps a boy, Nobita, who is poor at almost everything, solve problems. Doraemon often lends

Nobita tools he brought from the 22nd century. Nobita uses Doraemon's tools in the wrong way, and he often makes his problems bigger.

訳 ドラえもんは日本の漫画に登場する想像上のキャラクターです。22世紀に作られた猫の形をしたロボットです。この話の中で、ドラえもんは現在にやって来て、ほとんど何をやってもダメなのび太という男の子が問題を解決するのを助けます。ドラえもんはよく、のび太に22世紀から持ってきた道具を貸します。のび太はドラえもんの道具をまちがった使い方をして、問題を大きくすることがよくあります。

2) スクリプト AKB48 is a Japanese girl group. Most of its members are teenagers, but some are in their twenties. This group has become so popular in Japan that you can't finish your day without seeing the face of at least one group member. This popularity probably comes from Yasushi Akimoto's strategy to make the members feel close to people.

訳 AKB48は日本の女性アイドルグループです。ほとんどのメンバーは10代ですが、20代もいます。このグループは日本ではとても人気になり、メンバーの誰かを見ないで終わる日はありません。この人気はおそらく、メンバーをより大衆に近いものにする秋元康氏の戦略から来ているのでしょう。

3) スクリプト High school baseball is very popular in Japan. Especially, the national tournament held in summer is a big event. All the teams representing each area play at one ballpark, which is named Koshien. This Koshien national tournament is a very big event, and it's broadcast everywhere in Japan during the summer.

訳 高校野球は日本ではとても人気があります。とりわけ、夏に行なわれる全国大会は大きなイベントです。それぞれの地域の代表のチーム全てが1つの球場で戦い、その球場の名前が甲子園です。この甲子園での全国大会は大変大きな行事で、夏の間、全国放送されます。

4) スクリプト A molester is a person who harasses you by touching you in a sexual manner. You may encounter one while taking public transportation in Japan, like trains, subways, and buses. If you become a molesting victim, please say, "stop it!" in a loud voice to notify others of the molestation act. This is a crime, and you should report it to the police as well.

訳 痴漢とは性的に相手を触って不快にさせる人物のことです。電車、地下鉄、バスなどの日本の公共交通機関を利用しているときに痴漢に出会うかもしれません。もし、あなたが痴漢の被害にあってしまったら、「やめてください」と大声を出して他の人に痴漢行為を知らせてください。これは犯罪なので、警察に報告したほうがいいでしょう。

5) スクリプト Japanese school kids often go to cram schools. They go to cram schools for one of the following reasons. First, they are behind in their schoolwork. They get individual help at a cram school to catch up. Second, they learn advanced knowledge or test taking skills to go to a good college or high school. Kids go to cram schools in the evening after regular schools are finished.

訳 日本の学校に通う子どもたちはよく塾に行きます。塾に行くのは以下の理由からです。第一に、学校での授業についていけない場合です。追いつくために個人的なサポートを受けます。第二は、より高度な知識を習得し、良い高校・大学に行くための試験対策です。子どもたちは学校の授業が終わると、夕方、塾に行きます。

6) スクリプト Karoshi is a Japanese term, but this word is sometimes used in English and German. It literally means "death by excessive work." This word became famous in the 1990s, when a lot of Japanese workers damaged their health to the point of death or committing suicide because of their stress at work.

訳 過労死は日本語ですが、たびたび英語やドイツ語の中でもこの言葉が使われます。これは文字どおり、「働きすぎによる死」を意味します。この語が有名になったのは1990年代で、この間たくさんの働く日本人が仕事のストレスから健康を害して亡くなったり自ら命を絶ったりしました。

7) スクリプト A lot of people live in a house with at least two adult generations. Some people call this multi-generational living. For example, my wife and I live with my wife's parents. People do this for different reasons: to save money, to share in the household chores, or to avoid feeling lonely. Most multi-generational living households, including mine, seem to feel happy as long as they can get along.

訳 多くの人々は2組以上の世帯で1つの家に住んでいます。多世帯同居と呼ばれます。例えば、妻と私は、妻の両親と一緒に住んでいます。人々はお金を貯めるため、家事を共有するため、寂しさを紛らわすためなど異なる理由で多世帯同居をします。わが家を含め、ほとんどの多世帯家族は、仲良くできる間は幸せでしょう。

8) スクリプト Net café refugees are people who don't have homes and have to stay in an internet café or a place like McDonald's overnight. They may not be as poor as homeless people, but unless they have jobs good enough to pay their apartment rents, they may eventually become homeless.

訳 ネットカフェ難民とは、家がなく、インターネットカフェやマクドナルドのような場所で寝泊まりしなくてはならない人を言います。彼らはホームレスの人たちほど貧乏ではありませんが、家賃を払うのに十分な仕事がないかぎり、最終的にはホームレスになってしまうかもしれません。

9) スクリプト Monster parents are parents who always blame the school for any of their kids' problems. For example, if their kids can't get a satisfying grade, they will contact the teacher to change the grade. Most school staff are annoyed by the existence of monster parents.

訳 モンスターペアレントとは自分の子どもの全ての問題をいつも学校のせいにする親のことです。例えば、自分の子どもが満足する成績を取れないとき、先生に連絡して成績を変えてもらうように言います。多くの学校職員はモンスターペアレントの存在に悩まされています。

10) スクリプト KY comes from the initials of the two Japanese words: *kuki*, which means air or atmosphere, and *yomenai*, which means "can't read." This phrase is used to ridicule unpredictable behavior. This term seems to be very cultural-oriented. Many American people think predictable people are boring, but most Japanese people dislike those who don't pay attention to their surroundings.

訳 KYは日本語のkuki、「空気」あるいは「雰囲気」という意味、とyomenai、「読めない」という意味、の2つの単語のイニシャルから来た言葉です。この言葉は予測不能な行動を冷やかすために使われます。この言葉は非常に文化に根ざしたものと言えます。多くのアメリカ人は想定どおりの反応を示す人を退屈と感じますが、ほとんどの日本人は周囲に注意を払えない人間を嫌います。

11) スクリプト In Japan, people who have been cut out of the corporate ladder are called *madogiwa zoku*, or window-side people, which is kind of close to the English words "deadwood" or "excess baggage." Some think that window-side people are pathetic because they can't get a promotion. Some people may envy them, though,

because they are out of the politics and stress of the workplace.

訳 日本では、会社の出世階段から外れた人を「窓際族」と呼びます。英語のdeadwood（無用な人々）やexcess baggage（お荷物）と少し似ています。窓際族は出世できないので哀れだと考える人もいますが、職場での権力争いやストレスに無縁なので、うらやましがる人もいます。

12）スクリプト This literally means, “smells like trouble”, but this phrase is functionally used when you are reluctant to do something that might take a lot of time. “I don’t want to take the time” is a universal feeling, so once native speakers of English learn this Japanese word, they use it in English sentences as an adjective. They probably feel that “this is *mendokusai*” is an easier way to say, “I don’t want to take the time doing this.”

訳 これは、「面倒のにおいがする」というのが文字どおりの意味ですが、機能的には時間がかかることするのに気が進まないときに使われます。「時間をかけたくない」というのは普遍的な感覚なので、英語のネイティヴスピーカーはこの日本の言葉を覚えると、英語の文章中で形容詞として使います。“I don’t want to take the time doing this”（これをするのに時間がかかってしまう）と言うより、“this is *mendokusai*”（これは「面倒くさい」）と言うほうが楽だからでしょう。

13）スクリプト The Japanese public transportation system, especially trains in the city areas, can be extremely crowded. The most crowded time, which they call rush hour, is 7 to 9 in the morning, and 6 to 8 in the evening. It is almost impossible to find a seat during this rush hour, and your body is really pressed against other passengers in the train, which is very uncomfortable.

訳 日本の公共交通機関、とりわけ都市部での電車は極度に混み合っています。最も混んでいる時間は――それをラッシュアワーと呼びますが――朝の7時から9時と夕方の6時から8時です。この時間帯に席を見つけるのはほとんど不可能で、電車内で自分の体が他の乗客に密着して、ひどく気分が悪いものです。

14）スクリプト The term “black company” is used for employers that exploit workers. Employees of such exploiting companies have to give in to a low salary, no payment for overwork, and no benefits. The reason is that, in Japan, there are not enough regulations to stop these companies from treating their employees unfairly.

Chapter 1 表現編
Chapter 2 ルール編
Chapter 3 実践演習編
Chapter 4 実用会話編

訳 「ブラック企業」という用語は、労働者を搾取する雇用主に対して使われます。そのような企業の従業員は低い賃金やサービス残業、社会保障なしという状況に甘んじなくてはなりません。なぜなら、日本では、このような企業が従業員を不当に扱うことをやめさせるような規制が十分にないからです。

◎Exercise 13-2

次の課題について、答えましょう。後で音声を聞き、「対象を説明する」文章の展開を確認しましょう。

What summer event would you recommend? Why?

（どのような夏のイベントがおすすめですか。それはなぜですか。）

▶① ブレイン・ストーミングQ&A

MP3-314

自分で紹介したい夏のイベントを選んで、次の質問に口頭で答えましょう。

Q1：What summer event would you recommend?
Q2：When and where is the event held?
Q3：Do other countries have events like this?
Q4：What do people do at this event?
Q5：Who is this event good for? / Who goes to this event?
Q6：What else do you want to say about this event?

▶HINT

①の答えをもとに次の文の空所をうめて文章にし、話してみましょう。

(1) One of the most popular summer events is ______. (2) It is held ______. (3) This event can be found in ______ too/only in Japan. (4) At this event, people ______. (5) This event is good for ______ because ______. (6) ______. You should go to this event. I'm sure you'll like it.

▶② 話す

HINTに詳細を加え、あなたの紹介したい夏のイベントについて説明しましょう。

Sample Answer 1 ◎Exercise 13-2 MP3-315

▶①

Q1：What summer event would you recommend?
→ The fireworks festival

Q2：When and where is the event held?
→ In July or August, in almost every district

Q3：Do other countries have events like this?
→ Yes

Q4：What do people do at this event?
→ They enjoy a variety of fireworks for hours.

Q5：Who is this event good for?
→ Families and young people

Q6：What else do you want to say about this event?
→ Traffic is very congested.

▶② MP3-316

スクリプト **W**：One of the most popular summer events is the fireworks festival. Almost every district has one in July or August. Unlike similar festivals in other countries, there are not other activities, such as music performances. People just enjoy a variety of fireworks for a few hours. This is a good event for families. Also, some young couples go to fireworks festivals because they're free. The only downside of this event would be that traffic is really congested. You have to check out how to get there and how to get home really carefully. Other than that, I'm sure you'll definitely enjoy the event.

訳 **W**：最も人気のある夏のイベントの1つに、花火大会があります。7月、8月には、ほとんど全ての地域で花火大会が開かれます。他の国の似たようなお祭りとは違い、音楽などの別のパフォーマンスはありません。人々はただ、さまざまな種類の花火を数時間楽しみます。このイベントは家族向きです。若いカップルも花火大会に行きます。無料なので。このイベントの唯一のよくないところは交通渋滞がひどくなることでしょうか。どうやってそこに行って戻ってくるのか、本当に注意深く調べておかなければなりません。それを除けば、このイベントはきっと楽しいと思いますよ。

▶論理チャートでチェック！

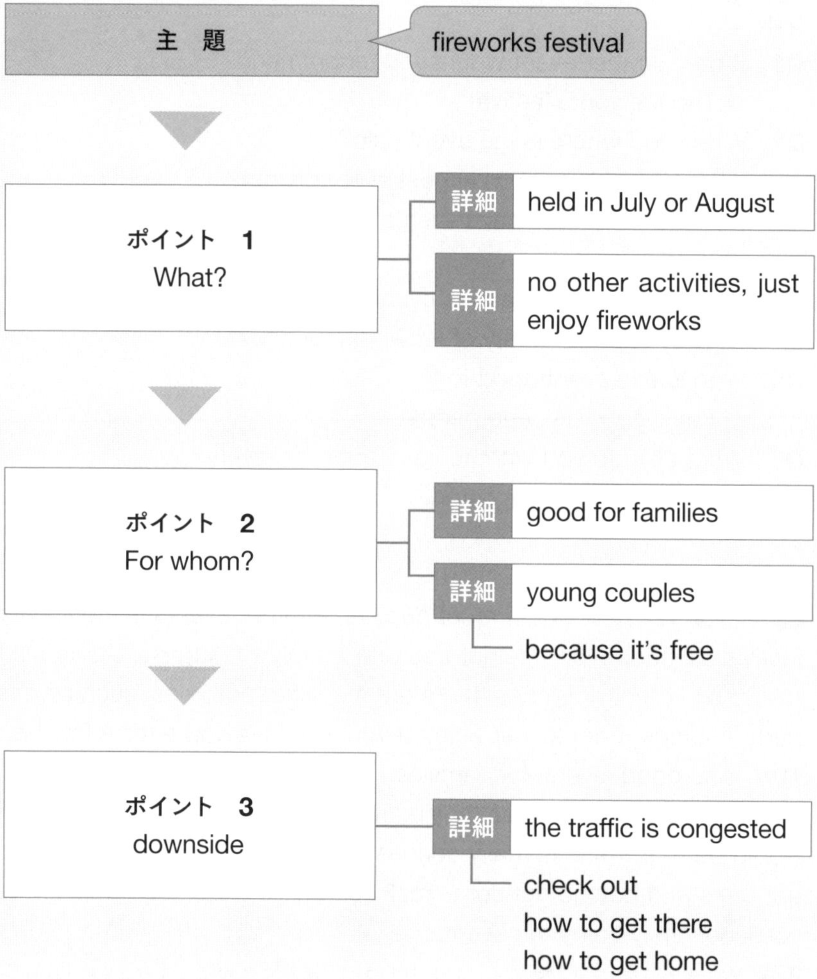

ここでもう1つ、より自然な状況でのサンプル解答を聞いてみましょう。

Sample Answer 2 ◎Exercise 13-2 MP3-317

スクリプト **M**：If you live in Japan and like music, you should go to Fuji Rock Festival in summer. This rock festival is held every summer at a ski resort in Niigata, in central Japan, between the last Friday and Sunday of July. A lot of musicians from Japan and other countries perform at this event. Although the event name includes the word "rock", you can see the performances of musicians from a variety of genres. One of the cool things about this event is that you can make a lot of friends. As a matter of fact, I met my current girlfriend and my best friend at the festival. Anyway, Fuji Rock Festival is cool.

訳 **M**：もしあなたが日本に住んでいて音楽が好きなら、夏はフジロックフェスティバルに行くべきです。このロックフェスティバルは毎年の夏、日本の中部地方の新潟のスキーリゾートで、7月の最終週の金曜日から日曜日に開かれます。国内外の多くのミュージシャンがこのイベントで演奏します。「ロック」フェスティバルという名前ですが、さまざまなジャンルのミュージシャンの演奏を見ることができます。このイベントのいいところの1つは、たくさんの友達ができるところです。実際、私はこのイベントで、今の彼女と親友と出会いました。とにかく、フジロックフェスティバルはすごいんです。

◎Exercise 13-3

「問題解決」の手順 を説明する課題に答えましょう。後で音声を聞き、「問題を指摘して解決策を示す」文章の展開を確認しましょう。

What advice would you give to people who want more friends?
（友達を増やしたい人にどのようなアドバイスをしますか。）

▶① ブレイン・ストーミングQ&A MP3-318

課題に関する次の質問に口頭で答えましょう。

1）What is the problem?
2）Any background to the problem?
3）What is your first solution?
4）Any details?
5）What is your second solution?

6）Any details?
7）What is your third solution?
8）Any details?

▶② 論理展開を考える

①で答えた内容を、下の論理チャートにまとめましょう。

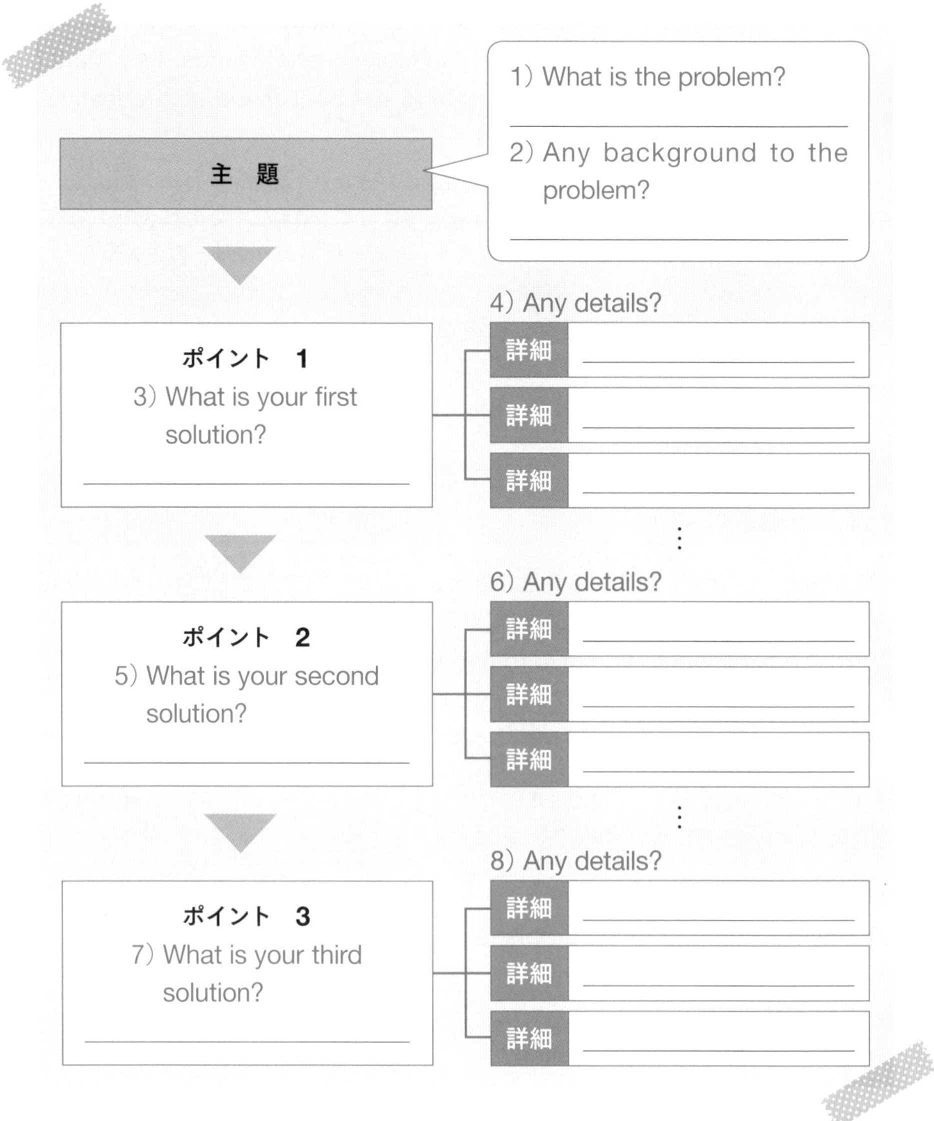

主 題
1) What is the problem?
2) Any background to the problem?
ポイント 1
3) What is your first solution?
4) Any details?
詳細
詳細
詳細
ポイント 2
5) What is your second solution?
6) Any details?
詳細
詳細
詳細
ポイント 3
7) What is your third solution?
8) Any details?
詳細
詳細
詳細

▶③ 話す

②で作った論理チャートを参考に、実際に話しましょう。

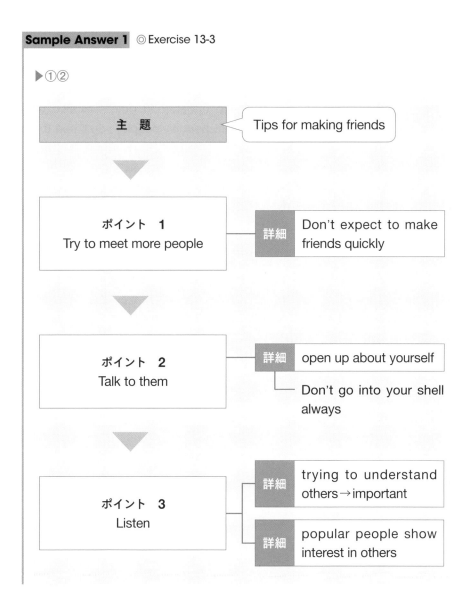

Sample Answer 1 ◎Exercise 13-3

▶①②

主 題: Tips for making friends

▼

ポイント 1
Try to meet more people

- 詳細: Don't expect to make friends quickly

▼

ポイント 2
Talk to them

- 詳細: open up about yourself
  - Don't go into your shell always

▼

ポイント 3
Listen

- 詳細: trying to understand others→important
- 詳細: popular people show interest in others

▶③ 🔊MP3-319

スクリプト **M**：Making friends seems to be difficult at times. I'd like to share my tips with you, for your sake. The first thing you have to do is to try to meet more people. Don't expect to make friends with them quickly, though. The next thing you've got to do is to talk to them. Open up about yourself. You won't be liked by other people as long as you always go into your shell. Finally, you have to listen. People tend to focus on expressing themselves, but trying to understand others is also very important. If you take a closer look at popular people, you'll see them show interest in others while having a conversation. That's it. I hope these tips will work and you'll make a lot of good, new friends.

訳 **M**：友達をつくることは時に難しいようです。そんなあなたのために、私なりのコツを伝授したいと思います。最初にしなければいけないことは、もっと多くの人に会うことです。とはいえ、彼らとすぐに友達になれると思ってはいけません。次にすることは彼らと話をすることです。自分の思いのたけを話してください。自分の殻に閉じこもっているかぎり、他人はあなたのことを気に入ってはくれません。最後に、話を聞くことです。人は自分のことを話すことに集中しがちですが、相手を理解しようとすることもまた、とても大事なことです。人気のある人をよく観察すると、その人たちが会話中に他人に興味を示していることがわかると思います。それだけです。これらのコツがうまくいって、あなたにたくさんの新しいよい友達ができるといいなと思います。

◎Exercise 13-4

次の課題について、答えましょう。後で音声を聞き、「過程・手順を示す」文章の展開を確認しましょう。

How should people learn new skills? Explain the steps you think are the best.

（どのようにしてあなたは新しいスキルを身につけますか。あなたが最良だと思うステップを説明してください。）

▶① ブレイン・ストーミングQ&A　　MP3-320

あなたが最良と思う新しいスキルを身につけるステップについて、次の質問に口頭で答えましょう。

1) What are you going to talk about? →
2) What is the first step? →
3) Give details. →
4) What is the second step? →
5) Give details.→
6) What is the third step? →
7) Give details.→

▶② 論理展開を考える

①で答えた内容を、下の論理チャートにまとめましょう。

● 主題

1) What are you going to talk about? ______

● はじめに	● 次に	● そして
2) What is the first step? ______	4) What is the second step? ______	6) What is the third step? ______
3) Give details. ______ ______	5) Give details. ______ ______	7) Give details. ______ ______

▶③ 話す

②で作った論理チャートを参考に、実際に話しましょう。

Chapter 1 表現編
Chapter 2 ルール編
Chapter 3 実践演習編
Chapter 4 実用会話編

Sample Answer ◎Exercise 13-4

▶①②

● 主題：To acquire new skills

● はじめに	● 次に	● そして
do research on something - books - the Internet	get help - talk with experienced coworkers	learn from experience - don't make the same mistakes

▶③

MP3-321

スクリプト **W**：I'd say it'll take quite a long time to acquire new skills for your job, but there's a way to pick them up. First, you need to do research. Reading books, browsing the Internet — these will help you gain professional knowledge. Besides doing this, it's very important to get help from others. Talking to your experienced coworkers leads to practical advice from them. Finally, you could learn from your own experience. You may make mistakes at times, but if you don't forget any of them and prepare not to make the same mistakes, you'll be pretty proficient in the long run. Those are the things new employees should do.

訳 **W**：仕事のために新しい技術を習得するにはかなり長い時間がかかりますが、そうした技術に取り組むための方法はあります。最初に、よく調べることが必要です。本を読んだり、インターネットで検索したり――これらのことは専門知識を得るうえで大変役立ちます。これらに加えて、他の人から助力を得るのもとても大事です。経験ある同僚と話すことは、彼らから実践的なアドバイスをもらうことにつながります。最後に、自分自身の経験から学ぶことです。時おり失敗をすることはあるかもしれませんが、それらを忘れず、同じ失敗をしないように準備すれば、最終的にはとても優れた技術が身につくでしょう。以上が、新入社員のすべきことです。

Rule 14 意見　自分の立場を明らかにしてから理由を述べる

まず自分の意見を述べ、次に理由とその具体例を挙げる。この論理展開は、アメリカの学校ではライティング課題およびパブリックスピーキングの授業でおなじみです。日本でも英語能力試験でよく問われ、その対策はあるのですが、きちんマスターした人は多くはないと思われます。

この場合も、英語の論理展開は「概要→ポイント→詳細」というパターンです。ただし、注意するべきことは、「概要」の部分で「自分が主張する意見のキーワードを自分の言葉で定義する」ということです。具体的には次のような流れです。

① 概要：意見 → 自分の立場を明らかにして意見を述べる。
② ポイント：理由 → なぜその意見なのか、理由のポイントを述べる。
③ 詳細：具体例 → 理由のポイントについて、わかりやすい例や説明を述べる。

実は、①の「自分の立場を明らかにする」という部分が意外にできていない学習者が目立ちます。「自分の立場を明らかに」しないで話を始めると、聞き手にとってはぶっきらぼうな印象を与えてしまうことになるのです。

自分の意見を表明する前に、聞き手と自分が問題を共有しているかということを確認しなければなりません。特に、普段は話に出ないような専門的な話題の場合や、少数派の意見を代表する場合は、自分がどのような立場で話をするのか、聞き手に伝えておく必要があります。

● **専門的な話題について話し始めるとき**
Now (that) ..., I think ...（…という問題がある。自分は…と考えている）
● **少数派の意見を代表するとき**
Although ..., I think ...（多くの人は…と考えているようだが、自分は…と考える）

ささいなことですが、このようなフレーズを意識することで相手の関心を引きよせるだけでなく、説得力もぐんと上がってきます。

Rule 15 意見　自分の主張に合う適切な事例を挙げる

自分の意見を述べるとき、まず、自分の立場を明らかにしたうえで主張を述べ、次にその「理由」を述べます。この時点での「理由」は、簡潔にポイントのみを述べます。そして、その「理由」について「詳細」を述べます。Rule 14

「詳細」を述べるとき、具体例を挙げるのが効果的ですが、聞き手にわかりやすい例を挙げるのは意外に難しいものです。聞き手を納得させるためには、自分の主張に合う適切な事例を選ばなければならないからです。

次の**Exercise**をとおして、多くの事例から、自分の主張に合う適切な事例を選ぶシミュレーションをしてみましょう。

◎Exercise 15

次の課題について考えましょう。

Is telling a lie okay? （うそをつくのは許されますか。）

▶HINT

「うそ」が許されるかどうかに明確な答えはありません。しかし、自分の意見を述べるには、自分にとっての「うそ」の定義を明確にしておかなければなりません。1）～10）の英文を聞いて、以下のようにあなたの考えを整理してください。

● 内容が「うそ」だと思う場合 → A lie
- ・その「うそ」は許されると思う場合 → OK
- ・その「うそ」は許されないと思う場合 → Not OK

● 内容が「うそ」だと思わない場合 → Not a lie

スクリプト　MP3-322

1）Nick was late for work. Ms. Schultz, his boss, asked him why he was late. Actually, he just woke up late, but he told her there was a train accident. He lied because Ms. Schultz is a very scary person.

（OK・Not OK）　（A Lie・Not a Lie）

訳 ニックは仕事に遅れた。彼の上司であるシュルツさんは彼になぜ遅れたのか聞いた。実は彼は寝坊したのだったが、電車の事故があったのだと伝えた。彼がうそを言ったのは、シュルツさんはとても怖い人だからである。

2） Wes was fired by his company a few days ago, but he hasn't told his wife yet. He plans to keep it a secret until he finds a new job. He doesn't want to worry his wife. He always leaves home at 7 like he had a job and kills time at a café or a library during the day, hunting for a new job.

（OK・Not OK）（A Lie・Not a Lie）

訳 ウェスは数日前に会社から解雇されたが、妻にはまだそのことを伝えていない。新しい仕事を見つけるまで秘密にしておくつもりである。妻を心配させたくないのだ。彼は仕事をしていたときと同じように7時に家を出て、日中は喫茶店か図書館で時間をつぶすか、あるいは就職活動をしている。

3） Paula was asked by her 5-year-old son Danny why his father hasn't come back for a few weeks. She knows that Danny's father has left home and has started living with another woman, but in order not to make her son sad, she's said to Danny, "Daddy has gone on a business trip to another country."

（OK・Not OK）（A Lie・Not a Lie）

訳 ポーラは5歳の息子ダニーに、なぜ父親が何週間も戻ってこないのか尋ねられた。彼女は、ダニーの父親は家を出て別の女性と暮らし始めたことを知っているが、自分の息子を悲しい気持ちにさせたくないので、ダニーにはこう言った。「パパはお仕事で外国に行っているの」。

4） Annika was asked by Veronica, her colleague and friend, "What's your plan for Wednesday? Would you like to have a drink with me?" Annika knows Wednesday is Veronica's birthday. She said, "No, I have another engagement." Annika lied because she was planning to hold a surprise party for Veronica with other colleagues.

（OK・Not OK）（A Lie・Not a Lie）

訳 アニカは同僚で友人のヴェロニカに「水曜日の予定はどう？　一緒に飲みに行かない？」と聞かれた。アニカは水曜日はヴェロニカの誕生日だと知っている。彼女は、「ダメなの、先約があるの」と答えた。アニカがうそをついたのは、他の同僚とヴェロニカのためにサプライズパーティーをすることを計画しているからだ。

5) "What do you think of this?" Roger was asked by Mayumi, his girlfriend. Mayumi has just had her hair dyed pink. Roger thought her new hair was terrible, but in order not to disappoint her, he answered, "That's awesome. I love it!"

（OK・Not OK）　（A Lie・Not a Lie）

訳「これどう思う？」ロジャーは彼女のマユミに聞かれた。マユミは髪の毛をピンクに染めていた。ロジャーは新しい髪型はひどいと思ったが、彼女をがっかりさせたくなかったので、「素晴らしい。気に入ったよ！」と答えた。

6) Liz was asked by her father, lying in a hospital bed, when he was going to recover. She has been told by the doctor that he won't recover and is likely to die within a few months. Since she doesn't want her father to face the fear of death, however, she said, "Probably within a few months you can go back home."

（OK・Not OK）　（A Lie・Not a Lie）

訳 リズは入院中の父親から、いつ治りそうなのかと尋ねられた。彼女は医者から、父親は回復せず、数か月で亡くなるだろうと伝えられていた。しかし、彼女は父親が死が迫ってくる怖さに苦しまないほうがよいと思い、こう言った。「あと数か月でたぶん家に帰れるよ」。

7) Ted is a company president. He knows that his business is getting worse, and that his company is likely to go bankrupt anytime soon. In order to have his employees work hard without any worries, he hasn't told them any of this.

（OK・Not OK）　（A Lie・Not a Lie）

訳 テッドは会社の社長だ。彼は事業がうまくいっておらず、まもなく倒産するだろうと知っている。しかし、従業員に不安を与えずしっかり仕事をさせるために、こういうことは一切彼らに話していない。

8） Hiroshi gave his wife a ring. His wife asked him how much it cost. He said twenty thousand yen despite the fact that he got the ring at a shabby antique store for three hundred yen.

（OK・Not OK）　（A Lie・Not a Lie）

訳 ヒロシは妻に指輪を買った。妻はいくらしたのかを尋ねた。安っぽいアンティークの店で300円で買ったものだったが、2万円したと彼は答えた。

9） Joe and Ricky are going to take a test tomorrow. Joe asked Ricky how much he has been studying for the test. Ricky has been preparing a lot these past few weeks, but he answered, "I haven't even started yet." Ricky doesn't want Joe to see him as a study-oriented guy.

（OK・Not OK）　（A Lie・Not a Lie）

訳 ジョーとリッキーは明日テストを受ける。ジョーはリッキーに、テストのためにどれくらい勉強したかを尋ねた。リッキーはここ数週間、十分に準備をしたが、「まだ何も始めていないよ」と答えた。リッキーはジョーに勉強のことばかり考えているやつだと思われたくないのだ。

10） Tetsuya said to Jim, "Can I ask Madeline out?" Madeline is Jim's ex-wife. Jim answered, "I don't mind you dating Madeline, but she's got a boyfriend." Jim knows that Madeline doesn't have a boyfriend now, but he lied because he still loves her and he couldn't bear his best friend and ex-wife going out.

（OK・Not OK）　（A Lie・Not a Lie）

訳 テツヤはジムに「マデリンをデートに誘っていいか」と尋ねた。マデリンはジムの別れた妻である。ジムは「マデリンとデートするのは構わないけど、彼女には恋人ができたんだ」と答えた。ジムは、今はマデリンに恋人がいないことを知っている。でも、まだ彼女のことが好きだし、自分の親友が自分の元妻とデートをするということに耐えられなかったのでうそをついた。

Rule 16 意見 自分の意見とは異なる立場からも考えてみる

英語で意見を述べるときに大事なのは、Be assertiveという概念です。これは単に「主張する」という意味ではありません。英語ではTo respect yourself and others—日本語で表わすと「自分と相手の両方の立場を大切にする」ということです。自分の意見が正しいのだから無条件で相手は納得するべき、と考えるのはとても傲慢です。聞き手の立場を考慮したうえで「自分はこう考える、その根拠は…」と意見を述べることで、説得力が増すのです。

◎Exercise 16

次の課題についてあなたの意見を述べましょう。

Is telling a lie okay? (うそをつくのは許されますか。)

▶HINT

次の英文を参考に、自分なりの解答を作りましょう。

A　うそは場合によっては許されるという意見の場合

Although telling a lie is basically not a good thing, in my opinion, it's okay to lie in some cases. I have a few reasons to support this. First, not telling the truth can ______. For example, suppose ______. Plus, sometimes telling the truth simply doesn't work. For example, ______. (Finally, ______.) For these reasons, I believe that in some cases, telling a lie is acceptable.

B　うそはどんなときにも許されないという意見の場合

Although some people may say that there are some cases where you don't have to tell the truth, in my opinion, that's not right. First, telling a lie will ______. For example, ______. Plus, ______. (Finally, ______.) For these reasons, telling a lie has a lot of disadvantages.

Sample Answer 1　◎Exercise 16

A　うそは場合によっては許されるという意見の場合　MP3-323

Although telling a lie is basically not a good thing, in my opinion, it's okay to lie in some cases. I have a few reasons to support this. First, not telling the truth can prevent people from becoming unhappy. For example, suppose your girlfriend had a terrible haircut and you tell her it looks good. Plus, sometimes telling the truth simply doesn't work. For example, small children are too young to understand what divorce is. In this case, it's safe to just tell them, "your daddy is away for a while." For these reasons, I believe that in some cases, telling a lie is acceptable.

訳　うそをつくことは基本的にはよくないことですが、私の意見では、いくつかの場面で許されるはずです。これにはいくつか理由があります。第一に、真実を言わないことで人々が不幸になることを防ぐことがあるからです。例えば、あなたの彼女がひどい髪型でそれの髪型がいいと言う例を考えてください。また、真実を告げることが単純にうまくいかないこともあります。例えば、小さい子どもは離婚という概念がよくわかりません。そんなときは「お父さんはしばらくここにはいないの」と言うほうが安全です。このような理由からうそをつくことは許容できます。

B　うそはどんなときにも許されないという意見の場合　MP3-324

Although some people may say that there are cases where you don't have to tell the truth, in my opinion, that's not right. First, telling a lie will make you feel guilty. For example, if you didn't tell your wife about being fired at work, you would feel bad about keeping it secret. Plus, telling one small lie often leads to bigger ones. In this case, you would have to make up a bunch of other things just to avoid letting her know you don't go to work anymore. For these reasons, telling a lie has a lot of disadvantages.

訳　必ずしも本当のことを言わなくてもよい場合があると言う人もいるかもしれませんが、私の考えではそれはダメです。第一に、うそをつくと罪悪感をもちます。例えば、仕事をクビになったことを奥さんに隠していると、秘密をもっていることでいやな気分になります。それに、小さなうそは、より大きなうそになります。同じ場面において、あなたは自分が職場にもう行かなくなったことを知られないように他にも多くを取り繕わなければいけません。これらの理由からうそをつくことにはたくさんの悪い点があります。

Sample Answer 1 は、HINTに沿った答えです。しかし、実際話すときは型通りすぎてやや不自然です。そこで、より自然な例を2つ挙げておきます。

Sample Answer 2 ◎Exercise 16

A うそは場合によっては許されるという意見の場合

MP3-325

スクリプト W：Although telling a lie is basically not a good thing, I believe there're some cases where it's okay to lie; when somebody will definitely get hurt by knowing the truth. For example, it's very hard to tell small children why their parents are going to break up. How about when you know your friend, who is motivated to get well, is unlikely to live another week? In these cases, not telling the truth is not bad at all. I even think that these kinds of lies are necessary. So, I think telling a lie is sometimes acceptable when it's made to avoid hurting others.

訳 W：うそをつくことは基本的によいことではありませんが、私はうそが許される場面があると思います。本当のことを知ると誰かが確実に傷ついてしまうときです。例えば、小さい子どもに両親が離婚することを伝えるのはとてもきついことです。友達が体調を回復させようと意欲を燃やしているけれども、1週間も生きられそうにないと知っているときはどうですか。こういうときは、真実を言わないことは決して悪いことではありません。私はこの類いのうそなら必要だとさえ考えます。だから、うそをつくことが他人を傷つけることを避けるためになされるのなら、それは許されると考えます。

解説 「自分の意見とは異なる立場で考える」というルールを実践している例です。この解答の冒頭のAlthough telling a lie is basically not a good thingの部分がそれにあたります。「うそをつくことは構わない」という主張ですが、「うそをついてはいけない」と考える人も多数いることが推定されます。ですから、その立場に配慮することは、自分の意見を「議論・説得する」のための文章にするうえで非常に重要です。

▶**論理チャートでチェック！**

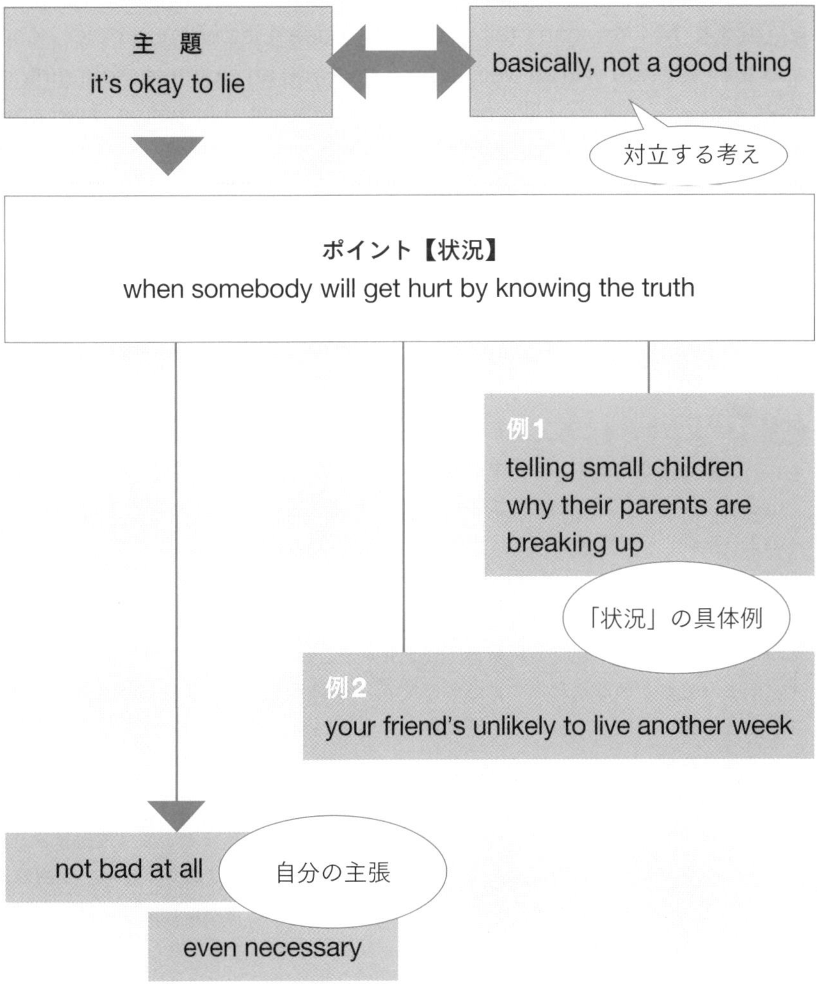
主　題
it's okay to lie
basically, not a good thing
対立する考え
ポイント【状況】
when somebody will get hurt by knowing the truth
例 1
telling small children why their parents are breaking up
「状況」の具体例
例 2
your friend's unlikely to live another week
not bad at all
自分の主張
even necessary

B　うそはどんなときにも許されないという意見の場合　MP3-326

スクリプト　**M**：You can't tell a lie in any case. Lies will hurt other people, and they will hurt you as well. Let me give you an example. Your girlfriend asks you whether you like her new hair. Actually, her hair is dyed green, as green as asparagus. You think it is terrible. Can you tell a lie? Some people may say that in such cases, you can tell a lie. But, I have a different idea. You shouldn't tell a lie. Can't you imagine what'd happen if you didn't tell her the truth? She'd keep her terrible hairstyle forever, and it'll hurt you. Eventually it will hurt your girlfriend as well, I guess. Anyway, you shouldn't tell a lie because it's not good for anybody.

訳　**M**：どんなときでも人はうそをつくべきではありません。うそは他の人を傷つけるし、自分も傷つけます。例を挙げてみますね。恋人が、自分の新しい髪型を気に入っているか、あなたに聞いたとします。実は、彼女の髪の毛は緑に——それもアスパラガスのような緑に——染められているとします。あなたはその髪型がひどいと思ったとします。うそをつきますか。そういうときはうそをついてもいいんだ、と言う人もいます。でも私の考えは違います。うそをついてはいけないのです。もし、彼女に本当のことを言わなかったら、何が起こるか想像できませんか。彼女はそのひどい髪型をずっと変えずにいて、それがあなたを傷つけるわけです。結局そのことが彼女をも傷つけることになると私は思います。とにかく、誰にとってもよいことではないので、うそをつくべきではありません。

解　説　スピーキング・ライティング試験の解答作成の攻略法として「理由を3つ」述べるように勧めているものがありますが、特にそうする必要はありません。今回のように理由が「うそは相手を傷つけるから」の1つであっても、きちんと例を挙げて、「抽象」→「具体」、「一般」→「個別」の原則に沿って説明することができれば、論理的な話し方とみなされます。TOEFLなどのテストの際に点数が低くなることもありません。

▶論理チャートでチェック！

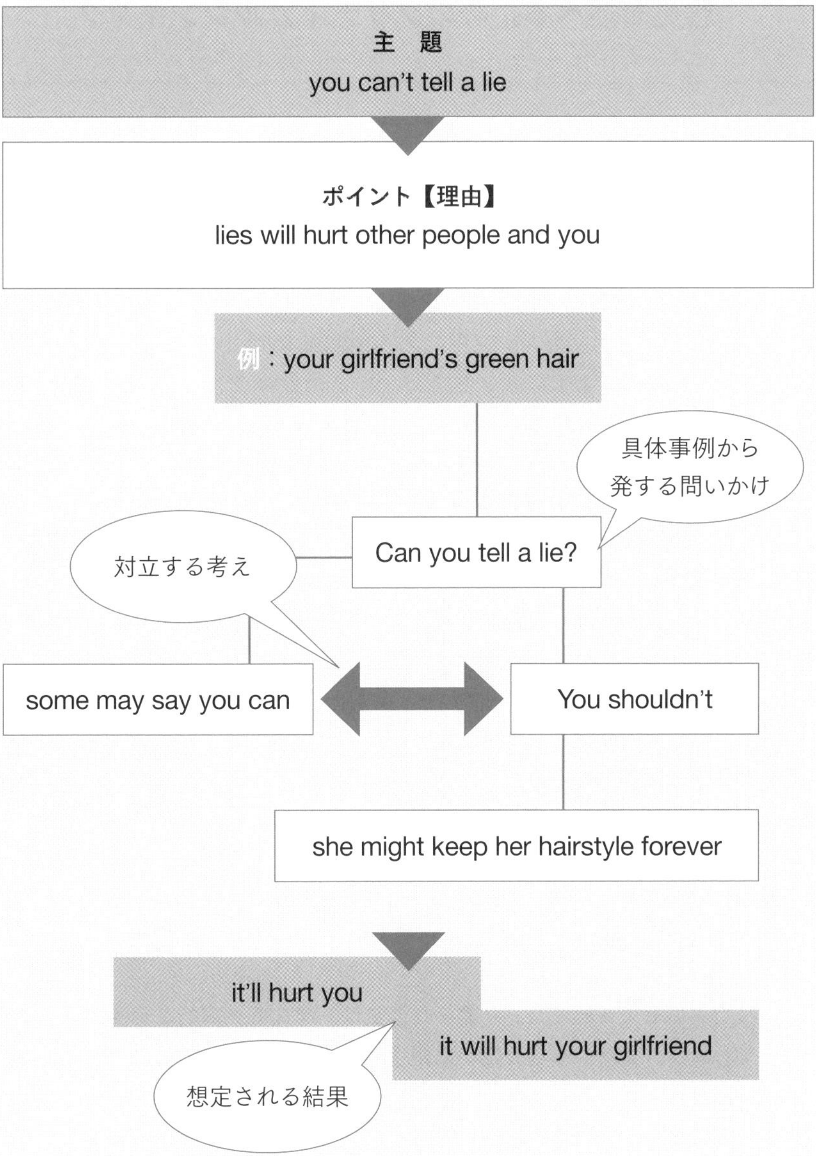
主　題
you can't tell a lie
ポイント【理由】
lies will hurt other people and you
例：your girlfriend's green hair
具体事例から発する問いかけ
Can you tell a lie?
対立する考え
some may say you can
You shouldn't
she might keep her hairstyle forever
it'll hurt you
it will hurt your girlfriend
想定される結果

COLUMN

意見を述べるためのクリティカルシンキング

自分の意見を述べて「議論する」あるいは「説得する」というスピーキングタスクは、TOEFLのような英語の試験で最もよく問われるものです。また、アメリカなど英語圏の学校教育の場では、自分の意見を的確にまとめて発表する（話す・書く）訓練にかなりの時間を割きます。この訓練は、彼らにとっての国語（English / Language Arts）の授業で行なわれます。国語の授業でこのような訓練が行なわれる背景には、クリティカルシンキング（critical thinking）ができる人材を育てたいという意図があります。

criticalという形容詞は、多くの場合「批判的な」という日本語に訳されます。そのため、相手の意見をただ批判するという意味でとらえている人も多いのですが、それは違います。「クリティカルシンキング」とは、与えられた問題に関して、結論を出す前に、よい面悪い面を含め、全ての要素を徹底的に考え抜くことを意味します。

自分の意見を理解してもらうということは簡単なことではありません。なぜなら、他の人が自分と同じ考え方をするとは限らないからです。それでは、その他の人はどのような考え方なのか、いったん他人になったつもりで考えてみる。そして、自分の意見には弱点がないか、他人になったつもりで考えてみる。

こうしたプロセスを経てたどり着いた意見は、単なる一方的な意見ではなくなっているでしょう。また、それを聞いた相手も意見を変えるまではいかなくても、あなたの立場を理解するでしょう。

英語圏にはagree to disagreeという言葉があります。これは「相手の立場に賛成できないが、相手がそういう立場にいることは理解する」ということです。「わかりあえないことをわかりあう」ことによって無用な争いを避ける文化です。

アメリカではディベートが盛んということはよく言われますが、ディベートの目的は、相手を打ち負かすことではありません。異なる意見を戦わせることによって、ディベートの参加者ひとりひとりが自分の弱い部分や自分ひとりでは思いつかない発想や考えがあることを自覚し、ひとつ賢い自分になる、ということです。このことは自分の意見を述べて説得する文章を話し、書くことにそのまま当てはまります。

自分の意見を述べ「議論・説得する」文章の展開として、〈I think.... I have three reasons. First, ... Second, ... Finally, ... For these reasons, ...〉というパターンを指導されたことがあると思います。しかし、自分が述べている理由が相手を納得させるのに充分なものか深く考える道具としてこれらのフレーズを使っている人は、残念ながら少ないようです。これらの型で話す・書くことが重視されるのは単に表面的・形式的な技術の習得のみならず、ネイティヴスピーカーがクリティカルシンキングができる人材を育てようという教育文化があるということは知っておいたほうがいいでしょう。

Rule 17 会話　会話は「リアクション」と「コネクション」で成立する

「会話」の場面でも、英語で話すという意味では、Rule 01 から Rule 16 で学習したことはそのまま応用できます。しかし、自分だけが話す「モノローグ」と相手のある会話「ダイアローグ」では本質的に違う部分があります。モノローグで要求されることは自分の言いたいことを伝えるということですが、ダイアローグでは相手との心地よい人間関係を作り上げることも要求されます。

そのために必要なのが「リアクション」と「コネクション」です。

● リアクション
――相手の発言に反応する

会話で大事なことは、Wow / Oh / Right / Really? / I see など相手の発言を聞いた後、わかっているかどうか、およびそれに対する簡単な自分の感情や評価を示すための言葉を発することです。このリアクションによって会話が成立します。リアクションがなければ相手と会話を続ける理由がなくなります。

● コネクション
――その話題について自分に関わりがあるというメッセージを伝える

リアクションの後にしなければならないことは、相手が提供している話題に対して自分の関わりを伝えることです。これをコネクションといいます。その話題に対する自分の考えや、その話題について自分がもっている情報を相手に伝えます。このコネクションによって会話が継続していきます。

「リアクション」と「コネクション」の他にも、心地よい会話を続けるコツがあります。

● 相手の反応を見る

相手の目を見て話すことはとても大事です。文法的に正しいきれいな英語を話していても、目線が泳いでいて誰に話しているのかわからない、というような印象を与えるので損です。同時に、自分が話していることを相手が理解しているのか、表情などをきちんと確認しながら話す必要があります。

● 沈黙を作らない

英語世界では「沈黙は金」という概念は通用しないと考えておきましょう。特に“Time is money.”（時は金なり）という意識の強いアメリカ人は沈黙の時間を嫌います。もし相手の発言への反応に困ったら、つなぎ言葉で時間を稼ぎ、かつ相手に「ちょっと考えているのだ」というメッセージを送ります。

〈つなぎ言葉の例〉

Umm ...
Let me see ...
You know ...
What I am trying to say is ...

● 必要があれば聞き返す

相手の言っていることがわからなければリアクションもコネクションもしようがありません。わからなければ遠慮なく聞き返してください。

〈聞き返す表現の例〉

Excuse [Pardon] me ?
What did you say?
Could you say that again?
Sorry, I can’t follow you.
What do you mean (by that) ?

Rule 18 会話

情報伝達・会話のやりとりの前の準備段階を意識する

英語の会話では、ネイティヴスピーカーが自然に従う一定の展開スタイルがあります。Rule 01 ～ Rule 16 で学んだ展開スタイルほど明確なものではありませんが、英語での会話にある一定のパターンは、おおむね次のような流れです。

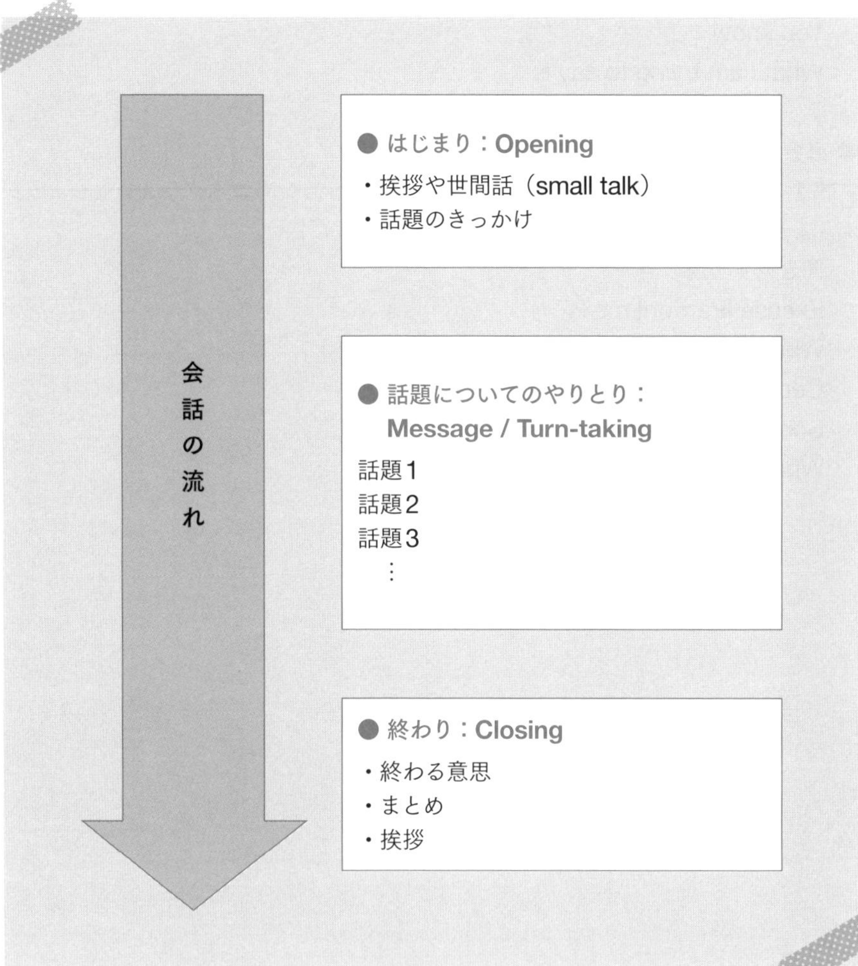

● **はじまり（Opening）**

挨拶などを交わし、話題が定まるまで世間話をします。

〈例〉

Hi.
Hey.
How are you (doing)?
You look tired.

● **話題についてのやりとり（Message / Turn-taking）**

ある話題が定まり、会話の参加者による情報のやりとりが行なわれます。会話の流れの中で、また次の話題に移り、その繰り返しとなります。

● **終わり（Closing）**

会話をまとめ、別れの挨拶などをします。

会話の準備段階というのは、会話の参加者が決まった話題をもっていないときに自然発生する世間話のようなやりとりです。このやりとりをしている間に、話題が浮かび上がってくることが多くあります。

その際、

Did you hear that ...?
Have you heard that ...?
Do you know ...?
I hear ...

といったフレーズで話題を振ると、ひとつのテーマに即した会話が始まります。

Rule 19 会話 話題に対して完全なセンテンスにこだわらず相手と情報を交わしていく

話題が定まるとやりとりが始まります。複数の人が話す実際の会話では、話し手はその場で瞬時に内容を考えながら話しているので、試験などで試されるような難しい文法事項はそれほど使われません。それどころか、完全なセンテンスではない数語からなる表現でやりとりをする場面が頻繁にあります。ネイティヴスピーカーですらそうなのですから、一度に全ての情報を盛り込もうと欲張らず、相手の反応を見ながら情報を小出しにして会話を進めていくことが必要です。

会話では、自分がしゃべろうとするセンテンスを相手が埋めてくることもあります。あるいは、相手が言おうとすることを自分が先読みすることもあります。「言おうとしているのはこういうことなんだよね」と言って、相手がRight.（そうなんだよね）と反応することもあるでしょう。

こうした双方向のコミュニケーションを円滑に行なうことができる人が会話力があると考えられています。実用英会話の力とは、キレイな発音で話せることやたくさんの文法事項やイディオムを知っていることとは必ずしも関係ないのです。

● 会話力がある人は……

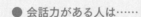

一度に全ての情報を盛り込んで話そうとしない

相手の反応を見る

お互いの発言を補い合う

キレイな発音や文法の知識量とは無関係

Rule 20 会話　会話の最後はまとめに入り、別れの挨拶などをする

会話を終えるとき、いきなり話を切り上げてBye! / See you around.と去るのでは、かなりぶしつけな印象を与えます。通常、お互いが話題について話し切ったことを確認してまとめる、用事があって会話を継続できないことを知らせる、といったいくつかのやりとりを交わして会話を終了します。

その際、So / Well / Okayなどが会話のまとめに入るシグナルになります。

◎Exercise 20

1）会話Aを聞きましょう。これはかなり不自然な会話です。何が不自然なのかを考えましょう。
2）会話Bを聞きましょう。これは自然な会話です。会話Aとどこが違うのかを考えましょう。

会話A　MP3-327

スクリプト

W：Hello, Seth. How are you?
M：Not too bad. How about yourself?
W：How was your weekend?
M：It was not so good.
W：What did you do?
M：On Saturday, I went to a film museum, which opened this fall.
W：What did you do on Sunday?
M：I played tennis.
W：With whom did you play tennis?
M：I played tennis with Rich, Miho, and Carla.
W：Wasn't Reiko there?
M：No, she wasn't.
W：Why wasn't she there?

M：She didn't come because she dumped me on Saturday. How about you? Did you have a nice weekend?
W：No.
M：What happened?
W：The company fired me on Friday. So, I had to think about what I'm going to do over the weekend.
M：Is there anything else you did this weekend?
W：Well, I started dating my old boyfriend.
M：Is he the Japanese guy with whom I talked a few years ago and who was wearing a kind of Abraham-Lincoln-like beard?
W：Yes and no. You're talking about the same guy, but he's shaved his facial hair.
M：What time is it by your watch?
W：It's 8:55. Work starts in five minutes.
M：See you later.
W：Good-bye.

会話B MP3-328

スクリプト

W：Hello, Seth.
M：Hey, Bree. How're you doing?
W：Same as usual. Did you have a good weekend?
M：Well ... actually, my weekend wasn't very good.
W：Not so good? Can I ask what happened?
M：Uh sure, you know the museum that opened this fall?
W：Yeah, the one on Elm Street.
M：Right.
W：I haven't been there, but I hear it's pretty good.
M：It is good, but that's not my point.
W：Oh, sorry for interrupting your story. Please keep going.
M：Anyway, Reiko and I bumped into Carla.
W：Uh-oh, an old flame and a current girlfriend meet each other on accident. So, what happened?

M：Well, Reiko was like, “What’s up, loser?” Carla raised her eyebrows. I tried to stop Reiko, but she thought I was defending Carla. To make a long story short, Reiko left me there, and our relationship is over.
W：Wow. It must’ve been pretty bad. Were you crying the rest of the weekend?
M：Not really. On Sunday, I played tennis as usual.
W：You mean, with Rich and Miho?
M：Right. And ... um ... Carla.
W：What? What brought her there?
M：Um ... The thing is ... after Reiko left me with her at the museum hall, you know ... we, I mean Carla and I, kind of hit it off.
W：Humph, I don’t know how much I can believe you. I think you liked Carla more than Reiko even before that museum stuff happened.
M：No way. Believe me. It just happened that way.
W：Whatever. I can’t blame you for falling for an old flame, though. As a matter of fact, I did pretty much the same thing this weekend.
M：Pretty much the same thing? What does that mean?
W：I decided to start seeing my ex-boyfriend again. I saw him last night.
M：Your ex—the guy I met a few years ago? You know, the guy with a beard like Abraham Lincoln?
W：Right. He’s not wearing that beard anymore.
M：I see. Oh, do you know what time it is, by the way?
W：Five to nine. Okay, it’s time to get down to work.
M：Right. Anyway, both of us got our old loves back. I don’t know if this is a good thing or not. Nice talking with you, though. Catch you later.
W：Talk to you later.

Answer　◎Exercise 20

1）会話A が不自然に感じられるには次のような原因があります。

× リアクション（相手が言ったことに対する反応）がない

解説 Oh / Wow / Right ... といった相手のコメントに関心・反応を見せるつなぎ言葉がほとんどありません。

× コネクション（話題になっていることに関係する言及）がない

解 説 **W**：The company fired me on Friday. So, I had to think about what I'm going to do over the weekend. **M**：Is there anything else you did this weekend? のように、相手の言ったことに対して関心がある様子がなく、別の質問に移っている部分が多々あります。

×完全なセンテンスばかりで構成されている

解 説 Is he the Japanese guy with whom I talked to a few years ago and who was wearing a kind of Abraham-Lincoln-like beard? のような複雑な構成の文は会話ではまず聞かれません。

× 会話の論理構造に従っていない

解 説 冒頭の**M**：How about yourself? への反応なしに**W**：How was your weekend?という話題に進んでいます。また、**W**：You're talking about the same guy, but he's shaved his facial hair. と女性が付き合い出したらしい男性から、**M**：What time is it by your watch? への突然の飛躍があるのに、それを補うクッションもないなど、Opening → Message → Closingの一連の流れが見えません。

2) 会話B が 会話A に比べて自然だと感じられるのには、次のような理由があります。

○ リアクションを表わすつなぎ言葉が頻繁に用いられている

○ コネクションがある

解 説 **M**：Right. **W**：I haven't been there, but I hear it's pretty good. のように、相手の発言に関係した情報や意見を述べて会話を弾ませています。

○ ワンセンテンスを作ることに拘泥せず、**W**：Yeah, the one on Elm Street. のように、センテンス未満の表現で情報を伝えながらやりとりを進めている

○ 会話の論理構造に従っている

解 説 Opening → Message → Closingが明確です。

▶論理チャートでチェック！

はじまり / Opening

挨拶　Hello, Seth.
Hey, Bree.
How're your doing?

話題のきっかけ　Did you have a good weekend?

↓

話題についてのやりとり　Seth's weekend　not very good

話題1　what happened at the museum

話題2　his relationship with Reiko is over

話題3　Carla and Seth hit it off

話題4　Bree also fell for his old flame

↓

終わり / Closing

終わる意思　it's time to get down to work

まとめ　both got their old loves back

挨拶　Nice talking with you.
Catch you later.
Talk to you later.

訳

会話A

W：こんにちは、セス。調子はどう？
M：まあまあかな。そういう君はどう？
W：週末はどうだった？
M：よくなかった。
W：何をしたの。
M：土曜日は映画美術館に行った。この秋オープンしたとこ。
W：日曜日は何をしたの？
M：テニスをした。
W：テニスをしたのはどなたと？
M：ぼくがテニスをしたのはリッチとミホとカーラだ。
W：レイコはそこにいなかったの？
M：いや、いなかった。
W：なぜ、いなかったの？
M：彼女が来なかったのは土曜日にぼくと付き合うのをやめたからなんだ。ところで君のほうは？　よい週末だった？
W：違った。
M：何があったの？
W：会社は金曜に私を解雇したの。だから、週末中、これから何をするべきか考えないといけなかったの。
M：この週末に他に何かした？
W：そういえば、元彼と付き合い始めたわ。
M：その彼って、ぼくが数年前に話をしたことがあるリンカーンみたいなひげを生やした日本人の男？
W：そうとも言えるし、違うとも言える。確かにその人だけど、彼はもうひげをそっちゃったの。
M：君の時計で、今、何時？
W：8時55分よ。仕事は5分後に始まるわ。
M：ではまた。
W：じゃあね。

会話B

W：こんにちは、セス。
M：やあ、ブリー。調子はどう？
W：いつもと同じ。よい週末だった？

M：うーん、実はあんまりいい週末ではなかったかな。
W：よくなかった？　何が起きたか聞いてもいい？
M：あー、もちろん、この秋オープンした美術館知ってる？
W：ええ、エルム通りにあるやつね。
M：そう。
W：まだ行ったことないけど、評判がいいよね。
M：いいところだけど、そういう話じゃないんだ。
W：あ、ごめん、話を中断させてしまって。どうぞ続けて。
M：とにかく、レイコとぼくはカーラに偶然出くわしたんだ。
W：わー、昔の彼女と今の彼女が偶然遭遇。で、何が起きたの？
M：うーん、レイコは「元気かしら、負け組さん」って感じで、カーラは眉を上げて。レイコを止めようとしたんだけど、そしたら彼女、ぼくがカーラの味方をしていると考えたんだ。手っ取り早く言えば、レイコはその場でぼくの元を去って、ぼくらの関係は終わったんだ。
W：あらあら。それは災難だったわね。残りの週末泣きどおしだったの？
M：いや、そんなことはないよ。日曜日は、いつもどおりテニスをしたし。
W：テニスって、リッチとミホと？
M：そう。それから…、カーラも。
W：どういうこと？　何であの子がそこにいるの？
M：ええと、実は、レイコが美術館のホールにぼくをカーラと置き去りにしたあと、何て言うか、ぼくらは、つまりぼくとカーラは何て言うか…意気投合したんだ。
W：ふーん、どれだけあなたのことを信じたらいいのかしら。たぶん、美術館での件が起こる前からカーラのことがレイコより好きだったのよ。
M：まさか。信じてくれよ。たまたまそうなったんだ。
W：勝手に言ってれば。でも、昔付き合った人を好きになったことについてはあなたを責められないかも。実は、今週末あなたとまったく同じことをしたから。
M：まったく同じこと？　どういうこと？
W：元彼とまた付き合うことにしたの。昨夜会ったわ。
M：元彼って、何年か前に会ったあいつのこと？　エイブラハム・リンカーンみたいなひげの男？
W：そう。もうひげは生やしていないわ。
M：なるほど。あ、ところで、今何時かわかる？
W：9時5分前。もう、仕事に取りかかる時間ね。
M：そうだね。とにかく、2人とも昔の相手とよりを戻したということで。いいことがどうかはわからないけど。ともあれ話せてよかったよ。じゃあ、また。
W：あとでね。

Chapter 3

答えを書いて読むのではなく、その場で考えながら話す

スピーキングタスクで解答するというのは、考えつくした答えを書いて読むことではなく、その場で考えながら話すことです。実際に自分で解答を口にする練習をしないかぎり、話せるようにはなりません。

ここでは、Chapter 2で学んだルールに沿って、実践演習を重ねていきます。まとまった長さのTOEFLのIndependent Task形式のスピーキングタスクです。各課題について、論理展開を意識して話せるよう、次の3つのステップを用意しました。

Think
課題に対してどのように解答をすればいいのか、考え方を確認します。

Prep Notes
解答のためのメモを作成します。読み上げるための原稿を書くのではなく、言わなければいけないことを確認し、考えるための作業であることを意識して取り組みましょう。その後、解答してください。

Sample Answer
Prep Notes とスクリプト、日本語訳を掲載しています。スクリプトを読む前に、音声を何度か聞き、その後にスクリプトを確認しましょう。**Prep Notes** の例は、メモとして簡略した表現にしています。

解答時間の目安は1分程度と考えてください。**Sample Answer** を見る前に自分で答えましょう。その際、以下のことを心がけましょう。

(1) 状況・自分の現在の英語力から判断して、最も適当な文構造を選ぶ
(2) 英語の論理に従ってセンテンスを組み立てる
(3) たった今自分が発したセンテンスを覚えておいて、それと「つながり」のあるセンテンスを次に述べる

実践演習編

自分の解答を録音して、
自分のスキルの現状を確認する

スピーキング能力を高めるためには、自分の現在の能力を把握して、必要なレベルに達していないスキルを強化しなければなりません。実際、帰国子女でもなく、長い海外体験を経験していないのにきれいな英語を話す人の多くは、録音した自分の英語を聞いて練習をした経験を積んでいます。

なお、**Sample Answer** は、「スピーキングは考えながら話さなければいけない」という事情を踏まえ、

①普通の話し言葉で構成されている

②学習者が到達可能である

の2つを念頭に作成しました。一方、

×①ライティング答案のような難しい語彙と文構造

×②時間をかけて考えないと思いつかないような内容

は避けることを心がけました。

また、スピーキング課題ごとに、Chapter 2 **Rule 07** で示した英語の4つの展開パターンに「仮定の話をする」を加えて5つに分類しています。とはいえ、厳密にこれに従わなければならないものではありませんし、はっきりと分類するには微妙なものもあります。

実践演習編　5つの課題

SECTION 1
出来事を述べる

Question #1

What was the best moment of your life?

あなたの人生の最高の瞬間はいつですか。

Think

5Ws & Howを考え、人生最高の瞬間が何で、いつ、どこであったかを明確にします。出来事が起こった順番に述べ、必ずクライマックスを入れましょう。最後に、その人生最高の瞬間が現在の自分にどういう影響を与えているかを述べましょう。

Prep Notes

What was the best moment of your life? →
When? →
Where? →
With whom? →
Why? →
How? →
What do you think of it right now? →

Sample Answer

Prep Notes

What was the best moment of your life? → When I changed my hairstyle
When? → During spring break
Where? → In Australia
With whom? → Hairdresser
~~**Why?**~~
How? → My looks have changed and became popular.
What do you think of it right now?
→ It was a really happy & meaningful time.

スクリプト　MP3-329

W：❶The best moment of my life? Hmm ... ❷I would say it was in my third year of high school. ❸When I was a first and second year student, I didn't attract people's attention. ❹But, one small thing totally changed my life. ❺I changed my hair during the spring break. ❻It was not so intentional—I went to Australia with my parents and I went to a hair salon there. ❼I didn't plan to change my hairstyle, but my English wasn't so good and I just said, "yes, yes, yes" to the hairdresser whenever she asked me something. ❽When I saw what she'd done with my hair, I was like, "... Wow!" ❾My look had totally changed in a good way. ❿After school had started, everybody said I looked really good. ⓫On top of that, I was given a lead role in my drama club. ⓬Mr. Kishi, my English teacher, said that he'd chosen me because I was a good student, which could be true. ⓭But, I'm sure it was also because I looked pretty. ⓮And our drama club won the championship at a prefectural English drama contest. ⓯This made me more positive, and I studied more and actively joined volunteer activities in my local community. ⓰This period of my life was a really happy and meaningful time.

❶ 話題となる語句（センテンス未満）を質問の形でぶつけることで聞き手の注意を引きつけています。
❷ I would say ... = I think ...　口語ならではの表現です。ここでは「いつのことか」を述べています。
❸❹ 起きたことの概要を簡単に述べています。5Ws & HowのWhatにあたります。
❻ 冒頭のItは❹のone small thing、あるいは、❺のI changed my hair during the spring break.という文全体を指しているとも考えられます。
❽❾「髪型が変わった瞬間」、クライマックスはここです。I was like, "..." は、I said, "..." のカジュアルな表現です。
⓯「これによって〜なった」という意味。「この体験が私を変えた」などのように、まとめとしてよく使われる表現です。
⓰ 最後に、いい思い出だったということをシンプルに述べています。この場合、日本語では「…は今ではいい思い出です」とも言いますが、英語では過去形を使うのが自然です。

訳

W：人生の最高のときですか？　うーん、たぶん高校3年のときですね。1、2年生のときは、私は注目を集めるような人間ではありませんでした。でも、ちょっとしたことが私の人生を変えました。春休み中に髪型を変えたんです。別にそれは意図してやったものではありませんでした──両親とオーストラリアに行って、そこで美容院に行ったのです。髪型を変えるつもりはありませんでしたが、私の英語はあまりうまくなかったので、私は美容師さんが何か尋ねてきたとき、ただずっと「はい、はい、はい」とだけ言っていたんです。美容師さんのカットを見たときは、「うそ！」っていう感じでした。私の外見は完全に変わりました、いい意味で。学校が始まったら、みんな私が素敵に見えると言ってくれました。おまけに、演劇部で主役をすることになったんです。キシ先生は英語の先生ですが、いい生徒だから選んだ、と言っていました。それは本当かもしれません。でも、きっと私がきれいに見えたからということもあると思います。そして、わが演劇部は県の英語演劇コンテストで優勝しました。そのおかげで私はより行動的になったし、もっと勉強するようになったし、地元のボランティア活動に積極的に参加するようになりました。この時期は私の人生の中でとても幸せで、有意義なときでした。

Question #2

What was the worst moment of your life?

あなたの人生の最悪の瞬間はいつですか

Think

場面を設定して、今までで最悪の時期の話を時間順に語ります。出来事をただ羅列するのではなく、クライマックスが必要であることを意識してください。また、話の流れをわかりやすくするため、ディスコースマーカーを適切に使いましょう。

Prep Notes

What was the worst moment of your life? →
Who was in the story? →
When did it happen? →
Where did it happen? →
Why? →
How? →

Sample Answer

Prep Notes

What was the worst moment of your life?
→ Had a traffic accident
Who was in the story?
→ My girlfriend
When did it happen?
→ Riding a bike, a car hit me
Where did it happen?
→ Taken to the hospital
Why?
→ It took away everything. My girlfriend dumped me. Teachers criticized me.
How?
→ Studied a lot, played in the team again and got my position back, better grades, new girlfriend

スクリプト

MP3-330

M：①The worst moment of my life must have been when I had a traffic accident and couldn't walk without crutches for half a year. ②In those days, I was on the soccer team, and I played really well. ③And being a good player gave me a lot of benefits—I had a beautiful girlfriend. ④Teachers were not too tough on me even when my grades were quite poor. ⑤But, suddenly my life changed. ⑥I was riding a bike, and a car hit me. ⑦I was taken to a hospital. ⑧The car crash itself was very painful, but the six months after it were tough for me. ⑨The accident took away everything. ⑩My girlfriend dumped me and started going out with a teammate. ⑪Teachers started criticizing my poor performance. ⑫My teammates stopped talking to me. ⑬I learned that nobody cared about me without soccer. ⑭Well, six month later, I got my life back. ⑮I started playing in the team again and got my position back. ⑯And then, I got a new girlfriend. ⑰Plus, my grades were better because I studied a lot by myself during those six months. ⑱So, although now my life is okay, I will never forget that six-month period. ⑲It was a disaster for me.

❶❽⓮⓱⓲ 表現を変えながら、「6か月」という意味のキーワードを何度も繰り返すことで、この時期が特別であることを強調しています。
❸ 人ではなく、〈もの・こと〉であるbeing a good playerを主語にして、前文のI played well.とのつながりを出しています。
❺ けがによって大きく人生が変わる第一の転換期。my life changed.という短い文で聞き手に「この瞬間」だと印象づけます。また、話のリズムの面でもきびきびした感じを与えています。〈もの・こと〉が主語のセンテンスなので、それが自分の意図によって変えられない出来事だという印象を与えています。
❻❼❽ 何が起こったか具体的に述べます。
⓭ ❾～⓬でその事故がもたらした現状を述べた後に、Iを主語とする自分の感情を表現しています。
⓮ 6か月が経ち、また大きく話が転換する部分です。

訳

M：ぼくの人生の中で最悪の時期は、交通事故に遭って、半年の間松葉づえなしでは歩けなかったときです。そのころぼくはサッカー部にいて活躍していました。いい選手でいることで、よいことがたくさんありました。ぼくには美人の彼女がいました。先生たちはぼくの成績が悪くても厳しくあたったりすることはありませんでした。しかし、突然ぼくの人生は変わってしまいました。自転車に乗っていて、車にぶつけられたのです。ぼくは病院に運ばれました。車との衝突もものすごく痛かったのですが、ぼくにとってはその後の6か月がきついものでした。事故は全てを奪ってしまったのです。彼女はぼくを振ったあげく、チームの仲間の1人と付き合いだしました。先生たちはぼくのひどい成績について非難するようになりました。チームメイトはぼくと話をするのをやめてしまいました。ぼくは、サッカーなしでは誰も自分をかまってくれないのだと悟ったのです。それから6か月後、何とか人生を取り戻しました。チームに戻ってプレーし始め、ポジションを奪い返したのです。すると、新しい彼女ができました。また、成績も上がりました。その6か月間、1人でずいぶん勉強しましたから。そういうわけで、今ぼくの人生は悪くはないですけど、あの6か月間のことは決して忘れません。あの時期は自分にとって災難でした。

Question #3

Talk about an experience in your life that made you feel embarrassed. Describe it and say why it was embarrassing.

今までの人生の中で恥ずかしい思いをした経験について話してください。それを描写し、なぜ恥ずかしかったのか述べてください。

Think

ストーリーにするにはクライマックスが必要です。いつどういう形でクライマックスになるのか、そこに向かってストーリーが盛り上がっていくように意識する必要があります。

Prep Notes

What is your embarrassing experience? →
When did it happen? →
Where were you? →
Who was with you? →
How did it happen? →
What did you learn from the experience? →

Sample Answer

Prep Notes

What is your embarrassing experience?
→ Showed my ugly face to Tomoya
When did it happen? → A few weeks ago
Where were you? → In a car of the train
Who was with you? → Tomoya
How did it happen? → He saw my nose hair sticking out.
What did you learn from the experience?
→ To look at myself in the mirror every morning!

スクリプト MP3-331

W：❶I had a really embarrassing experience just a few weeks ago. ❷I was looking really bad one morning when I ran into a boy I like on the train. ❸I got onto the train at the station and I found Tomoya, one of my classmates. ❹I haven't told anyone this, but I really like him. ❺I say hi to him, and he responds. ❻And then, he immediately smiles. ❼I think, "he likes me too," and I smile back. ❽Then, he approaches me and reaches for my face. ❾My heart is pounding. ❿Is he coming to ask me out? ⓫Is he going to be my boyfriend? ⓬I have been waiting for this moment! ⓭My imagination explodes with possibilities. ⓮Finally, he opens his mouth and points at my face. ⓯What he says is far from what I expect, "Yayoi. I'm sorry to point this out, but you have this nose hair sticking out." ⓰He laughs at me because I have a nose hair sticking out and I look so ugly. ⓱I felt really embarrassed. ⓲This experience has made me careful about checking my face before I leave home.

❶❷「恥ずかしい思いをした経験」の概要を述べています。

❾⓭ 視点を統一するため、基本的に主語はIで、〈動作の主体＋動詞＋動作の対象〉という構造のWho Does Whatの基本文を用いることがほとんどです。情景描写のために、My heart is pounding.やMy imagination explodes with possibilities.というセンテンスが使われています。

⓯ クライマックスです。

⓲ ストーリーと現在の自分をつなげる働きをしています。

TIPS!

この **Sample Answer** の特徴は、過去の話なのに現在を表わす形が多く使われていることです。スクリプト中の下線部分を確認してください。これは誤りではありません。現在を表わす形を使うことで、演劇の台本のト書のように、キビキビとした劇的な緊張感をもたらす効果があります。これは、ややカジュアルな用法だと考えられていますので、過去形で統一しても構いません。

訳

W：数週間前、私はとても恥ずかしい思いをしました。ある朝、電車で好きな男の子に出くわした時に、みっともないなりをしていたんです。駅で電車に乗って、クラスメイトの1人のトモヤを見かけました。まだ誰にも言ってなかったんですが、私は彼のことが大好きなんです。それで彼にあいさつしたら、返事をしてくれました。それから、すぐ彼はにっこり笑うんです。「彼も私のことが好きなのだ」と思って笑い返します。それから、彼は私に近づいて私の顔に手を伸ばそうとします。私はもう心臓ドキドキです。彼は私をデートに誘うのかな。私の彼氏になったりして？　このときを待っていたの！私の想像力はあらゆることを考えて爆発寸前でした。ついに、彼が口を開いて、私の顔を指さしました。彼の口から出た言葉は、私が期待してたものとまったく違うものでした。「ヤヨイ。言っちゃ悪いんだけど、お前ここ鼻毛が出てるぞ」。彼が笑ってたのは、鼻毛が出てて、私がみっともないからなんて。ものすごく恥ずかしく感じました。この経験から、家を出る前は自分の顔を注意して見るようになりました。

Question #4

Talk about a difficulty you have overcome in your life. Describe the experience and say why it was difficult to overcome.

今までの人生の中であなたが克服した困難なことについて話してください。あなたの経験を語り、なぜそれを克服するのが難しかったのかを述べてください。

Think

困難にあった時の場面設定をして、それを自分がどのように克服したかを述べていきます。最後は困難を克服して自分が学んだことや変わったことを述べるとよいでしょう。

Prep Notes

What difficulty did you have? →
When did it happen? →
Where? →
Why? →
Who? →
How? →
What is the result? →

Sample Answer

Prep Notes

What difficulty did you have? → Student president
When did it happen? → Second year
Where? → In high school
Why? → Wanted to make my résumé better for a college application
Who? → Nobody else wanted to take on the role
How? → Wasn't able to speak, practiced a lot
What is the result? → Gained confidence, sense of accomplishment

スクリプト MP3-332

M：❶I think I overcame a difficulty when I was in my second year in high school. ❷I was the student president. ❸Honestly, the reason I applied for being the president was not so good. ❹I was good at academics, but when it came to school activities, there was nothing to report. ❺I wanted to make my college application look better so I decided to be a candidate for school president. ❻I knew that nobody wanted to have that role, so I became president as I'd planned. ❼However, I found myself unable to speak in public. ❽I am super shy and not good at talking so I practiced, practiced, and practiced how to speak in front of many people. ❾It made me more outgoing and I found a lot of new friends. ❿And of course, my application and résumé looked better, so after graduation, I was able to enter Meguro University without taking an exam. ⓫One year as student president gave me the confidence to speak in public and have a sense of achievement.

❶❷ 簡単な状況設定。
❸～❻ ❷で述べたthe student presidentになる経緯を順を追って話しています。
❼ 困難がここで提示されます。
❾ Itは「人前で話せるように何度も何度も練習したこと」を指しています。ここがクライマックスです。
⓫ ストーリーを通して何を学んだかをうまくまとめています。

訳

M：私は高校2年生のときに1つの困難を克服したと考えています。私は生徒会長でした。正直言って、生徒会長に立候補した理由は、立派なものではありませんでした。私は学校の成績はよかったのですが、課外活動となると何も特筆すべきことはありませんでした。私は大学の出願書類をよく見せたかったので、生徒会長に立候補することに決めました。誰もそれをやりたがらないと知っていたので、予定どおり生徒会長になれました。しかし、自分が人前で話ができないことに気付きました。私はとてつもなく恥ずかしがりやで、しゃべるのが苦手だったのです。だから、多くの人の前で話せるように練習に練習を重ねました。そのおかげで、かなり外向的になり、たくさんの新しい友達ができました。そしてもちろん、私の出願書類と経歴はよりよくなり、卒業後は推薦でメグロ大学に行けることになりました。生徒会長としての1年は、私に人前で話す自信と達成感を与えてくれました。

TIPS!

小説でも映画でも、古典的なストーリーというのは、大ざっぱに言うと〈主人公が問題・課題に直面する → 解決する → 一件落着〉という構成となっています。最初に自分が直面する困難について描写し、それを自分がいかに克服していくかを述べると、このようなスピーキング課題に対応できます。

Question #5

Talk about a time when you experienced success. Describe the experience and say why it was a success for you.

あなたが成功を経験したときについて話してください。経験を語り、なぜそれが成功なのかも述べてください。

Think

いつ、どこで、誰と、どのように、何に成功をしたかを述べます。次に、その成功を経験するまでに起きた出来事を時間順に述べます。最後に、出来事が自分にとって現在どんな意味をもっているかを述べます。自分がその成功体験を通して何を学んだかを述べると、きれいにまとまります。

Prep Notes

When did you experience success? →

Where? →

Who was with you? →

How did you achieve it? →

Sample Answer

Prep Notes

When did you experience success?

→ Over these past two years

Where?

→ A dance club in high school

Who was with you?

→ Fellow members, always nice

How did you achieve it?

→ First, I was a beginner, but they had some experience. Had to work very hard, became fun, now it is part of my life

スクリプト MP3-333

W：❶ My biggest success was the improvement of my dance skills over these past two years. ❷ I joined a dance club in high school. ❸ I was a complete beginner. ❹ On the other hand, most members had already had some experience. ❺ You know ... there was a big difference between them and me ... ❻ I practiced very hard, but I didn't feel I was catching up with them. ❼ Honestly, I thought about quitting the club a couple of times. ❽ The reason I didn't is that other club members always supported me. ❾ About one year later, I started to see some improvement. ❿ My dancing is still not as good as the other members at the moment, but the difference has definitely decreased. ⓫ And then, I started to have fun, and now dancing is part of my life. ⓬ This experience taught me how important it is to keep working and how fun it is to be together with others on a team.

❹ このOn the other handは前後の内容の対比に使われるつなぎ言葉です。
❺ 話し言葉の場合、このようにYou knowの後で、直前に言ったことを補足説明することがあります。
❽ The reason ～ is that ...「～の理由は…である」。書き言葉では嫌われますが、話し言葉では、The reason ～ is because ...という表現を使う人もかなりいます。
❾ ここが話の転換部です。
❿ my dancingと同じものを比較しないといけないので、厳密にはMy dancing was still not as good as that of the other members ... ですが、話し言葉ではこのthat ofは省略されるのが普通です。
⓬ 最後のまとめ。

訳

W：私の最も大きな成功は、ここ2年でのダンス技術の向上です。高校でダンス部に入りました。私は完全な初心者でした。一方、ほとんどの部員はすでにある程度のダンスの経験がありました。そうです…、彼らと私には大きな差がありました…。一生懸命練習はするんですが、彼らについていけそうにないと感じました。正直言って、何度かダンス部をやめようと考えました。やめなかったのは、他の部員が常に私を支えてくれたからです。およそ1年後、進歩の兆しが見えてきました。私のダンスは当時の他の部員に比べるとまだまだでしたが、それでも差は確実に縮まっていました。それから楽しくなってきて、今ではダンスは私の生活の一部です。この経験は継続がどれだけ大事かということと、チームのみんなと一緒にいることがいかに楽しいかということを私に教えてくれました。

SECTION 2

対象について描写する

Question #1

Describe a family member.

家族を1人描写してください。

Think

まず、描写する家族を選びます。あまり複雑に考えず、すぐに1人選んでください。次に、その人物の描写ポイントに沿って話します。「一般 → 個別」の流れを意識してください。最後にまとめとして、その家族に対する自分の感想を簡潔に添えるといいでしょう。

Prep Notes

1. Who are you going to describe? →
2. What does she/he do? What is she/he like?
 ・
 ・
 ・
3. What do you think of her/him? →

Sample Answer

Prep Notes

1. Who are you going to describe?
→ Mother
2. What does she/he do? What is she/he like?
・Office worker
・Mom at work; recently promoted, busy; me and dad cook
・Mom on weekends, cook, tennis; I talk with her
3. What do you think of her/him?
→ Good

スクリプト　MP3-334

W：❶I'm going to talk about my mother. ❷She works in an office. ❸I don't know much about her work, but she said she got promoted last year. ❹I think she's a very hard worker. ❺She never comes back home before nine o'clock, so either my father or I cook supper and we eat together after she is back. ❻Some people say it's strange, but I don't care. ❼On weekends, my mother cooks for us and plays tennis with my father at a local tennis court. ❽Also, she often listens to me and gives me some good advice about my schoolwork, friends, boys, the future, and so on. ❾I believe she's a very good wife and mother.

❶ 最初に「母」について述べることをシンプルに伝えます。
❷ 描写する対象She = my motherが主語です。She's an office worker. でもよいですが、She works in an office. のほうが話し言葉らしくなります。話し言葉は、多くの場合、〈Who Does What（動作の主体＋動詞＋動作の対象）〉という構造をしています。
❸❹ 1つめのポイント、「忙しく仕事に打ち込む母」について大まかに述べます。
❺「忙しい母の状況」を具体的に説明します。
❼❽ 2つめのポイント、「休日の母」について、自分との関わりを含め、具体的に説明します。
❾ 自分が「母」をどのように思っているか、端的にまとめます。

TIPS!

1か所を除き、全て現在形が使われています。「描写するときは動詞の時制は基本的に現在形」が原則です。

訳

W：これから私の母について話します。母は会社員です。母の仕事についてはよく知らないのですが、去年昇進したと言っていました。おそらく彼女はかなりの仕事の虫だと思います。9時前に帰ってくることはないので、私と父のどちらかが料理をして、彼女が戻ってくると一緒に食事をとります。そのことが変だと言う人もいますが、私は気にしません。週末には、母は私たちに食事を作ってくれますし、地元のテニスコートで父とテニスをします。それに、よく私の話を聞いてくれて、学校の勉強のことや友達のこと、男の子のこと、将来のことなどについてよいアドヴァイスをくれます。母はとてもいい奥さんで、いい母親だと思います。

Question #2

What celebrity do you admire most? Why?

どの有名人をあなたは尊敬しますか。それはどうしてですか

Think

最初に有名人の名前を挙げます。でも、名前だけでは知らない人もいるでしょう。「常に聞き手の立場を考える」のはコミュニケーションの基本です。その人物を知らない聞き手のために、映画監督なのか音楽家なのか政治家なのか、何をしているのかを端的に述べます。

次に、その人がしている／したことで、自分が尊敬に値すべきと考えていることを具体的に述べます。時制は、現在の活動を述べるときは現在形で、過去の業績については過去形になるでしょう。

Prep Notes

Who do you admire? →

What does she/he do? →

What do you think of her/him? →

Sample Answer

Prep Notes

Who do you admire?

→ Hideo Nomo

What does she/he do?

→ Baseball player; played in Japan, later in the Majors; his good performance raised the reputation of J players; first to play well

What do you think of her/him?

→ I appreciate what he did.

スクリプト MP3-335

M : ❶I admire Hideo Nomo, a baseball player. ❷He played in the Japanese Pro League for a few years, but after that, played in the Major Leagues in the United States until he retired. ❸Nowadays, there are a bunch of Japanese players in the Majors, but when he started playing for the Los Angeles Dodgers, there were no other Japanese players. ❹ He played well and gained confidence in himself. ❺ His good performance raised the reputation of Japanese players. ❻ After that, a lot of Japanese have become able to play in the Major Leagues. ❼ I believe that basically he was the first Japanese player to succeed in the Major Leagues, so I appreciate what he did.

❶ 誰を尊敬するかを明確に述べています。固有名詞を出した後に、a baseball player と補足していますが、それは相手が必ずしも野茂英雄氏のことを知っているとは限らないからです。

❷❸❹❺ 描写するときは動詞の時制は基本的に現在形ですが、尊敬する人物の業績が過去にある場合は当然過去形を使っても構いません。

❸「他にも日本人のメジャーリーガーはいるけれど」という言い方をすることで、「彼らとどこが違うのか」と相手に興味をもたせようとしています。

❼ ❷～❺のセンテンスでは野茂英雄氏の業績を過去形で述べていますが、設問文が What celebrity do you admire most? となっているので、自分がその人物をどう思っているかを述べるときは必ず現在形を使います。

訳

M：私は野球選手の野茂英雄氏を尊敬します。彼は日本のプロ野球で数年間プレーしたあと、引退するまでアメリカのメジャーリーグでプレーしました。今や、たくさんの日本人選手がメジャーにいますが、彼がロサンゼルス・ドジャーズでプレーし始めたときは、他の日本人選手はいませんでした。彼は活躍して、自分に自信をつけました。彼の活躍が日本人選手の評判を上げました。その後、たくさんの日本人選手がメジャーリーグでプレーできるようになりました。私は基本的に、彼が最初にメジャーリーグで成功した日本人選手だと思うので、彼の業績を評価しています。

Question #3

What is your most important possession? Describe it and say why it is so important.

最も大事な持ち物はなんですか。それについて描写し、なぜ大事なのかを述べてください。

Think

描写する持ち物が何かを明確にし、形状などを描写します。そして、その持ち物のエピソードなどとともに、それがいかに大事かを述べます。最後に「毎日それを使っている」、「いつも…にある」のように、現在との関わりを述べれば完璧です。

Prep Notes

What is your most important possession? →
What is it like? →
An episode about it →

Sample Answer

Prep Notes

What is your most important possession? → Piano
What is it like?
→ Expensive, beautiful sound; my grandma bought it for me.
An episode about it
→ Fifth birthday, concert, promised her to practice every day

スクリプト

MP3-336

W: ❶My most important possession is the piano in my room. ❷It was probably pretty expensive, and it makes the same beautiful sound as ones at concert halls make. ❸My grandmother bought it for me for my fifth birthday. ❹A few weeks before, she took me to a classical concert and I was moved by the sound of the piano and asked her to buy me one. ❺She said that she would do it if I promised her to practice the piano every day. ❻Ten years have passed since that day, but I am still keeping my word. ⑦I never miss my piano practice because I love my grandma and I love the piano.

❶ 自分の最も大事な持ち物はピアノだと述べ、どのようなピアノかを限定するために、in my roomを加えています。
❷ 普通のピアノと違うということを述べています。また、the pianoを繰り返すとくどいと感じられるので、代名詞のitを正しく使います。onesはpianosのこと。
❸ エピソードが始まります。祖母が買ってくれたことを示し、いきさつを述べます。関係する適切なエピソードを示し、「大事である」ことを伝えます。
❻ エピソードの部分が終わり、現在の状況を述べ始めるので、ここから現在を表わす形が使われています。

訳

W：私の最も大事な持ち物は私の部屋にあるピアノです。たぶん、かなり高価で、コンサートホールにあるようなものと同質の美しい音が出ます。5歳の誕生日に祖母が私に買ってくれました。その数週間前、祖母がクラシック音楽のコンサートに連れていってくれて、私はそのピアノの音色に感激したので、彼女にピアノを買ってほしいとお願いしました。彼女は私が毎日練習すると約束したら買ってくれると言いました。その日から10年の日々が流れましたが、私は今も祖母との約束を守っています。私は祖母が大好きだし、ピアノが大好きなので、ピアノの練習を忘れることは決してないのです。

Question #4

Think of a place that makes you feel relaxed and peaceful. Describe it and explain why it is relaxing and peaceful for you.

あなたがくつろぎや安らぎを感じる場所を考えてください。その場所を描写し、なぜくつろぎ、安らぐのかを説明してください。

Think

まず自分が癒やされる場所を考え、その場所を特定します。そして、その場所を描写し、その描写が、自分が安らぎを感じる、よく行く理由だと述べていきます。ここで「一般 → 個別」という英文の基本原理に沿って述べることが大事です。

Prep Notes

Where is the place you can relax? →

What is the place like? →

Why can you relax there? →

Sample Answer

Prep Notes

Where is the place you can relax? → Coffee shop near my place

What is the place like? → Terrible coffee

Why can you relax there?

→ Not so many customers; good music; the best place to read or study

スクリプト MP3-337

M：❶ I always feel relaxed in a coffee shop near my apartment. ❷ I go to this coffee shop a few days a week. ❸ It is not a popular one, and the coffee served there is terrible. ❹ Because of this, though, there are never many customers and inside the store is always quiet. ❺ The owner has a good sense of music, and the tunes I hear at the place are always excellent. ❻ When I want to read a book or study in a relaxed mood, this is the place I go to.

❶ 冒頭で場所を述べます。

❸ 店の否定的な側面も述べています。

❹「お客さんがあまりいなくて静か」という肯定面と対立する要素をつなぐために、つなぎ言葉のthoughが使われています。〈many＋複数名詞〉は話し言葉では否定語とだけ使われますが、普通はa lot of ... / lots of ... / a bunch of ... が使われます。

訳

M：アパートの近くの喫茶店にいると、いつもくつろいだ気持ちになります。週に何回かこの喫茶店に行きます。人気のある店ではなく、出されるコーヒーは激マズです。でも、かえってそのせいで、お客さんがたくさんいるということは決してなく、店内は常に静かです。店主は音楽のセンスがよく、そこで聴く曲はいつも最高です。本を読んだり、リラックスした気分で勉強したいときには、この場所に行きます。

Question #5

Describe a person from your country's history. Why do you think this person was important?

あなたの国の歴史上の人物を1人描写してください。なぜこの人が重要だと思いますか。

Think

最初に誰か1人歴史上の人物を選び、描写をしていきます。全体の「まとまり」に注意して、描写が自然に理由となるように述べるよう意識しましょう。

Prep Notes

Who is the most important in the history of Japan? →
Who is she/he? What did she/he do? →
Why is she/he important? →

Sample Answer

Prep Notes

Who is the most important in the history of Japan? → Haruki Murakami
Who is she/he? What did she/he do? → Wrote many books
Why is she/he ~~important~~ good?
→ Ppl in the world read his novels; plain style

スクリプト

MP3-338

M：❶I'd like to talk about Haruki Murakami. ❷He's still alive, but I think what he did is worth being recognized in Japanese history. ❸He wrote tons of books and most of them have become bestsellers. ❹Not only people in Japan but also people throughout the world read his novels. ❺He is good at describing what lies beneath ordinary daily routines. ❻On top of that, I like his style. ❼He writes in a very plain language. ❽I learned that he would write the entire first chapter in English and then translate it into Japanese to find his plain style. ❾Well, whenever he writes a new novel, I read it and love it because it has a good theme and is written in good Japanese.

❷ 現役の村上春樹氏を歴史上の人物として挙げたのはなぜか、自分の解釈と定義を述べます。
❸ 村上春樹氏のことを知らない人にもわかるように述べます。主語をhe（＝村上春樹氏）にしているのは「つながり」を出す工夫です。
❻ 追加情報を表わす「さらに」はライティングではmoreover / furthermoreを使いますが、スピーキングには硬いので、on top of that / also / plus / besidesなどを使いましょう。
❾ 適切な言葉を探すときに使うつなぎ言葉。フォーマルなスピーチをする際に連発するのははばかられますが、スピーキングテストや日常会話でマイナスの印象を与えることはありません。逆に「今、考えている」と相手に知らせることにもなります。

訳

M：村上春樹氏についてお話ししたいと思います。彼は存命ですが、彼の業績は日本の歴史に残る価値があると思います。彼はたくさんの本を書き、その多くはベストセラーになりました。日本人だけでなく、世界中の人が彼の小説を読みます。彼はごくありふれた毎日の決まりきった出来事に潜むものの描写に長けています。それに、彼の文体が好きです。彼はとても平易な言葉を使います。彼は最初の章を英語で書き、それを日本語に訳すことで独自の平易な文体を見出すのだと知りました。とにかく、彼の新しい本が出れば、私は読みますし、大好きになります。よいテーマで、美しい日本語で書かれているからです。

TIPS!

「村上春樹は歴史上の人物じゃないからこの答えはダメだ」と考えた人もいるのではないでしょうか。

この **Sample Answer** は、質問にうまく答えられないとき、どう対処するかを示しました。「スピーキングは考えながら話さなければいけない」ので、各種英語試験のスピーキングであれ、実生活であれ、とっさに答えを考えなければいけないことがあるはずだからです。

ここで1つ大事なことを勉強してください。

「発信型のコミュニケーションでは、与えられた課題をどう解釈し、どう定義するかは自分の判断に委ねられている」

歴史は基本的に過去に起きた出来事を指します。村上春樹氏のように現在活躍している有名な人物は、これまでに偉大な業績があります。当然、「歴史上の人物」に含めていいわけです。

Question #6

What is your favorite style of clothing? Describe it and explain why it is your favorite.

どんなスタイルの洋服がお気に入りですか。描写し、なぜそれがお気に入りなのかを説明してください。

Think

自分の好きなファッションスタイルや服のタイプを明確にし、その理由を述べます。「意見を言うときには必ず理由を述べる」ことが大切です。ファッションについての詳しい知識ではなく、誰にでもわかる内容を理由として述べることが大事です。「常に聞き手の立場を考える」ことを忘れてはいけません。

Prep Notes

What type of clothing do you like? →
What is it? What does it look like? →
Why do you like it? →

Sample Answer

Prep Notes

What type of clothing do you like? → tights
~~What is it? What does it look like? →~~
Why do you like it? → Makes me look good; I didn't like my appearance; after wearing them, people say I'm sexy

スクリプト　MP3-339

W：❶ I like to wear tights because they highlight what I have in a positive way. ❷ I'm more than 170 cm tall, pretty tall for a Japanese girl, and my legs are really long. ❸ I used to hate my appearance as I thought I didn't look feminine. ❹ But, one day, I saw an American actress wearing tights and thought she looked really attractive. ❺ Then, I adopted that look as my style. ❻ Since then, some girls have started praising my looks, and now a lot of guys say that I am sexy. ❼ So, I like to wear tights and I wear them every day.

❶ タイツが好きなこととその理由を述べていますが、これは理由の概要です。

❷ ❶で述べた理由について、具体的にどういうことか、説明を始めます。170センチという具体的な数字を出し、聞き手への配慮として、それが日本人の女性の身長としてかなり高いことを説明しています。

❹❺❻ 自分がタイツを履くようになった経緯を時間順に述べているので、時を表わすつなぎ言葉を要所要所で使っています。see (sb) *doing*「人が…しているのを見る」をいう文を使いこなせると表現の幅が広がります。

❼ 最後に簡単にまとめています。So, はライティングではちょっと軽くて嫌われますが、スピーキングでは問題ありません。

訳

W：私はタイツを履くのが好きです。自分の持ち味をよく強調できるからです。私は身長が170センチ以上あり、日本人の女性としてはかなり背が高くて、足もすごく長いんです。私は自分の外見が女性らしくないと思ってずっと嫌いでした。でも、ある日、あるアメリカの女優がタイツを履いているのを見て、すごく魅力的だと思いました。そこでそういう外見を自分のスタイルとして取り入れることにしました。それ以来、女の子の何人かは私のルックスをほめてくれるようになり、今ではたくさんの男の子が私を魅力的だと言ってくれます。だから、タイツを履くのが好きで、毎日履いています。

Question #7

What do you do in your free time?

自由な時間にあなたは何をしますか。

Think

自由な時間にすることは複数あると思います。冒頭で挙げた上で、英語の論理が「一般 → 個別」へと流れることを意識して、複数のことについて述べていきます。

Prep Notes

What do you do?

1. →

2. →

3. →

Sample Answer

Prep Notes

What do you do?

1. → Books, mysteries, read in the train, commute time
2. → Guitar, band, but everybody's busy studying; just 20-30 mins
3. →

スクリプト MP3-340

M：❶Since I am busy with schoolwork recently, I don't have much free time, but I do a few things. ❷First, I read books. ❸I am a big fan of mysteries. ❹I always carry a paperback in my bag and read it in the train during my commute. ❺On top of that, I practice the guitar. ❻I am a member of a band, and I play the guitar. ❼These days, all of the members are busy studying for their college entrance exams. ❽But, we plan to get together after the exams are finished. ❾I practice the guitar for twenty or thirty minutes whenever I am tired of studying at home.

❶ もし考えがまとまらないなら、少し言い訳っぽいですが、このような発言で時間稼ぎをします。
❷ 1つめにすることとして読書を挙げます。
❸❹ 読書の具体的な内容。「何」を「いつ」読むのかを述べています。
❺ 2つめにすることとしてギターを挙げます。
❻ ギターを弾くことに関しての詳細な情報をここから展開しています。
❾ 最後に今まで述べてきたことをまとめることもできますが、このように終わらせてしまっても問題ありません。

訳

M：最近学校の勉強が忙しいので、あまり自由な時間はありませんが、いくつかしていることがあります。1つめは本を読むことです。ぼくは推理小説が好きです。いつもカバンの中に文庫本を入れていて、通学時間中に電車内でそれを読みます。それに加えて、ギターの練習をします。ぼくはバンドをやっていて、ギター担当なんです。近ごろはメンバーみんなが大学受験の勉強で忙しいのですが、入試が終わったらまた一緒にやろうと計画しています。家で勉強するのに飽きたらいつも20～30分ギターの練習をすることにしています。

Question #8

What is your typical day like?

あなたの典型的な1日はどんなものですか。

Think

基本的に、自分の1日を起きてから寝るまで時間順で描写する感じで並べ、「これが私の1日です」と最後にまとめる感じで構いません。日常生活の動作表現をきちんと身につけているかが問われています。

Prep Notes

What do you usually do in the morning? →
What do you usually do in the afternoon? →
What do you usually do in the evening? →
What do you usually do at night? →

Sample Answer

Prep Notes

What do you usually do in the morning?
→ 6:00 get up, 6:45 leave home, take the 7:00 train, 8:15 get to school
What do you usually do in the afternoon?
→ Class finishes by 3:00, 3:30–5:30 practice
What do you usually do in the evening?
→ Dinner. Watching TV, browsing the Internet
→ study (homework or Eng / Math)
What do you usually do at night?
→ Call my best friend

スクリプト MP3-341

W：❶I usually get up at six o'clock. ❷My place is a bit far from the school, so I need to get up early. ❸After taking a shower and eating breakfast, I leave home at 6:45 so I can take the seven o'clock train from the station. ❹During my commute, I often get some sleep. ❺I sometimes do my homework or read a book if I am not so tired. ⑥I get to school at 8:15 and all of my classes finish by 3:00. ⑦I am on the basketball team and we have practice from 3:30 to 5:30. ⑧I get home at around 7:00. ⑨After eating dinner, I do something I like for about two hours, like watching TV or browsing the Internet. ⑩After that, I study a bit. ⑪If there's homework, I do it. ⑫If not, I study English or math for about thirty minutes. ⑬Before going to bed, I call my best friend to say goodnight. ⑭This is my typical day.

❶ 起きる時間で始めます。
❷ ❶で述べた「起きる時間」について情報を付け加えています。
❸ ただ単に時刻表を読み上げるように並べると退屈なので、因果関係のある部分は、接続詞をうまく使ってつなげていきます。
❹❺ 電車で通学するというだけでなく、電車に乗っている間にすることを話に加えています。
❹ 休憩として短時間の睡眠をとる場合、単にsleepとするよりもget some sleepのほうが自然。
⓭ ×go to the bed「ベッドに向かう」としてはダメです。基本的なことですが、就寝するときはgo to bedとし、theをつけません。
⓮「これが私の1日です」というまとめです。

訳

W：私はたいてい6時に起きます。家が学校から少し遠いので、早起きしないといけないんです。シャワーを浴びて朝食をとった後、駅から7時に出る電車に乗れるように6時45分に家を出ます。通学時間中は大体寝ています。ときどき、あまり疲れていないときは宿題をしたり、本を読んだりします。8時15分に学校に着き、3時までに全ての授業が終わります。バスケットボール部に入っていて、3時半から5時半まで練習します。7時ごろに家に帰ってきます。食事をして、好きなことを2時間ぐらいします。テレビを見たり、ネットサーフィンをしたり。その後、少しだけ勉強します。宿題があればそれをします。なければ、英語か数学を30分ほど勉強します。寝る前に、親友におやすみの電話をします。これが私の普通の1日です。

Question #9

What would you like to be doing in ten years?

10年後に何をしていたいですか。

Think

少し難しい問題です。将来何をするか、しかも10年後なんて決まっていないことも多いと思います。今回は Prep Notes はつけません。最初にI'd like to be an engineer. などと述べ、その理由を続けることが理想です。それでもすぐに思いつかないかもしれません。

スピーキングは考えながら行ないます。たった今自分が発したセンテンスを覚えておいて、それと「つながり」のあるセンテンスを次に述べることを意識して、自分なりに答えてください。その後、Sample Answer を読み、自分の答えを振り返ってみてください。話すことが思いつかないときにどのような対応をするかも、スピーキングスキルの1つです。

Sample Answer

スクリプト MP3-342

M：❶ It's a very tough question. ❷ I'm just a high school student now, and I can't imagine what I will be doing in ten years. ❸ But, I hope to be doing what I like. ❹ I like math, so it would be great if I used math at work. ❺ For example, I could be a math teacher. ❻ Also, becoming an engineer or a researcher sounds nice. ❼ In short, as long as I could use math and help other people, I would want to do any kind of job.

❶「いい質問ですね」、「難しいですね」と言って考える時間を稼ぐテクニックです。

❷ 時間稼ぎをする場合でも「抽象：なかなか答えられない → 具体：まだ高校生で未来は想像しづらいという言い訳」の流れに従ってセンテンスを組み立てています。

❸ But, で「よくわからないけど、これからはっきり答えるのだ」というメッセージを発しています。実際には「好きなことをしたい」と当たり前のことを述べています。

❹ ここでようやく、具体的に何をしたいか言い始めます。

❺ 数学に関連する仕事の具体例として、数学の先生を挙げます。

❼ in short（手短に言えば）というつなぎ言葉を使って簡単にまとめます。

訳

M：それはとても難しい質問ですね。私はまだ高校生なので、10年後何になるのか想像することができません。でも、自分の好きなことがしたいと思います。私は数学が好きなので、仕事で数学を使えたらいいと思います。例えば、数学の先生になるのもいいかもしれません。また、エンジニアや研究者になるのもよさそうですね。簡単に言えば、数学が使えて他の人の役に立つ仕事なら、どんな仕事でもやりたいと思います。

Question #10

What is your favorite book or movie? Describe it and say why it is your favorite.

あなたの一番好きな本や映画は何ですか。描写して、なぜそれが一番好きなのかを述べてください。

Think

タイトルを挙げた後、ジャンルを簡単に示してから、どんな本や映画なのかを説明していきます。全部のあらすじを述べていたらきりがないので、特徴を伝えて、自分が好きだと感じる理由と結び付けます。

Prep Notes

What movie do you like best? →
What type of movie is it? →
What happens in the story? →
Why do you like it? →

Sample Answer

Prep Notes

What movie do you like best? → *Back to the Future*
What type of movie is it? → sci-fi
What happens in the story? → Marty travels to the past, sees his parents
Why do you like it?
→ Marty grows up though the series. He learns to control himself.

スクリプト 　MP3-343

M：❶I like the *Back to the Future* series. ❷These are sci-fi movies about time traveling. ❸Everybody likes time traveling, don't they? ❹In these movies, Marty McFly, the main character, travels to the past and sees his parents as high school students. ❺Later, he travels to the future to see his future kids. ❻That's very interesting. ❼Plus, through the three movies, you can see how Marty grows up. ❽He always gets angry whenever he is called "chicken." ❾But, eventually he learns to control himself. ❿He is an ordinary boy, not a super hero so you can see yourself in him when watching *Back to the Future*. ⓫That's why I like this movie series.

❶ 好きな映画を1つ挙げます。

❹ ここから映画のストーリーの説明が始まります。日本語の発想で言えば、映画を見たのもストーリーの中でのことも過去のことなので、traveled to the past and saw his parents ... と過去形を使いたくなるかもしれませんが、映画で起こったことを描写するときは、基本的に現在形を使います。

❺ 映画のストーリーの中での時間順序を表わすつなぎ言葉。

❼ 追加してものごとを述べるときのつなぎ言葉で、話し言葉特有のもの。

❾ 時間順にものごとを述べるとき、「最後に」を表わすつなぎ言葉で、in the endもよく使われます。

❿ ストーリーを述べた後に、自分がその映画を気に入っている理由を述べています。

⓫ That's why ... は「こういうわけで…」と、理由を述べた後のまとめとして使われるフレーズ。

訳

M：私は『バック・トゥ・ザ・フューチャー』シリーズが好きです。タイムトラベルについてのSF映画です。タイムトラベルってみんな好きですよね？　この映画では、マーティー・マクフライという主人公が過去に行って、高校生の自分の両親に出会います。その後、彼は自分の未来の子どもを見に、未来に行きます。そういう部分がとても面白いです。さらに、3つの映画を通して、マーティーが成長する様子を見ることができます。彼はいつも「弱虫」と呼ばれると怒ってしまいます。しかし、最終的に彼は自分をコントロールすることを学びます。彼は普通の男の子でスーパーヒーローではないので、『バック・トゥ・ザ・フューチャー』を見ている最中、彼に自分自身を見出すことができます。そういうわけでこのシリーズが好きなのです。

Question #11

What is your favorite kind of food? Describe it and explain why it is your favorite.

一番好きな食べ物は何ですか。その食べ物を描写して、なぜ一番好きなのかを説明してください。

Think

基本構成は、①どんな食べ物が好きか述べる、②その食べ物の形状などを知らない人にもわかるように描写する、③ ②で述べた描写に関連付けて自分が好きな理由を述べる、④簡潔にまとめる、という感じです。

Prep Notes

What food? →
What does it look like? →
Why do you like it? →

Sample Answer

Prep Notes

What food? → Pancakes
~~What does it look like?~~ **How do you like it?** → more than breakfast
Why do you like it?
→ The taste, butter, honey, the pancakes, I liked it as a child. Mom made it. I go to restaurants as well.

スクリプト　MP3-344

W：❶I love pancakes. ❷It may sound strange to American people because lots of Americans eat pancakes for breakfast. ❸But, for me, pancakes are more than that. ❹I love the taste that arises from mixing butter, honey, and the pancakes themselves. ❺I don't know how I came to like them. ❻I used to like them as a child. ❼My mom **would** make me some on Saturday, and so I always look forward to Saturdays. ❽When I was 12, I asked my mom how to cook them, and now I can cook them better than my mom does. ⑨ Not only do I often cook pancakes myself, but I also regularly visit some pancake restaurants. ⑩ Anyway, my favorite food is pancakes.

❶ まず自分が好きな食べ物を1つ挙げています。

❷❸ パンケーキはアメリカ人にとって比較的なじみ深いものなので、形状を描写したりどんなものかを説明する代わりに、「いかにパンケーキが好きか」をつなぎとして述べています。

❹ パンケーキのどのようなところが好きか、味について具体的に描写しています。

❻ 子どものころからパンケーキが好きだったことを述べ、自分とパンケーキの結び付きを話し始めます。

❼ make (sb) (sth) は「～に…を作ってあげる」という用法で、fix (sb) (sth) / cook (sb) (sth) も可能です。

❾「作るだけではない」と強調するためにNot onlyが文頭に来ているので、倒置が起こります。次のように言うこともできます。I not only cook pancakes myself but (also) visit some pancake restaurants on a regular basis.

❿ 簡単なまとめ。

訳

W：私はパンケーキが大好きです。アメリカ人には変に聞こえるかもしれません、多くのアメリカ人は朝ごはんにパンケーキを食べますから。でも、私にとってはパンケーキはそれ以上のものなのです。私はバター、はちみつ、そしてパンケーキそのものが合わさって生じる味が大好きなのです。どうして好きになったのかはわかりません。子どものころから好きでした。お母さんが土曜日に何枚かよく作ってくれたので、私はいつも土曜日を楽しみにしていました。12歳のとき、私はお母さんにどうやってパンケーキを作るのかを尋ねました。そして今ではお母さんよりもうまくパンケーキを作ることができます。私はパンケーキをよく自分で作りますが、パンケーキ専門店にも定期的に通います。とにかく、私の大好物はパンケーキなんです。

SECTION 3 対象をわかるように説明する

Question #1

What custom from your home country do you like most? Describe the custom and explain why you like it.

最も好きな自分の国の慣習はなんですか。その慣習を描写し、なぜそれが好きか説明してください。

Think

まず、自分が好きな慣習を挙げます。次に、その慣習を知らない人でもわかるように説明しながら、自分が好きな理由を述べていきます。別の慣習と比較・対照させるのもひとつの方法です。「抽象・一般 → 具体・個別」と言う英文の論理の流れの基本を忘れてはいけません。

Prep Notes

What is the name of the custom? →
What do people do? →
Why do you like it? →

Sample Answer

Prep Notes

What is the name of the custom? → Valentine's Day in Japan
What do people do? → People do different things than Americans do.
The Differences
1) In the US, people give cards, candy, underwear, rings... / In Japan, always chocolate
2) In the US, give only to whom you love romantically. / In Japan, can give to friends or colleagues
Why do you like it? → People w/o partners don't feel isolated

スクリプト MP3-345

W：❶ I like Valentine's Day in Japan. ❷ Like the holiday in the US, it's on February 14th, and people give something to others. ❸ What people give to whom, though, is different. ❹ In the US, some people give just cards, others flowers or candy, and very romantic people may give a ring or underwear. ❺ On the other hand, in Japan, people almost always give chocolate. ❻ Plus, like the phrase "be my Valentine" shows, people in the US give gifts to only somebody special—the one they love. ❼ In Japan, they give chocolate to people they like, but not always romantically, like their friends or coworkers. ❽ I like this in that it prevents people without romantic partners from feeling isolated on the day.

❶ 自分の好きな慣習を明確にします。
❷ ヴァレンタインデーの基本情報を説明します。この部分については日本のものとアメリカのものと同じであることを述べます。
❸ 誰に何をあげるかに違いがあることを述べます。
❹❺ アメリカでは渡すものがいろいろあるのに対して、日本で渡すものは基本的にチョコレートであると述べます。
❻❼ アメリカでは非常に特別な人にあげるというニュアンスがあるのに対して、日本では「好き」といっても幅があることを示しています。
❽ 最後に日本のヴァレンタインデーのよさをまとめます。

訳

W：私は日本のヴァレンタインデーが好きです。アメリカでの休日同様、2月14日で、人々は他の人に贈り物をします。しかし、誰に何を渡すかは違います。アメリカではカードを渡すだけの人もいれば、花やお菓子をあげる人もいます。とてもロマンチックな人は指輪や下着を渡します。一方、日本では、人々はほとんどいつもチョコレートを渡します。また、「私のヴァレンタインになってください」という表現が示すように、アメリカでは特別な人、本当に愛する人だけに贈り物をします。日本では好きな人にチョコレートをあげるとはいうものの、常にロマンチックであるとは限らず、友達や同僚にあげることもあります。これは決まったパートナーがいない人もその日に見放された気持ちにならないという意味でよいと思います。

Question #2

Where would you most like to live? Describe this place and explain why you would like to live there.

一番住みたい場所はどこですか。その場所を描写し、なぜそこに住みたいのかを説明してください。

Think

住みたい場所を最初のセンテンスで明確にし、「一般 → 個別」という流れを踏まえ、具体的な情報を伝えましょう。最後の結論は、最初のセンテンスで述べたことと、それを支えるポイントをまとめます。

Prep Notes

Where do you want to live most? →

Why? →

Sample Answer

Prep Notes

Where do you want to live most? → Long Beach

Why? →

1）I want to live near the ocean: can swim, just look at the ocean

2）Warm ↔ cold in Niigata

スクリプト　　MP3-346

M：❶ I would like to live in Long Beach, California. ❷ I have a couple of reasons, but my main reason is fairly simple—I want to live near the ocean. ❸ I like swimming. ❹ I also like just looking at the ocean. ❺ It relaxes me. ❻ My second reason is that it is very warm in Long Beach. ❼ My hometown is a small town near the coast of Niigata. ❽ I can enjoy summer there, but in winter we have a lot of snow and it's very cold. ❾ I hear that you don't need a thick coat even in winter in Long Beach. ❿ It sounds great. ⓫ To sum up, I want to live in Long Beach because it's near the beach and it's warm.

❶ まず住みたい場所を挙げます。
❷ 発言全体の構造を伝えるセンテンスです。話すことがなかなか思いつかないときに、少し考える時間を生み出すのに有効です。
❸❹❺ ❷で「海の近くに住みたい」と言った理由を具体的に述べます。
❻ ロングビーチに住みたい2つめの理由です。
❼❽❾❿ なぜ暖かいことを好むかの理由を具体的に述べます。
❼ 自分の考えを述べるときにはIを主語にしますが、それ以外の状況を説明するときは〈もの・こと〉が主語の文を使って発言に客観性を与えています。

訳

M：私はカリフォルニア州のロングビーチに住みたいです。いくつか理由がありますが、主な理由はかなり単純なものです――海の近くに住みたいのです。泳ぐのが好きなので。それにただ海を眺めているのも好きです。そうしていると癒やされます。2つめの理由は、ロングビーチはとても暖かいからです。私の故郷は新潟の海岸沿いの小さな町です。そこでは夏は快適に過ごせますが、冬はたくさんの雪が降り、とても寒いのです。ロングビーチでは、冬でも厚いコートを着なくてもいいと聞いています。それはすごく魅力的に思えます。まとめると、私はロングビーチに住みたくて、それは海岸の近くだし、暖かいからです。

Question #3

Name one place in your country where people from other countries should visit. Describe the place and explain why you would recommend it.

あなたの国で外国から来る人々が行ってみたほうがいい場所を1つ挙げ、その場所を描写し、なぜ自分がそこを勧めるのか説明してください。

Think

最初に場所を特定したら、その場所を定義します。そこを訪れたことがなく、日本を知らない人にもわかるような定義をする必要があります。そして、外国人にとってそこを訪れると何が得られるのかを説明するにも、「抽象・一般 → 具体・個別」という英文の論理の流れを意識することが大事です。

Prep Notes

Which place would you recommend? →
What is it like? →
Why should people from other countries visit it? →

Sample Answer

Prep Notes

Which place would you recommend? → Kyoto
What is it like? → An old capital
Why should people from other countries visit it? → Historical sites, real traditional Japanese culture (houses, tea)

スクリプト MP3-347

M：❶I would recommend any international tourist to visit Kyoto. ❷It used to be the capital of Japan for more than 1,000 years, and there are a lot of historical sites. ❸Some of them have been declared World Heritage sites or national treasures. ❹For another thing, you can explore real traditional Japanese culture there—namely, what you'll never find in other modern Japanese cities can be seen in Kyoto. ❺For example, there are some Japanese-style houses, the custom of having green tea with Japanese sweets, and stuff like that. ❻What it comes down to is this—you can find a lot of good things that are different from those in other big cities such as Tokyo or Osaka.

❶ このwouldは話し手の遠慮を表わしています。これをwillにすると、実際に必ず推薦するといったニュアンスで、やや不自然になります。
❷❸ 京都を簡潔に定義しています。
❹ For another thingは追加、namelyは定義を表わすつなぎ言葉。
❺ 例を挙げるFor exampleがあるので、and stuff like that（そのようなもの）はライティングなどでは余計なものとして削る人もいますが、話し言葉ではこのような語の使用がニュアンスを和らげる大事な働きを担うことがあります。
❻ What it comes down to is (this)（結局言いたいことは）も話し言葉特有のつなぎ言葉です。

訳

M：私はどんな外国人観光客にも京都を訪れることを勧めます。京都は過去1000年以上の間、日本の首都だったので、たくさんの史跡があります。それらのいくつかは世界遺産あるいは国宝として登録されています。それに加えて、本物の伝統的な日本文化──他の日本の近代的な都市ではなかなか見られないものを京都では味わうことができるのです。例えば、日本式の家屋、和菓子と一緒に緑茶を飲む習慣などです。結局言いたいことは、東京や大阪などの大都市とは違ったたくさんのよいものが、京都では見つけられるということです。

Question #4

Talk about an important cultural event in your home country. Describe it and explain why it is important.

あなたの国の重要な文化行事について話してください。それを描写し、なぜ重要なのか説明してください。

Think

まず、自分が紹介したい行事を1つ選びます。そして、その行事がどのようなものか定義していきます。その際は、いくつかのポイントに沿って具体的に述べます。ポイントを述べる際は、「抽象・具体 → 一般・個別」という英文の論理の流れの大原則を忘れないようにしましょう。

Prep Notes

What event is the most important? →
When is it? →
What do people do on the event? →
Why is it important? →

Sample Answer

Prep Notes

What event is the most important?

→ *Obon*
When is it?
→ A week around 8/15
What do people do on the event?
→ Go back to their hometown
Why is it important?
→ They will pray for ancestors.

スクリプト MP3-348

W：❶I am going to talk about the season called *Obon*. ❷It usually refers to the period of about a week around August 15th. ❸This is not an official national holiday, but there's no school in this period and most businesses are closed. ❹*Obon* is related to the Buddhist belief that the souls of peoples' ancestors will come back during this period. ❺People often go to their ancestors' graves to pray for their peaceful rest in the afterlife. ❻Most non-Buddhists often go back to their hometown as well to see their relatives and old friends or to take a vacation. ❼All in all, *Obon* is equivalent to Thanksgiving Day in the United States, and it is very important for Japanese people.

❶ 何の行事について述べるのか明確にします。
❷❸ 時期を定義します。❸で、その時期について補足説明しています。
❹❺❻ お盆が仏教的な信仰に基づくことを説明し、人々がどのように過ごすか詳しく述べます。
❼ All in allはまとめに使われるつなぎ言葉。英語話者に配慮してアメリカの感謝祭に近いことを述べながら、簡潔にまとめています。

訳

W：お盆と呼ばれる時期について話します。お盆は普通、8月15日周辺の1週間ほどを指します。正式な国民の休日というわけではないのですが、この時期は学校もなく、多くの会社が休業します。お盆は、祖先の魂がこの期間に戻ってくるという仏教の信仰に関連しています。人々は祖先のお墓参りをして、彼らがあの世で安らかに休むように祈ります。ほとんどの非仏教徒も故郷に戻り、親類や旧友に会ったり、休暇をとったりします。結局のところ、お盆はアメリカの感謝祭のようなもので、日本人にとってはとても重要なものです。

Question #5

Who do you respect most? Why?

あなたが尊敬する人は誰ですか。それはなぜですか。

Think

まず最初に尊敬する人物を述べ、その理由を話します。理由を複数のポイントごとに、「抽象」→「具体」という英文の論理の流れに沿ってまとめましょう。

Prep Notes

Who do you respect? →
Why? →

Sample Answer

Prep Notes

Who do you respect? → Mr. Yuzuki, HS English teacher
Why? →
1）He speaks good English.
2）He is nice.
3）He's got unique experiences.

スクリプト MP3-349

M：❶I respect Mr. Yuzuki, my English teacher in high school. ❷Let me tell you why I respect him. ❸First, he speaks good English. ❹When I see him speaking English, I always feel that I want to speak like him and that I have to study more. ❺Second, he is very nice. ❻Other teachers at my school sometimes look down on students who have poor performance, but Mr. Yuzuki never loses hope for such students. ❼Third, he has unique experiences. ❽He used to work in the movie industry in the United States. ❾He would work with some actors and movie directors. ❿Sometimes he tells us of his experiences during class, which is really interesting. ⓫For these reasons, I like Mr. Yuzuki and I want to be a person like him.

❶ 話の主題として、尊敬している人物をまず挙げています。今回は名前の後に職業を添えます。Mr. Yuzukiだけでは知らない人にはわからないからです。
❷ 発言全体の構造を伝えるセンテンスです。
❸❺❼ 複数の理由を述べるために、First … Second … Third … というつなぎ言葉を使っています（古いライティングの教科書だとFirstly … Secondly … Thirdlyと使うように説いているものもありますが、現代の話し言葉では -lyはそれほど用いられません）。さらに、これらのつなぎ言葉の直後の主語は全てheです。最も重要な情報をセンテンスの最後のほうで述べる工夫であり、he＝Mr. Yuzukiですから、冒頭で示したキーワードを繰り返すことで全体に「まとまり」を出す役割も果たしています。
❿ whichは前の内容全体を指しています。

訳

M：ぼくは高校の英語のユズキ先生を尊敬しています。なぜぼくが彼を尊敬するのかを述べます。第一に、彼はきれいな英語を話します。彼が英語を話すのを見ると、彼のように話したい、もっと勉強しなければといつも感じます。第二に、彼はとても親切です。他の先生はときどき、できない生徒をバカにすることがありますが、ユズキ先生はそういう生徒を決して見放しません。第三に、彼は珍しい経験をしています。彼はかつてアメリカの映画産業で働いていました。俳優や映画監督と一緒に仕事をしていたんです。ときどき、彼は授業中にぼくたちに自分の経験を話してくれて、とても面白いです。こういう理由からぼくはユズキ先生が好きですし、彼のような人になりたいと思います。

Question #6

What does a great leader do?

優れたリーダーは何をしますか。

Think

「優れたリーダーにはいくつかの特徴がある」といった内容で始め、自分が考える「リーダーがすること・すべきこと」を1つずつ挙げて説明します。「抽象・一般 → 具体・個別」という英文の論理の流れを忘れないようにしましょう。

Prep Notes

What does a great leader do? →

Sample Answer

Prep Notes

What does a great leader do?

→ have a vision / know how to solve a problem / can communicate / can motivate

スクリプト MP3-350

M：❶I think every great leader has a few things in common. ❷Like, they have a vision. ❸They know which direction their team should take. ❹Also, they know what to do when they get into trouble. ❺You know, there isn't much they need to do when things are going well, but when the team faces something bad, they should offer solutions. ❻Probably there's one more thing: a good leader is a great communicator and motivator. ❼They often talk to each member of the team to know what they have in mind. ❽And they can get every team member to aim for the same goal.

❶「優れたリーダーには共通点がある」という内容で始めます。

❸ ❷で1つめの例を出した後に言い換えています。

❹❺ 2つめの例とその説明。リーダーの存在意義にふれています。

❻ 最後の例です。communicator / motivatorという言葉を、❼で平易な言葉に言い換えています。

訳

M：私は全ての優れたリーダーには共通の資質があると思います。まず、見通しがあることです。リーダーは自分のチームがどこに向かうべきか知っています。さらに、彼らは問題が起きた時に何をすべきか知っています。うまくいっているときはリーダーがすることはあまりありませんが、何か悪いことに直面すると解決策を提供しなければなりません。たぶん、もう1つあります。よいリーダーはコミュニケーション能力があり、やる気を高めます。彼らはメンバーそれぞれが考えていることを知るためによく話をします。そして、チームひとりひとりを同じゴールに向かわせることができます。

Question #7

What are the benefits and drawbacks of social networking sites?

SNSの利点と欠点は何ですか。

Think

まず利点と欠点があることを述べ、それぞれについて具体的に述べます。

Prep Notes

What are the benefits? →

What are the drawbacks? →

Sample Answer

Prep Notes

What are the benefits?

→ connected to people you know from all over the world / convenient.

What are the drawbacks?

→ your personal information is at risk / it can ignite arguments.

スクリプト

MP3-351

W：❶Well, everything has a good side and bad side, and social networking sites are not an exception. ❷Obviously, a good side to them is that you can be connected to people you know all over the world. ❸This is absolutely convenient, for either personal or job-related activities. ❹On the other hand, the fact that you're connected to people all over the world, 24/7, puts your personal information at risk. ❺I sometimes feel uneasy, wondering if my boss can see what I do in my private time. ❻On top of that, these sites often ignite arguments between those with different opinions, and they tend to be really heated and violent—because they are arguing without facing each other. ❼To sum up, social networking sites are convenient, but you must be aware of some of the risks when you use them.

❶ SNSのよい部分と悪い部分を述べることを明確にします。
❷❸ よい部分を述べます。
❹ On the other hand, という対比を表わすつなぎ言葉を使って、ここから悪い部分を述べ始めます。
❻ On top of that, を使って他の悪い点について述べます。
❼ To sum up, を使ってまとめます。

訳

W：そうですねえ、全てのことにはよい側面と悪い側面があります。SNSについてもそれは例外ではありません。明らかによい点というのは世界中にいる知り合いとつながることができることです。これは、個人としてもビジネス活動にもすごく便利なことです。一方、24時間ずっと世界中の人とつながっているという事実には個人情報を危険にさらす部分もあります。私はときどき私の上司が、私の自由時間に何をするのか見ているんじゃないかと不安になります。また、これらのサイトではよく、異なった考えをもつ人々の間で議論を引き起こします。実際に顔を合わせての論争ではないだけに、非常に熱く暴力的なものになりがちです。まとめると、SNSは便利ですが、使う際にはいくつかの危険性について認識する必要があるということです。

SECTION 4 意見を述べて相手を説得する

Question #1

Where would you prefer to live, in the country or in the city? Explain your opinion with reasons.

田舎と都会のどちらに住みたいですか。あなたの考えを理由とともに説明してください。

Think

冒頭で自分が田舎に住みたいのか、都会に住みたいのかはっきり述べましょう。意見を述べた後にはかならず理由を述べます。その際「抽象・一般」→「具体・個別」という英文の論理の流れの大原則に沿って話すことが重要です。最後に自分の立場をもう一度繰り返すとよいでしょう。

Prep Notes

The city life or the country life? →

Why? →

Sample Answer ① 「都会に住みたい」

Prep Notes

The city life or the country life? → The city life

Why? →

1）Better transportation system—trains, subways, buses

2）Many kinds of things—people, restaurants, jobs

スクリプト　MP3-352

W：❶I definitely prefer a city life. ❷First, cities have better transportation systems—trains, subways, buses—but, in the country, you can't go anywhere without a car. ❸Second, cities offer many kinds of things: there are different kinds of people, you can eat at different kinds of restaurants, and different kinds of jobs are available. ❹In the country, your options will be limited. ❺Although people in the country are nice, I would prefer a city life with good transportation and a variety of things and people.

❶「都会のほうがよい」という自分の立場を明らかにします。

❷❸ 理由を述べるときには、First ... Second ... といったつなぎ言葉を使い、主題であるcitiesをセンテンスの主語にすると、自分の意見のまとまりが非常によくなります。

❷❹❺ 都会暮らしの長所を述べると同時に、田舎暮らしの問題点も指摘しますが、その際、in the countryというフレーズを必ず入れて、どちらの話をしているのか聞き手が混乱しないようにします。

❺ 最後に「都会のほうがよい」という自分の立場をもう一度述べます。

訳

W：私は絶対に都会暮らしのほうが好きです。第一に、都会には良い交通機関があります――電車とか地下鉄とかバスとか――しかし、田舎では車なしではどこにも行くことができません。第二に、都会ではさまざまな種類のものに接することができます。いろいろな人がいて、いろいろな種類の料理のレストランがあり、またいろいろな種類の仕事があります。田舎では、選択肢が限られてしまいます。田舎の人は親切だと思いますが、充実した交通機関とさまざまなものや人々との出会いを考えると、私は都会暮らしのほうがいいと思います。

Sample Answer ② 「田舎に住みたい」

Prep Notes

The city life or the country life? → The country life

Why? →

1）Can enjoy nature—in the city, the air is polluted

2）Fewer crimes—a lot of crimes in the city

3）Nice people—my experience

スクリプト　MP3-353

M：❶I want to live in the country rather than in the city. ❷I have a couple of reasons. ❸My first reason is that you can enjoy a lot of nature in the country. ❹In the city, the air is polluted. ❺There is no green. ❻My second reason is that there are fewer crimes in the country. ❼In the city, there are a lot of robberies, homicides, and fraud; you feel a lot of stress under such an environment. ❽My third reason is that people in the country are much nicer than city people. ❾I grew up in the country and live in the city now. ❿I really feel that way. ⓫For these reasons, I prefer to live in the country rather than to live in a city.

❶「田舎に住みたい」という自分の立場を明らかにします。
❷ 複数の理由を述べる前に、このように自分の発言の構成を相手に伝えるセンテンスを入れると、聞き手は大変わかりやすく感じます。
❸❻❽ First / Second / Thirdの代わりに、My first / second / third reason is that ... というつなぎ言葉も使えます。
❹❼ 田舎暮らしのよさを強調するために、In the cityという表現から始めて、都会暮らしの問題点を挙げています。
⓫ For these reasonsは、最後にまとめるときによく使われるフレーズです。

訳

M：私は都会よりも田舎に住みたいと思います。それにはいくつか理由があります。第一の理由は、田舎では多くの自然を満喫することができるからです。都会では空気が汚れています。緑がありません。第二の理由は、田舎ではそれほど犯罪がありません。都会では、多くの強盗、殺人、詐欺があります。そのような環境では多くのストレスを感じます。第三の理由は、田舎の人は都会の人よりずっと親切です。私は田舎で育ち、今は都会に住んでいます。だから、本当にそう感じます。以上の理由から、私は都会よりも田舎に住みたいと思います。

Question #2

Which kind of job would you prefer: a job that is uninteresting but has a high salary or a job you really enjoy with a moderate salary?

興味がもてないが高い給料の仕事と、それほど高くない給料だが楽しめる仕事、どちらの種類の仕事がいいですか。

Think

試験の際にこのタイプの質問に答えるときは、I don't know.（わからない）とかIt doesn't matter.（問題ではない）とかEither will be okay.（どちらでもいい）とかI don't care.（気にしない）といった、質問自体を否定するような発言は決してしてはいけません。このタイプの設問では、あなたがどちらを選ぶ人物なのかではなく、特定の物事について英語の論理に沿って説明する能力があるかどうかを試しているのです。必ず一方を選び理由を説明する、という姿勢を崩してはいけません。

Prep Notes

Which would you prefer? →
Why? →

Sample Answer ① 「高い給料の仕事がいい」

Prep Notes

Which would you prefer? → A job with a high salary
Why? →
1）People work for money, you can enjoy your free time
2）You may need some money in the future—friends, going to school, getting fired

スクリプト MP3-354

M：❶I would probably take a job with a high salary. ❷The reason I would do so is because people work for money rather than for fun. ❸As long as you get paid enough, you can enjoy your free time. ❹Plus, you never know when you need a certain amount of money. ❺Having a party with your friends, enrolling your kid in a cram school, and finding a job after getting fired—these all require money. ❻So, as long as you have a chance, you should work at a job with a high salary. ❼It will make your life happier.

❶「高い給料の仕事がいい」という自分の立場を明らかにします。
❷ The reason ～ is because ... はやや口語的ですがよく聞く用法です。
❹ plusは話し言葉でよく使われる「追加」の働きをするつなぎ言葉で、意味はin additionとほぼ同じです。
❺ 話し言葉では、このように長く、かつ複数の主語がある場合、いったんポーズを置いて、代名詞を使って主語と動詞の関係をわかりやすくすることがたびたびあります。
❻「結論として、つまり」（= in conclusion / to sum up）の意味でsoを文頭で使うのは、ライティングでは好まれない場合がありますが、話し言葉では極めて自然な用法です。
❻❼ 冒頭で述べた自分の意見を補強する形でもう一度繰り返しています。

訳

M：私はおそらく高い給料の仕事を選びます。そうする理由は、人は楽しみよりもお金のために働くものだからです。給料を十分にもらっているかぎり、自分の自由な時間を満喫することができます。それに、いつまとまったお金が必要になるかわかりません。友達とパーティーをする、子どもを塾に入れる、仕事をクビになった後に職探しをする――これらは全てお金がかかります。だから、機会があるかぎり、高い給料の仕事をしたほうがいいと思います。それが人生をより幸福にするのです。

Sample Answer ②「楽しめる仕事がいい」

Prep Notes

Which would you prefer? → Enjoy working
Why? → Working hours are so long—eight hours a day on weekdays

スクリプト　MP3-355

W：❶I'd like to enjoy working rather than to get a lot of money. ❷Working hours are so long: about eight hours a day on weekdays. ❸If you can't enjoy this time, your life will be miserable. ❹Of course, money is important, and you can always enjoy your free time. ⑤ However, unless the salary is excessively bad, you should find a workplace where you can do something you like to do. ⑥ Then, you will feel happy not only in your free time but also in your working time.

❶「楽しめる仕事がいい」という自分の立場を明らかにします。
❷ 典型的な「抽象 → 具体」の流れ。「勤務時間が長い」と抽象的に述べてから、具体的な数字を挙げています。
❹ 自分と逆の立場の意見を述べています。単に自分の立場を主張するだけではなく、対立する立場を理解する態度を見せることは、自分の主張の説得力を高めます。
❺ Howeverを使って反対の立場を述べ、自分の意見をもう一度主張しています。

訳

W：私は多くのお金を得るよりも仕事を楽しみたいです。勤務時間というのはとても長くて、平日では8時間ぐらいです。もしこの時間を楽しめないなら、生活はみじめでしょう。もちろん、お金は重要で、自由時間を満喫することもできます。しかしながら、給料がものすごく低くないかぎり、自分のしたいことができる職場を見つけるべきだと思います。そうすれば、自由時間のみならず、勤務時間も楽しく過ごすことができます。

Question #3

Some people think that the most important thing for students is studying, while others say that club activities and spending time with friends are more important. Which do you think?

学生にとって最も大事なことは勉強であると考える人がいます。また、クラブ活動や友達と過ごす時間のほうがより大事だと言う人もいます。あなたはどう思いますか。

Think

「部活や遊びに決まってんじゃん。勉強なんか好きじゃないよ」と思った人は注意してください。スピーキングテストや留学の面接でこういった質問にそう答えると、おそらく採点者や面接官はあなたにいい印象を抱かないからです。また、「勉強が好きと答えておけばいい点がもらえるだろう」と考えるのも間違いです。自分の意見を述べるタスクでは、答えの是非ではなく、納得いく説明ができるかが問われています。「楽しいから」「勉強するのは当然だから」ではなく、多くの立場の人が納得する理由を考えてみてください。

Prep Notes

Which would you choose? →
Why? →

Sample Answer ①「勉強を優先するべき」

Prep Notes

Which would you choose? → Studying
Why? →
1）Good time to learn—Kids have better memories than adults.
2）Students should learn how to control themselves—They'll have to do things that they don't necessarily like to do in the future.

スクリプト　MP3-356

W：❶I believe that students should put their priority on studying rather than on club activities or hanging out with friends. ❷My first reason for this would be that children have better memories than adults, so it's very effective to learn a lot during this period of life. ❸My other reason is that students should learn self-control by doing not only what they want to do but also what they don't want to do. ❹People at work sometimes do what they don't like in order to make a living. ❺Students will work in the future, so they should have practice doing this. ❻I believe that most people don't like to study much, and that they like to do club activities and spend time with friends. ❼Therefore, studying will help students learn to do what they don't want to do first, before doing what they like. ❽Because of these reasons, my opinion is that studying comes first for students.

❶❻ I believe that ... (, and that) という自分の考えを述べるフレーズの後に自分の意見の概要を述べます。❻のように2つ以上の考えを述べるときは、その度にthatをつけます。priority（優先順位）は最近日本語でも用いられますが、put / place a priority on (sth)「…に優先させる」という使い方ができます。

❷ My first reason for this is とするより would be としたほうが、あくまで自分の意見でこうは考えられるが、という柔らかいニュアンスが出ます。

❹ Those who are working / Those (who are) at work という表現もありますが、people の意味で使われる those はかなり硬い言葉なので、話し言葉で使うと非常に不自然です。

訳

W：私は、学生は部活動や友達付き合いよりも勉強を優先すべきだと思います。こう考える最初の理由は、子どもは大人よりも記憶力がいいので、人生のこの時期に学ぶことはとても効果的であることです。他の理由は、学生は自分の好きなことだけでなく、嫌いなことをすることを通して自己管理を学ぶべきだということです。働いている人は生活のために自分が好まないことをすることもあります。学生は将来仕事に就くので、その訓練を積んでおくべきなのです。ほとんどの人が勉強はあまり好きではなく、クラブ活動をしたり友達と過ごしたりしたいと思っているでしょう。だからこそ勉強することによって、やりたいことよりも先にやりたくないことをするということが身につくのです。こういう理由から、私の考えでは学生には勉強することが第一なのです。

Sample Answer ②「クラブ活動や友達との時間を大切にすべき」

Prep Notes

Which would you choose? → Club activities and hanging out w/ friends

Why?

→ You can be a high school student only one time in your life, but you can study any time. (ex. my dad)

スクリプト

MP3-357

M：❶I don't think that studying is as important as club activities or invaluable time spent with friends. ❷You can be a high school student only once in your life. ❸You should enjoy what you want to do during that period. ❹I believe that high school days are the most shining moment for anyone. ❺It shouldn't be spent only for studying. ❻Unlike club activities or time with friends, you can start studying anytime. ⑦I'm serious. ⑧My father didn't have a high school diploma when he had me. ⑨But, when he turned 29, he decided to study at college. ⑩Now, he's a college professor. ⑪I believe that people should do what they want at the moment. ⑫Therefore, unless they really like to study, I recommend that students do what they want, such as a club activity or spending time with their friends.

❶ notはなるべく前に出します。I think that studying is not as important as … とすると、勉強が不要だと強く主張するニュアンスになります。
❺ このitはhigh school days / the most shining momentのいずれも指していると考えられます。
❻「…とは違って」というこのunlikeの使い方はマスターしておくと便利です。
❿ nowの前のセンテンスでは過去形、その後のセンテンスでは現在形と、うまく対比しています。
⓬ Thereforeを使ってまとめています。

訳

M：私は、勉強はクラブ活動や友達と過ごす貴重な時間ほど重要ではないと思います。人生の中で高校生でいられるのは1回きりしかありません。その時期に自分のしたいことを楽しむべきです。私は高校時代は誰にとっても最も輝いている瞬間だと思っています。そのときを勉強だけに費やすべきではありません。クラブ活動や友達との時間とは違って、勉強はいつでも始められます。まじめに言っています。私が生まれた時、私の父は高校卒業資格をもっていませんでした。しかし、父は29歳になった時、大学で勉強すると決めました。今、彼は大学教授です。人はみな、そのとき自分がやりたいことをやるべきだと私は思います。だから、本当に勉強が好きでもないかぎり、学生はクラブ活動なり、友達と過ごすなり、自分のやりたいことをしたほうがいいと私は思います。

Question #4

Who would you like to choose as your partner? Somebody who loves you, but whom you don't like that much? Or somebody whom you love but who may not like you that much?

あなたはどういう人を自分の付き合う相手として選びたいと思いますか。あなたのことは大好きだけれども、あなたはそれほど気に入っていないという相手ですか。それとも、あなたは大好きだけれども、愛されていないという相手ですか。

Think

かなり抽象度が高く、難しい課題だと思います。しかし、難しいからといって沈黙してはいけません。つなぎ言葉をうまく使って時間を稼ぎ、考えながら話すというスキルが大事になってきます。

Prep Notes

Which would you choose? →

Why? →

Sample Answer ① 「自分が好きな相手を選ぶ」

Prep Notes

Which would you choose? → A partner that I love and that loves me

Why? →

1) Too tough to spend time with somebody you don't like

2) If I keep liking him, he might come to like me.

スクリプト MP3-358

W：❶ Hmm... It's a very difficult question to answer. ❷ You know ... like everybody, I want a partner that I love and that loves me. ❸ But, if I had to choose one, I would probably choose the latter: a person who I like but who doesn't like me. ❹ One reason is that it would be really tough to spend time with somebody you don't like..., although I'd feel sorry for him in the reverse situation as well. ⑤ Another reason is that I believe that as long as I continue loving the person, the person might change their attitude toward me and eventually come to like me. ⑥ Well, I know it sounds not so logical, but that's what I can think of now.

❶❷ すぐに答えを出せない言い訳をしながら時間稼ぎをするとき、ただ、um ..., er, well ..., と言っているよりも、このように自分の思考回路を相手に伝えるような言い訳をしたほうが聞き手は好感をもちます。

❸ 自分の考えをここで述べます。butを挟んで2つのwho ... がa personにかかっているという複雑な文構造になっていますが、内容上しかたありません。

❹ 第一の理由を述べています。in the reverse situationは「逆の立場にいる」という意味で、himにかかっています。

❺ 第二の理由です。come to *do*で「…するようになる」。

❻「これが自分の考えだ」という内容でまとめています。

訳

W：うーん、難しい質問ですね。そうですね、みんなと同じように、私は自分が好きでその人も私を好きだという相手がいいと思います。でも、1人を選ばないといけないなら、後者の、私は好きだけれども私のことを好きじゃない相手を選びます。第一の理由として、自分が好きじゃない相手と一緒に時を過ごすことは本当に辛いからです。もちろん、逆の立場にいる相手には申し訳ないと思いますが。別の理由は、私がその人を好きでい続ける限り、その人も私に対する態度を変えて、最終的には私のことを好きになると信じているからです。まあ、言ってることがそれほど論理的じゃないとはわかってますが、今考えつくことはそれくらいです。

Sample Answer ②「自分のことを好きでいてくれる相手を選ぶ」

Prep Notes

Which would you choose?

→ Somebody who doesn't attract me but who loves me

Why? →

1）Being with such a person might change me.

2）You never know what is going to happen.

スクリプト　MP3-359

M：❶Wow, that's a tough question. ❷To be honest, I wouldn't want to choose either. ❸But, I'd probably go with somebody who doesn't attract me much but who loves me. ❹The reason is, ... as long as the person likes me, she'd probably be nice to me, sincerely listen to my problems, and help me out. ❺Being together with such a nice person might change my attitude toward the person. ❻And eventually, I might actually love her. ❼You know, people change. ❽You never know whether you will continue loving the person you currently care about or not. ❾That's my thinking.

❸ ❶❷で時間稼ぎをして考えをまとめたあと、Butの後で意見表明。go with somebody ＝choose somebody。
❹ ここで理由を述べています。
❺〈もの・こと〉が主語の文。Iを主語にしてIf I were/was to be with such a nice person, I might change my attitude toward her. と言うこともできます。
❽ You never know ... は「…はわからない」というときの口語的な言い回し。
❾ 短くまとめて話を終えます。

訳

M：うわ、難しい質問ですね。正直言って、どちらも選びたくありません。でもたぶん、自分にとっては魅力的でなくても、自分を好きでいてくれる人を選ぶと思います。理由は、その人が私を好きでいるならば、彼女はたぶん私に親切にしてくれるだろうし、私が抱える問題を誠実に聞いてくれるだろうし、助けてくれるだろうと思うからです。そんな優しい人と一緒にいれば、その人に対する私の態度も変わってくるかもしれません。そして、最終的には私はその人のことを好きになるかもしれません。だって、人って変わりますから。今好きな人をずっと好きでいられるかどうかなんてわからないじゃないですか。そう考えます。

Question #5

What is your favorite season of the year? Describe the season and explain why you like it so much.

1年の中でいちばん好きな季節はいつですか。その季節を描写し、なぜそんなに好きかを説明してください。

Think

まず冒頭でどの季節が好きかを明確にし、その理由を述べていきます。理由が複数ある場合も1つしかない場合も、1つの理由ごとに「抽象・一般 → 具体・個別」という英文の論理の流れの大原則に沿って述べることが必要です。

Prep Notes

What season do you like best? →
Why? →

Sample Answer ①　「春が好き」

Prep Notes

What season do you like best?
→ Spring: The end of Mar. to the beginning of Apr.
Why? →
1）Comfortable: not too hot, not too cold
2）A lot of flowers: cherry blossoms
3）Spring vacation
4）New school year starts: feel refreshed

スクリプト　MP3-360

W：❶I think spring, especially from the end of March to the beginning of April, is the best season of the year. ❷One reason I prefer this season is that it's very comfortable—not too hot, not too cold. ❸Also, you can see a lot of flowers outside. ❹In Japan, cherry blossoms are very beautiful in this season. ❺Another reason is because, in Japan, students have the spring vacation and the new school year. ❻Everything starts in this season and people feel refreshed. ⑦Spring is a very comfortable season physically and mentally.

❶ 大ざっぱに春と言ってから、特に好きな時期を具体的に述べて限定しています。1つのセンテンスの中に「一般 → 個別」という原則に沿った展開が確認できる好例です。
❷ 1つめの理由。最初にcomfortableと言い、その内容を具体的に加えているのがわかります。
❸❹ 花を楽しむことに言及し、桜という具体的な例を挙げています。これも「一般 → 個別」です。
❺❻ 2つめの理由です。❺で「学生には春休みがあり新学期が始まる」と述べた後、❻でその意味について説明を加えています。
❼ 最後のまとめとして、前に言及したことをphysically and mentallyとうまくまとめています。

訳

W：私は春、特に、3月の終わりから4月の初めが1年で最高の季節だと思います。この季節が好きな1つの理由は、とても心地よいからです——暑すぎもせず、寒すぎもせず。それに、屋外ではたくさんの花を見ることができます。日本ではこの季節、桜の花がとても美しいです。もう1つの理由は、日本では、学生に春休みと新学期があります。この季節に全てのことが始まるので、人はみんなすっきりした気分になります。春は肉体的にも精神的にもとても快適な季節なのです。

Sample Answer ② 「夏が好き」

Prep Notes

What season do you like best?
→ Summer
Why? →
1）I can surf everyday.
2）I can enjoy hanging out with my friends.
3）Girls come to me.

スクリプト　MP3-361

M：❶I love summer. ❷The summer is the only time I can be myself. ❸I'm a surfer. ❹In summer, I surf every single day. ❺When I ride on a wave, especially a big wave, I feel great. ❻Also, almost all of my friends are surfers as well, so it is good to hang out with them in this season. ❼On top of that, girls at the beaches come to me because I surf. ❽And if I'm lucky, I can date one of them. ❾It never happens in fall or winter, though. ❿I just quietly read books and dream about the next summer. ⓫Of course, this is a very personal reason, but my favorite season is definitely summer.

❶ 冒頭で好きな季節を明らかにします。
❷ 夏が好きな1つめの理由ですが、これだけでは他の人にとっては何のことだかわからないので、❸以降で説明していきます。
❻ 2つめの理由。1つめに関係していますが、友人もサーフィンをしていることを入れています。
❼ 3つめもサーフィンに絡めています。夏にはモテると述べています。
❾❿ 冒頭で「自分が自分でいられるのは夏だけ」と話し手は述べています。ここで「自分が自分ではいられない」秋や冬と対比してうまく説明しています。

訳

M：ぼくは夏が好きです。夏は唯一、自分が自分でいられるときなんです。ぼくはサーファーです。夏には毎日サーフィンをしています。波に乗っているとき、とりわけ大きな波のときは気持ちがいいです。また、ぼくの友達のほとんどもサーファーなので、この季節に、彼らと過ごすのは楽しいです。それに加えて、ビーチの女の子たちが、ぼくがサーフィンをしているということで寄ってきます。そして運がいいと、そういう女の子の1人とデートができます。でも、こういうことは秋や冬には絶対に起こりません。静かに本を読んで、次の夏が来るのを待つしかありません。もちろん、これはきわめて個人的な理由ですが、ぼくの好きな季節は絶対に夏です。

Question #6

Some people change jobs a few times in their career; others remain at the same workplace for a long time. Which decision do you think is smarter?

何度か転職する人もいれば、同じ職場に長く勤める人もいます。どちらの選択が賢いと思いますか。

Think

最初にどちらがよいかを述べます。その後、理由を述べます。このとき、一方に比べてもう一方はどうかと比べながら理由を説明するとうまくいきます。

Prep Notes

Which decision is smarter? →

Why do you think so? →

Sample Answer ① 「同じ職場に長く勤めるほうがよい」

Prep Notes

Which decision is smarter?

→ Keep working at the same place.

Why do you think so?

→ At a new place, you have to learn new things. / I'd rather remain in one place & refine my specialty.

スクリプト MP3-362

W：❶I'd prefer to keep working at the same place than to change jobs. ❷Whenever you work at a new place, you've got to learn new things. ❸You're supposed to learn not only your work responsibilities, but you also have to remember a bunch of other things—like coworkers' names and the routines or habits of the new place. ❹Instead of doing this, I'd rather remain in one place and refine my specialty. ❺Of course, it's my thing. ❻Other people may think differently.

❶「同じ職場に長く勤めるほうがよい」という自分の立場を明らかにします。
❷ 自分の立場とは別の、転職することについて説明を始めます。
❸ 転職することのデメリットを述べます。
❹ ❷と❸で述べた転職することのデメリットと比較して、1つの職場で長く働くことのメリットを述べます。
❺ あくまで個人的な意見であると加えます。
❻ 他に違う考えがあることに理解を示しています。

訳

W：私は転職をするよりもずっと同じ場所で働くことを好みます。新しい場所で働くとなれば、そのたびに新しいことを学ばなければいけません。仕事で必要とされることはもちろん、他にも覚えなければならないことが山ほどあります。同僚の名前や新しい職場でのしきたりや慣習といったことです。そういうことをする代わりに、ひとつの場所にいて自分の専門性を磨くことを私なら選びます。もちろん、これは私の個人的な意見で、他の人は違った考えかもしれません。

Sample Answer ② 「転職を経験するほうがよい」

Prep Notes

Which decision is smarter?
→ change jobs
Why do you think so?
→ After a few years, I'll get tired. I want to do something new: new things and new people.

スクリプト　MP3-363

M：❶ I'd probably choose to change jobs rather than keep working at a one place for a long time. ❷ When I work at the same place for a few years, I usually start feeling too accustomed to what I do and get tired. ❸ Then, I find a new place to work. ❹ To me, doing something new, such as learning new things and meeting new people, refreshes my mind and helps me feel alive. ❺ I'm sure some people disagree with me, but this is how I feel about my job.

Chapter 1 表現編　Chapter 2 ルール編　Chapter 3 実践演習編　Chapter 4 実用会話編

❶「長く1つの職場にいるよりも転職をすることを選ぶ」という自分の立場を明らかにします。

❷❸ 自分の実際の経験を踏まえて、同じ職場に長くいることを好まない理由を述べています。

❹ 自分にとって、新しいこととの出会いやその学びがやりがいになると述べます。

❺ 自分と異なる意見があることに理解を示した上で、あくまで個人的な意見であることを加えます。

訳

M：私はたぶん、1つの職場で長い間勤めるよりも仕事を何度か変えることを選ぶでしょう。私は通常、数年同じ場所で働くと、自分のすることに慣れすぎて退屈になってしまいます。そこで、新しい仕事場を探すのです。私にとっては、新しいことをすること、新しいことを学んだり、新しい人に出会うことが自分の頭をリフレッシュさせ、生活を充実させるのです。もちろん、私の考えに賛成しない人もいるでしょうが、これが私の仕事に対する考えです。

SECTION 5 仮定の話をする

留学試験であるTOEFLやIELTSなどのスピーキング課題では、①発音・文法が正確である、語彙・表現が洗練されているといった「表現力」、②自分の表現したい内容が英語の論理に沿って述べられているという「構成力」に加えて、③与えられた課題をどう解釈して自分なりの解答ができるかを考える「思考力」が問われています。仮定の話をするときは、特に③の思考力が求められます。

おそらく、テストの製作者たちは難しい語彙や流行の口語表現をたくさん知っていることよりも、英語で考えて表現ができるかに重点を置いているのではないでしょうか。クラスメイトとのディスカッションや口頭・筆記による発表が求められる英語圏の大学の授業では、留学先の現地の人と同じしゃべり方をするかではなく、こういうスキルが欠かせないからです。

「仮定の話」の構成は、SECTION 1～4の展開パターンいずれか、もしくはそれぞれを組み合わせて自分の話しやすいものを選べば問題ありません。「抽象・一般→具体・個別」という英文の論理の流れは常に意識してください。

Question #1

If you were the president or prime minister of your country, what would you do?

もしあなたが自分の国の大統領か総理大臣だったら、何をしますか。

Think

普段思いめぐらしている、社会で起こっている問題についての自分の考えを、大統領や総理大臣になったつもりで答えます。

Prep Notes

What would you do? →
Why? →

Sample Answer

Prep Notes

What would you do? → End the depression

Why? →

1） Life is the most important.

2） Some other problems (education, welfare system) can be solved later.

スクリプト MP3-364

M：❶If I were the prime minister, I would do only one thing—end this depression. ❷As you know, Japan has a lot of problems. ❸Some may say that Japan should have a better education system. ❹Some may want to have a better welfare system. ❺Others may say that Japan should show its leadership in the world. ❻But, I believe that any of these are not as important as our lives. ❼Our lives are in crisis because of this depression, so the economy comes first. ❽After our economy becomes better, I would do something else. ❾To summarize, I would try to make the economic conditions better.

❶ 自分の考えを明確に述べます。If I were ...「私が…だったら」はあり得ない仮定を述べるときの決まり文句ですが、口語ではIf I was ... を使うネイティヴスピーカー（教養ある人を含め）が圧倒的に多いです。

❸❹❺ Some... Some ... Others ... は「…もいて、…もいて、…もいて」とさまざまな立場の人がいるときに使える形式。

❻ ❸❹❺のような意見があることに理解を示した上で、Butを使って自分の考えは違うことを述べています。

❼ このcome firstは「最も重要である」ということを示すときによく使われる表現です。

❾ To summarizeを使ってまとめています。

訳

M：私が総理大臣だったら、ただ1つのことをします――不景気を終わらせることです。ご存じのように、日本にはいろいろな問題があります。よりよい教育制度が必要だと言う人もいます。よりよい福祉制度が必要だと言う人もいます。日本は世界の中でリーダーシップを発揮するべきだと言う人もいるかもしれません。でも、これらの問題は私たちの生活ほどは重要ではないと思います。私たちの生活はこの不景気で危機にさらされています。だから経済がまず第一なのです。経済がよくなったら、私は他のこともします。要するに、私は、この経済状況を改善しようとするということです。

Question #2

If you could change one thing in the world, what would you change?

もし世界の中で1つのことを変えられるのだとしたら、何を変えますか。

Think

この問題も Question #1 と同様に、自由に、「こんなふうだったらいいのになあ」と日ごろ思っていることを詳しく述べればOKです。

Prep Notes

What would you change? →

Why? →

Sample Answer

Prep Notes

What would you change?

→ Tackle discrimination throughout the world

Why?

→ Any bad thing is related ... bulling, war

スクリプト MP3-365

W: ❶That's a very easy question. ❷If I could change the world, I would tackle discrimination throughout this world. ❸Any bad thing in the world—bulling, violence, war, unfair treatment—is somewhat related to discrimination. ❹If you feel somebody is different than you, you'll bully the person. ❺If people in one country felt in the same way as those in another country, the two countries wouldn't have a war. ⑥ I don't know where discrimination comes from. ⑦ But, anyway, it's a pretty bad thing, and there wouldn't be any problems if it disappeared. ⑧ I would wipe out discrimination if I could.

❷「自分なら差別をなくす」という意見を述べています。
❸ 全ての悪は差別に関係しているから、と理由を述べます。
❹❺ 差別に関係している例を挙げています。
❽ 自分の考えをもう一度繰り返しています。

訳

W：それはやさしい質問です。世界を変えられるならば、この世から差別をなくしたいです。世界中のどんな悪いことも――いじめ、暴力、戦争、不当な扱い――は何かしらの形で差別と関係があります。もし誰かが自分と違うと感じるならば、人はその人をいじめます。もし、ある国の人々がほかの国の人々と同じように感じられたら、2つの国で戦争は起こりません。私は差別がどこから生じるのかはわかりません。でも、とにかく、それはとても悪いことであり、差別がなくなればどんな問題もなくなるだろうと思います。私はできることなら差別を一掃したいです。

Question #3

Talk about an event from the past that you would like to relive. Describe the original event and say why you would like to relive it.

もう一度やり直したい過去の出来事について話してください。実際に体験した出来事を描写し、なぜやり直したいのか述べてください。

Think

この問題も基本的には、過去の失敗体験を述べて、それを「こうしておけばよかった」とまとめればOKです。

Prep Notes

What event? →

Why? →

Sample Answer

Prep Notes

What event?

→ When debating whether to join the chorus club or the baseball team. Joined the baseball team because the chorus club sounded girly. But, playing in the team was too difficult.

Why?

→ Quit the team. I don't belong to any club. Feel bored.

スクリプト　MP3-366

M：❶When I entered high school, I was debating whether to join the chorus club or the baseball team. ❷I decided to play baseball because I had been playing baseball when I was in elementary school and middle school. ❸I was interested in singing, but a lot of my friends told me not to do that because the chorus club sounded girly. ❹But, after I had been on the team for one year, I realized that it was very difficult for me to play in a game because other members played much better than me. ❺At the end of the year, I finally decided to quit the team. ❻Now, I don't belong to any club, but it is a bit boring not to join any club in high school. ❼I am thinking of joining the chorus club now, but you need courage to join any club when you are a second-year student. ❽I wish I had joined the chorus club when I entered school.

❶❹❻❼❽ 出来事をストーリー風に述べるので、時を表わす語句をうまく使う必要があります。

❶ まず、転機が高校入学時にあったことを述べます。ここでのdebateは「論争する」ではなく「決断しようと迷う」の意味です。

❷❸ いろいろ考え、野球部を選んだといういきさつを述べています。

❹ But, を使うことで、聞き手に野球部という選択が間違っていたことを推測させます。
❺ 野球部をやめたことを述べます。
❻❼ 現在はどのクラブにも入っていないこと、今さら合唱部に入る勇気がないことを述べ、過去の選択が間違いだったのだと感じさせます。
❽ 実際に、「あのとき合唱部に入っていれば」と思っていることを述べます。

訳

M：ぼくが高校に入ったとき、合唱部に入ろうか野球部に入ろうか悩みました。ぼくは野球をすることにしました。小学校、中学校と野球をしていましたので。ぼくは歌うことに興味があったのですが、たくさんの友達がやめろと言いました。合唱部は女の子っぽいという理由からです。でも、1年間野球部にいた後、ぼくは試合に出ることがかなり難しいことに気付きました。他の部員が自分よりもずっとうまかったからです。その年の終わりに部をやめることを決意しました。今は、どこのクラブにも属していません。でも、高校で何の部にも入っていないのは少し退屈です。合唱部に今入ろうとも考えているのですが、2年生になってからどこかの部に入るというのは勇気がいります。入学するときに合唱部に入っていればなあと思います。

Question #4

If you were an animal, what would you choose to be and why?

もし動物になるとしたら、どんな動物を選びますか。またそれはなぜですか。

Think

まず、どの動物になりたいかを述べ、自分がいいと思うその動物の特徴を説明します。そして、現実の自分の生活と照らし合わせてみるとよいでしょう。

Prep Notes

What would you choose to be? →
Why? →

Sample Answer

Prep Notes

What would you choose to be? → A house cat
Why? → Wouldn't have to worry about food, could enjoy my freedom

スクリプト　MP3-367

W：❶I feel that being a house cat would be awesome. ❷I wouldn't have to worry about food. ❸People at the house would feed me. ❹Plus, I could enjoy my freedom—I could sleep as much as I want and walk around wherever I want. ❺That sounds fantastic. ❻My real life has been extremely hectic recently. ❼Since my husband got fired from his job, all of the workload is on my shoulders. ❽I work hard and feed my family. ❾There's no private time for me, so I really wish I could be a cat and be free for only a couple of days.

❶「家ネコになりたい」という意見を明らかにします。
❷ 1つめの理由です。
❸ ❷を簡潔に説明しています。
❹ Plusというつなぎ言葉を使って2つめの理由を挙げて、それを説明しています。
❻❼❽ 現在、自分が置かれている状況を述べることによって、家ネコになりたい理由に説得力を与えています。
❾ 簡単なまとめです。

訳

W：私は家ネコでいられたらすばらしいのにと思います。食べることを心配しなくてもよくなります。家の人が私に食べ物を与えてくれます。それに、自由を満喫できます――好きなだけ寝られるし、好きな場所をどこでも歩き回れます。それはすごく素敵なことのように思います。実際の私の生活は最近ものすごく忙しいです。私の夫が会社を解雇されたので、全ての責任が私の肩にのしかかっています。一生懸命働いて家族を養わないといけません。今、自分のための時間はありません。だから、ほんの数日でいいからネコになって、自由になれたらいいのにと思います。

Question #5

If you had to work under a very bad boss, what would you do?

もし、あなたがとてもひどい上司の下で働かなければならないとしたら、あなたはどうしますか。

Think

どのような行動をとるかを明確にして理由を述べます。とはいえ、選択される行動は1つとは限りません。「あれがだめならこれで」といった表現方法も可能です。

Prep Notes

What would you do? →

Why? →

Sample Answer ①

Prep Notes

What would you do? → Talk to the boss's boss.

Why?

→ It's smart to ask for support from somebody who can control the boss.

スクリプト

MP3-368

W：❶ If I felt I was working under the wrong person, I'd talk to somebody in a higher position than my boss. ❷ No matter how crazy or stupid your boss is, they have the power to control you. ❸ If that's the case, it'd be smart to ask for support from somebody who can control the bad boss. ❹ That's why I'd go to the boss's boss—the person the boss reports to.

❶ どういう行動をとるのかを明らかにします。
❷ 上司に自分を管理する権限があるという事実を述べます。
❸ それならば、その上司を管理できる人に救いを求めるのが筋だと展開します。
❹ 冒頭で述べた自分の意見をもう一度繰り返します。

訳

W：もし、私が間違った人のもとで働いているならば、その上司よりも高い地位にいる人と話をします。どれだけ自分の上司がおかしかろうと愚かだろうと、彼らには私たち部下を管理する権限があります。それならば、その悪い上司を管理できる人に救いを求めるのが賢いやり方です。そういうわけで、上司の上司、つまり上司の上で監督している人のところに行きます。

Sample Answer ②

Prep Notes

What would you do?
→ 1) directly speak to him 2) ignore the boss 3) consider leaving the workplace
Why? → For 1), there should be a room for negotiation

スクリプト　MP3-369

M：❶Even if your boss looks really stupid, I believe that there must be room for negotiation. ❷So, I'd speak to him directly and tell him what I think and try to understand what he has in mind. ❸I'm sure it would work, and I haven't been in any situation in which a frank and open discussion didn't work. ❹If it didn't work, I'd have to totally ignore the boss or consider leaving the workplace, though.

❶「交渉の余地はあるはずだ」という自分の意見を明らかにします。
❷ ❶を踏まえて、とりあえずその上司と話してみるという最初の手を述べています。
❸ ❷のように考える理由を自分の経験から述べています。
❹ ❷で示したことがうまくいかなかったらどうするかを述べます。

訳

M：たとえ上司がどんなにバカに見えようとも、交渉の余地はあると思います。だから上司に直接話し、自分が考えていることを伝え、彼が考えていることを理解しようと思います。これでうまくいくはずですし、これまで率直に腹を割った話し合いがうまくいかなかったことはありません。それでもうまくいかなければ、その上司を無視するか転職を考えなければいけないでしょうね。

Chapter 4

スピーキングにおいて、会話をうまく進めるスキルは重要

本書では会話練習そのものをすることはできません。しかし、スピーキングにおいて、会話をうまく進める能力の重要さは、いくら強調しても決してしすぎることはありません。

ここでは、職場での会話、日常会話、面接という3つの状況の会話サンプルを掲載しました。これらの会話を味わい、英語での会話がどのように進んでいくかを研究してください。

本書では、できるだけ自然な会話サンプルを用意しました。書き言葉やモノローグにはない、話し言葉の特徴がたくさん含まれています。

言い直しや省略、センテンス未満のフレーズによるやりとり、会話特有のディスコースマーカーの使い方などもしっかり確認してください。

実用会話編　状況別10の会話サンプル

実用会話編

何気ない会話も
論理展開のルールに沿って行なわれている

Chapter 2で学んだように、一見何気ないような会話も「Opening（会話の出だし）→ Message（情報伝達・やりとり）→ Closing（会話の終わり）」という決まった構造があります。それに沿って会話が行なわれていることを確認してください。

また、会話を広げていくために、「リアクション（相手の言うことを聞き、理解しているか、どういう感想・評価を持っているかを示すこと）」と「コネクション（リアクションの後に相手が提供した話題に関して自分の持っている情報や考えを示すこと）」を、会話の参加者がうまく使っていることもわかると思います。

じっくりと音声を聴いて研究してください。そして、ぜひ、実際に自分でも使うことを目指してください。

1 職場 上司が部下の仕事の進捗を確認する

W＝上司（Supervisor）／M＝部下（Subordinate）　　MP3-370

W：Have you finished the monthly sales report?

M：Well, not yet. By what time do you need it exactly?

W：❶It'd be great if I can take a look at it before noon. I need it for tomorrow's meeting.

M：Actually, I'm almost done, but I need to double check some numbers in a chart with Shawna. ❷Let me just call her now and do it. It won't take more than thirty minutes to complete.

W：❸Sounds like a plan. I really appreciate all the hard work you put in, Tom.

M：Not at all, I wouldn't be able to do it without the support you've given me, Stephanie.

❶「…してくれるといいんだけど」と、非常に柔らかく自分の要求を述べる表現です。

❷ 相手が自分の申し出を断る可能性が低いときに用いられます。Shall we ... ?／Should we ... ? といった申し出の基本表現と異なり、疑問文になっていません。

❸ リアクション&コネクションの典型的な例。「30分かからない」という相手のコメントに対して短い感想を述べた後、一緒に仕事をする相手と社会的に良好な関係を示すために、相手の仕事ぶりをほめています。

訳

W：月次の営業報告書は書き終わりましたか？

M：いいえ、まだです。正確には何時までに必要ですか。

W：お昼までに目を通すことができるとうれしいのですが。明日の会議で必要ですから。

M：実は、ほとんど終わっているのですが、ショーナに表内のいくつかの数字を再確認しないといけないんです。今彼女に電話してやってしまいます。終えるのに30分とかかりません。

W：それを聞いて安心です。いつもあなたがしっかり仕事をしてくれて助かっています、トム。

M：とんでもない、こちらこそあなたの助けなしには何もできませんよ、ステファニー。

TIPS!

上司と部下の会話なので、くだけた言い回しは少なく、お互いに気遣いのある表現を使っています。ビジネス上の決まり文句がいくつか使われていること、1つ1つのセンテンスが比較的長めであることも特徴です。

仕事で英語を話す必要がある人は、まずは職場での基本的な会話を聞き取れるようになり、次第に必要に応じたやりとりをこなせるようにならなければなりません。仕事上で使われる英語表現のストックを増やしたい場合は、TOEIC用の問題集のPart 3や、基本的なビジネス英会話の本なども参考になります。

2 職場 同僚に資料を探してもらう

W & M＝同僚（Coworkers）

MP3-371

W：❶Ralph, could you do me a favor?

M：❷Sure, Mika. ❸What can I do for you?

W：I'm looking for a file. ❹You know—I gather you know where it is in our database.

M：Okay, maybe I can help you out. Do you remember the file name?

W：Nope. Unfortunately. That's the problem. It's ... um ... the slides Denise used for her presentation last week.

M：❺You mean, that one where she talked about the technology to change the interface of our service.

W：Yes, that's what I'm talking about. Can you find it?

M：Yeah. All the presentation materials are on our database.

W：❻Wow. ❼You're a lifesaver.

M：No problem. Do you remember the date she made the presentation?

W：I think it was the 15th.

M：The fifteenth ... Here we go. Is this what you're looking for?

W：Yes, this is it. Thanks.

M：Anytime.

❶ 話の切り口として、頼みごとができるか質問しています。

❷ 典型的なリアクション。

❸ 実際に相手の要求が何であるかを尋ねる、コネクションとしての質問。

❹ 何かを切り出すための決まり文句。

❺ 相手の理解と自分の理解が共通しているかを確認する決まり文句。

❻ リアクション。

❼ コネクション。

訳

W：ラルフ、ちょっとお願いしていいかしら。

M：かまわないよ、ミカ。何をすればいいのかな。

W：ファイルを探しているの。思ったんだけど、あなたなら、会社のデータベースのどこにファイルがあるのか知ってると思って。
M：なるほど、たぶん手伝えるかもしれない。ファイル名を覚えている？
W：覚えてないの。残念だけど。だから困ってるの。たぶん、あれよ…デニースが先週プレゼンで使ったスライド。
M：君が言っているのは、サービスのインターフェイスを変えるテクノロジーについて彼女が話してたやつかな。
W：そうそう、そのこと。見つけられる？
M：うん。全てのプレゼン資料はデータベースの中に入っているからね。
W：すごい。あなたのおかげで助かったわ。
M：いや、なんでもないよ。彼女のプレゼンがいつだったか覚えてる？
W：確か15日だったわ。
M：15日…。ほらあった。君が探しているのはこれかな？
W：そう、それそれ。ありがとう。
M：いつでも力になるよ。

TIPS!

同僚同士の会話です。上司と部下の会話だった 1 の会話に比べると、質問文などを中心に短いセンテンスがたびたび使われています。また、リアルタイムの会話でのやりとり特有の、その場で決断をするときに現れがちな言いよどみや修正の表現も頻繁に聞かれます。これらのことから、双方が気軽に話し合える間柄であることがうかがえます。

英会話にはプレゼンテーションやスピーチ、ライティングと違って、即興性が必要です。完全な文の形になっていないものが使われることもあります。会話がうまく進行するように修正をしたり、話題を膨らませたりするための表現はChapter 1でも紹介しています。ぜひ参照してください。

3 職場 同僚にプレゼンテーションの練習を聞いてもらう

W & M1, M2＝同僚（Coworkers）　MP3-372

W：❶Hey, have you got time? I really, really need your help.

M1：❷Well, I'd be happy to—if your request is not too difficult.

M2：Right. If you want to borrow some money, I'm not the best person.

W：Haha, that's funny. Well, I don't think it's too difficult. I'm giving a presentation at a big conference this weekend.

M2：❸Oh, the one held at Norman Convention Center?

W：That's right. ❹I'm practicing now, so...

M1：❺You want us to listen to your presentation and give you some feedback?

W：Exactly, what did you eat this morning, Kevin? You're very smart today.

M1：I think I'm always very smart. Anyways, no problem, I'd be happy to see you present.

W：Thanks.

M2：Me too. No problem.

M1：❻So, what's the presentation about? Also, what areas are you concerned about?

W：Well, the topic is how we can get more customers using social networking sites.

M1：❼I hate to tell you this, but..., it sounds a bit corny.

M2：I agree with Kevin. You know—'cuz everybody's already doing that. Do you really think this topic will attract an audience? I'd suggest that you narrow down the topic.

W：I just gave you guys a rough idea. ❽Actually, the title of my speech on the program is more specific: "Misconceptions people are likely to have when using SNS for marketing."

M1：That sounds a lot better.

M2：Yeah. Now, I'm really interested in what you're presenting. Do you want us to listen to you now? ❾Actually, it'll be lunch in a few minutes.

I could have lunch later than usual if you really want to do it now.

W：I think it's better to do it after you came back from lunch. We shouldn't use the hall for this anyways. While you guys are away, I'll reserve a meeting room upstairs.

M1：Which room?

W：I don't know. Maybe F or H, but I'll text you right after I know which one.

M2：⑩Sounds like a plan.

M1：Yeah, see you after lunch.

W：Talk to you later, guys. Enjoy your lunch!

❶ Hey, のあとにいきなり用件を切り出します。

❷ I'd be happy to. と快諾してから、if を使って自分ができることならと付け加えることで、どういう頼みごとなのか情報を引き出そうとしています。

❸ 前の女性の発言を受けて、具体的な情報を確認するためのやりとりです。

❹❺ ❹の一番最後の so は、「というわけで」という働きですが、これに続く部分を❺で相手が完成してくれています。これは会話ならではのやりとりです。

❻ 冒頭の So, は話題を転換する働きをしています。

❼ 相手が不快になりそうな発言をする前の気遣いとしての表現から始めています。

❽ 相手にまだ伝えていない情報をこれから伝えるシグナルとしての actually です。

❾ 実は今はプレゼンを聞くのに最善の時間ではないことを告げる前触れとして、actually を使っています。

❿ ここから会話が終わりに入ります。挨拶を最後に交わしています。

訳

W：ちょっと時間あるかしら？　どうしても頼みたいことがあるんだけど。

M1：もちろん、喜んで、君の頼みごとが難しすぎなければ。

M2：そうだね。お金を借りたいなら、ぼくをあてにしちゃダメだよ。

W：はは、面白いことを言って。いや、そんなに難しすぎることじゃないの。この週末に大きな会議でプレゼンテーションをするの。

M2：あの、ノーマン・コンベンション・センターで開かれるやつ？

W：そう。今、練習してるんだけど、それで…

M1：ぼくたちにプレゼンを聞いたあと、コメントをしてくれと言うんだね？

W：そのとおり、今朝は何を食べたの、ケヴィン？　今日はすごく頭が冴えてるんじゃない？

M1：ぼくはいつもとても頭が冴えてると思うけどな。とにかく、問題ないよ。喜んで、君のプレゼンを見るよ。

W ：ありがとう。

M2：ぼくも。問題ない。

M1：ところで、何についてのプレゼンなの？　それに、どの分野に関心があるの？

W ：うーん、話題は、SNSを使ってどう顧客数を増やすか、ということなんだけど。

M1：言いにくいけど、それありきたりだと思うよ。

M2：ぼくもケヴィンの意見に賛成だな。それはみんなもうやっているよね。その話題で聴衆を引きつけられると本当に思う？　もっと、話題をしぼったほうがいいと思うよ。

W ：ただ、概要をちょっと述べただけなの。実は、プログラムでの私の発表のタイトルはもっと特定されていて、「マーケティングにSNSを使用した際に人々が抱きがちな勘違いについて」というものなの。

M1：そのほうがずっといいな。

M2：うん。発表する内容に興味がわいてきた。プレゼンをするのを今聞いてほしいの？昼休みまであと数分しかない。どうしても今やりたいならば、お昼はいつもより後にしてもいいけど。

W ：お昼を済ませてからのほうがいいと思う。どちらにしてもこのためにホールは使わないほうがいいし。あなたたちがお昼に出ている間に、上の会議室を予約しておく。

M1：どの部屋？

W ：わからない。たぶん、FかHだけど、どの部屋かわかったらメッセージを送るわ。

M2：そうしてくれると助かる。

M1：じゃあ、お昼が終わったら。

W ：また後で。お昼ご飯を楽しんで！

TIPS!

短い会話の中で頼みごとをしたり、説明したり、確認したりと、かなりいろいろな言語機能が使われています。つなぎ言葉や助動詞がたっぷり使われていることから、これらが会話で果たす役割の重要さに気付くでしょう。

4 職場 初出勤の日に研修担当者と話す

W＝人事部の研修担当者（HR person in charge of an orientation）
M＝新入社員（New employee）

MP3-373

W：Mr. Al-Zaki.

M：Yes, actually, you can call me Fahad, which is my first name.

W：Ok, Fahad. My name is Candice Harvey from the HR Department.

M：❶How should I call you? Ms. Harvey? Or would you prefer to be called by your first name, like Candice or Candy?

W：Whichever you prefer, but if you choose to call me by my first name, ❷I'd rather be called Candice because I'm not so sweet.

M：That's funny. Okay. Then, I'll call you Candice.

W：Nice. Alright. So, how're you today?

M：Good, but you know this is my first day at BMX Auto, so I'm a little nervous.

W：Oh, please relax. We won't kill you. We all welcome you.

M：Right. I'm just a bit too self-conscious.

W：I see. So, let's get started. ❸Okay, I'll show you around the factory, and give you some points you have to remember along the way. Sounds good?

M：Sure.

W：Okay, here's the entrance. To pass the gate, you need to swipe your employee ID badge, like this. Today, I'll let you in with a guest card.

M：Alright. When can I have my own badge?

W：We're getting your ID badge ready now, but you'll be receiving it by the end of today. From tomorrow, you won't need this guest card.

M：That's great.

W：The computer system checks when you go in and out.

M：❹Oh, so you don't have whatchamacallit—the machine you punch in with?

W：Oh, we used to have one, but not anymore. That's why your ID badge is very important. Don't lose it.

M：Got it. No, I won't lose it. ❺By the way, I have a question totally unrelated to what we're talking about.

W：Sure. Go ahead.

M：I can see a bunch of garbage cans over there. They have different colors. Are we supposed to separate our trash?

W：Yes.

M：Oh my gosh. That'll be difficult for me.

W：Well, I know it takes time, but you know, it's for the environment.

M：No, I'm happy to save our environment. Plus, I'm willing to do it. It's just brought back some bad memories related to sorting garbage.

W：❻Okay, may I ask what happened?

M：Yeah, before coming here, I used to live in South Korea and Japan for a few years. People had to sort trash, which pretty much made sense. And actually, I always followed the rules, but...

W：❼But...?

M：Some residents from other countries totally ignored the rules. They may have been simply lazy, or might not have known there were such rules, but anyways what they did made all the foreigners in the area look bad and I, and the other rule-followers from other countries had difficulty building good relationships with the local people.

W：❽Oh, that's sad to hear. Well, a lot of people from other countries are working in this factory too. ❾And I have to say, there may be conflict between those from overseas and those who grew up here. But, we'll do our best to accept diversity and make this place a better place for anyone.

M：I'm really glad to hear that. So, which building should we go to first?

❶ 名前を名乗るときにどのように呼んだらよいのかを確認することは、これから話をする上で迷わなくなるだけでなく、最初に話をするきっかけにもなります。

❷ I want you to call ... とすると相手に自分の欲求をぶつけているような感じになるので、I'd rather be called ... とすることで表現を和らげています。

❸ 手順を簡潔に述べて、その後、相手が理解したのかを確認しています。

❹「タイムカード」にあたる単語を知らなくても whatchamacallit を使って説明することで、止まることなく会話を続けています。

⑤ 話題が大きく変わるので By the way, を使います。ここで So, を使うのは誤りです。
⑥ 相手がbad memoriesと言っており、聞いてよいか微妙なので、このような表現を使っています。
⑦ このように相手が一呼吸おいたようなときは、最後のButを繰り返すことで、相手の話していることへの理解と関心を示して、会話に参加していることをアピールします。
⑧ 相手の話にリアクションを示してから、それに関するコネクションにあたるコメントをしています。
⑨ ややネガティヴなことを言うための前置きとしてI have to sayを使っています。

訳

W：アルザキさんですね。
M：はい、でもファハードと呼んでください。これが私の下の名前です。
W：では、ファハードさん。私は人事部のキャンディス・ハーヴェイです。
M：どうお呼びしたらよいでしょうか。ハーヴェイさんですか？　それとも、キャンディスさん、キャンディーさんのほうがよいのでしょうか。
W：好きなほうでいいですよ。でも、下の名前で呼ぶならば、キャンディスと呼ばれるほうがいいです。だって私はキャンディーのように甘くありませんから。
M：面白いですね。わかりました。じゃあ、キャンディスさんとお呼びします。
W：結構です。よろしくお願いします。それでは、今日の調子はどうですか。
M：いいですよ、でも、今日はBMX自動車での初日なので、少し緊張しています。
W：ああ、硬くならないで。私たちはあなたを殺したりはしませんよ。みんなあなたを歓迎しています。
M：そうですよね。少し自意識過剰になっているんです。
W：なるほど。それでは始めましょうか。さあ、工場をご案内しながら、いくつか覚えていただくポイントにふれます。よろしいですか。
M：大丈夫です。
W：はい、こちらが入り口です。ゲートを通るには、この社員証をこういう風にかざす必要があります。今日は、来客用入場カードで入っていただきます。
M：了解です。いつ社員証はいただけるのですか。
W：今、あなたの社員証を準備していますが、今日の終わりにはお受け取りになれるでしょう。明日からは来客用入場カードはいらなくなります。
M：それはすばらしい。
W：工場に入るとき出るときはコンピュータシステムがチェックします。
M：ああ、それじゃあ、あの何て言うんでしたっけ、あのガチャッと出勤を記録する機械はないのですね？
W：ああ、昔はありましたが、今はもう使っていません。だから、社員証はすごく大事です。なくさないでください。

M：わかりました。なくさないようにします。ところで、今話していることと全然違う質問があるのですが。

W：構いませんよ。どうぞ。

M：そこにたくさんのゴミ箱がありますね。色違いになっています。ゴミを分別しなければいけないのですか。

W：そうですね。

M：ああ困った。やっかいなことになる。

W：そうですね、慣れるのに時間はかかるでしょうが、でも、環境のためですから。

M：いや、環境を守るのは大賛成です。それに、分別も喜んでやります。ただ、ちょっとゴミの分別に関してはいやなことを思い出したので。

W：そうなんですね。何があったかお聞きしてもいいですか。

M：はい、ここに来る前、何年か韓国と日本に住んでいたのです。分別をしなきゃいけなくて、そのこと自体はまったく正しいのです。そして、実際のところ規則はいつも守っていたのですが…

W：守っていたのに…？

M：他の国からの居住者が完全に規則を無視していたんです。彼らは単に怠け者だったのかもしれないし、そのような規則があるのを知らなかったのかもしれない、だけれどもとにかく彼らがしたことのせいで、その地域にいた全ての外国人が悪く思われて、ぼくも、規則を守っていた他国出身の人も地元の人とよい関係を築くのが難しかったんです。

W：ああ、それは悲しいですね。そうですね、この工場でも外国からの人々がたくさん働いています。そして、外国から来た人とここで育った人の間には争いが起こる可能性はないとは言えません。でも、多様性を受け入れて、誰にとってもよい場所にしようと最大限の努力をします。

M：それを聞いて本当に安心しました。さて、どの建物に最初に行くのですか。

TIPS!

新入社員と人事部の担当者の会話です。日本語で行なわれる研修では、会社によっては新入社員がすっかり遠慮してしまって、研修担当者が一方的に話すのを聞くだけ、という光景も見られます。一方、英語で行なわれる研修では、参加者がわからないことや気になったことについてどんどん質問するのが普通です。

5 日常 友達と冬休みの予定について話す

MP3-374

M：What are you going to do this winter break?
W：Well, I'm thinking of going skiing.
M：❶Skiing? Sounds interesting. Where are you going?
W：Well, what's the name? Naga ... something like that.
M：❷You mean, Nagano?
W：Right, Nagano. Thank you.
M：Who are you going with?
W：You know, me, Mayumi, and James. ❸Did you know they are dating now?
M：You gotta be kidding. I thought Mayumi was my girl.
W：That's funny. ❹Anyway, I hear that they have been in a boyfriend-girlfriend relationship for two months.
M：I see. They must be happy.
W：❺They are. Sometimes I envy them. What's your plan for your winter break?
M：Well, I'm not going back to my parents' home this time. My parents are going to travel to Okinawa.
W：You're not going to join them?
M：No, you know—it's their 30th marriage anniversary trip. I want to let them be alone.
W：❻Wow, how considerate! I didn't know you're that nice.
M：You should've noticed that, Adriana.
W：I know you're sweet, Ko. Anyway, what are you doing instead of going home?
M：I don't know. Maybe just relax.
W：If you want, you can join our ski trip.
M：Can I?
W：Sure. The more, the merrier. Do you have ski gear?
M：Yeah, when I was in college, I was in a ski circle.
W：Oh? I've never heard about that. Then, no problem. Mayumi has a big

car, so we have enough space for you. Also, we've reserved two rooms. So, you can share one room with James, Mayumi and I will take the other room.

M：I don't mind sharing a room with you.

W：❼What? Ko!

M：I'm just kidding. But, just ...

W：It's not going to happen. We broke up last summer. You know we're still good friends, though.

M：Right. ❽So, can I really join you guys?

W：Sure. I'll call Mayumi to ask if it is okay, but I'm sure she'll say yes.

M：Sounds like a plan. ❾Ah, I gotta run. Talk to you later.

W：Okay. I'll call you.

M：Bye.

❶ スキーに行くということに対してリアクションを見せ、さらに話を続けるコネクションとして、どこに行くのか質問しています。

❷ 相手が地名を忘れているので助け舟を出しています。

❸ マユミとジェイムズが付き合っていることを知らないと相手が状況がわからないだろうと思い、そのことを確認するために質問をしています。

❹ 相手の冗談をやりすごして、本題に戻るためにanywayを使っています。

❺ 相手の発言に対するリアクション。

❻ 相手の発言に対してリアクションを見せた後、コウに対する見解を示してコネクションを加えています。

❼ 一緒の部屋に泊まってもいいというコウの発言への驚きのリアクションと、相手の名前を呼んで自分はそういうつもりはないのだという、意思表示としてのコネクション。

❽ このSo, は会話特有のもので、話題転換の働きをしています。

❾ このAh, は驚きを示すとともに、会話をそろそろやめなければいけない、という方向指示器の役割も果たしています。

訳

M：この冬休みは何をするつもり？

W：そうねえ、スキーに行こうとしているんだけど。

M：スキー？　楽しそうだね。どこに行くの？

W：ええと、あの名前、何だっけ？　長…そんな感じの名前のところ。

M：長野のこと？

W：そう、長野。ありがとう。
M：誰と行くの？
W：私とマユミとジェイムズの3人。あの2人が付き合ってることを知ってた？
M：うそだろ。マユミはてっきりぼくの彼女だと思ってた。
W：面白い冗談ね。とにかく、2か月間付き合っているそうよ。
M：へえ。彼らは楽しくやっているわけだ。
W：そうよ。ときどき2人がうらやましいわ。あなたは、冬休みは何をするつもり？
M：うーん、今回は実家には帰らないんだ。両親は沖縄に行くんだ。
W：あなたは一緒に行かないの？
M：いや、何ていうか。彼らの結婚30周年記念の旅行なんだよ。だから、夫婦水入らずにさせてあげたいんだ。
W：あら、なんて思いやりがあるの！　あなたがそんないい人なんて知らなかった。
M：いや、気付いているべきだよ、アドリアナ。
W：あなたが優しいのは知っているわ、コウ。それより、実家に帰らないなら何をするの？
M：わかんないよ。ただ、ゴロゴロするだけかな。
W：あなたが来たいなら、私たちのスキー旅行に加わってもいいけど。
M：え、いいの？
W：もちろん。多い方が楽しいし。スキー用具は持っているの？
M：うん、大学のとき、スキーサークルに入っていたんだ。
W：えっ？　知らなかったそんなこと。じゃあ、問題ないわね。マユミは大きな車を持っているから、あなたのためのスペースは十分にあるわ。それに、2部屋予約しているから、あなたは1部屋をジェイムズと使えばいいわ、マユミと私でもう1つを使う。
M：いや、別に君と一緒の部屋でもいいけどな。
W：何言ってんの？　コウ！
M：冗談だよ。でも、ちょっとさ…。
W：そういうことは起こりません。夏に別れたでしょ。私たちはいい友達ということで。
M：わかってるよ。で、本当に一緒に行っていいんだね？
W：もちろん。マユミに大丈夫か聞いてみるけど、きっと彼女は問題ないって言うわ。
M：よかった。ああ、もう行かないと。じゃあ、またあとで。
W：わかった。電話するね。
M：じゃあまた。

TIPS!

友人同士の会話です。よりカジュアルな言い回しが使われています。会話は、決まった質問に短く答えるアンケートとは違います。会話の参加者である2人が互いに協力し、話題を提供し合い、それを膨らませて、会話を進めていく様子が確認できると思います。

6 日常 友達と週末の出来事について話す

MP3-375

W：How was your weekend?

M：❶ Pretty good. I went to Tokyo Skytree with my friend from France who is visiting Tokyo.

W：❷ Oh, I haven't been there yet. How was it?

M：Well, it was just okay. The scenery from up high was excellent. Other than that, it was just okay for me. But, my friend said he liked it.

W：That's cool. Why don't you take me to dinner there next time?

M：Totally. ❸ So, how was your weekend?

W：Don't ask me.

M：What happened? Did you gain weight? Or did somebody break into your apartment? Or did you start dating Matthew again?

W：I'll kill you.

M：I'm just kidding. Sorry, I didn't mean to hurt you.

W：Don't be sorry. I know you're kidding. ❹ Okay, it's just between you and me.

M：Sure. I won't tell anybody.

W：I got a call from my dad, and he said he's going to get married.

M：Oh, congratulations!

W：❺ Well, actually, I'm not so happy about it. Can you guess who he's marrying?

M：I have no idea.

W：Linda.

M：Wow! Good for Bob. Your dad's got such a nice girl. Amazing.

W：Why are you reacting like that? It's totally weird. It's hard to accept. Linda is much younger than me.

M：❻ Well, I understand how you feel. Yes, it's not so usual, but it's not wrong. Just calm down, Brenda.

W：I can't. How could I think it's right? Why should I calm down?

M：❼ First, Linda is really young, but she's an adult. It's her choice. Second, I've seen them talking friendly many times at your dad's café. She's been working at the café for a couple of years—I assume that they've naturally developed their romantic relationship. It's ...

W：But ...

M：❽Let me finish. I know you're really concerned as his daughter. But, finding a partner is each individual's choice. You should respect your dad's choice.

W：I know, but ...

M：Plus, your dad's café didn't have any customers before she started working there. Now, it's always crowded because of Linda. So, their marriage will lead to your dad's business's continuous success.

W：I still have mixed feelings about my dad's marriage, but your explanation is very convincing. So, I'll try not to think about it too much.

M：There you go. ❾Okay, shall we?

W：Yeah, let's go. Let me buy your drink this time. I know you're broke.

M：Really? You're such a sweet girl. You look like Jennifer Lawrence.

W：Whatever. You really are a sales person. You always make compliments.

❶「週末はどうだった」と言った質問にはいったん短く回答した後、実際に何をしたか答えるのが普通です。これもリアクション＆コネクションの典型と言えます。

❷ 東京スカイツリーに行ったという相手の話にOh, というリアクションとともに、出された話題に対して「自分はまだ行ったことがない」という情報を示し、さらに話題について質問をするというコネクションの働きが見られます。

❸ このSo, は話題転換のつなぎ言葉です。

❹ 大事な話をこれからするのだという合図としてのつなぎ言葉です。

❺ 相手の言うことに異をとなえる合図としてのつなぎ言葉です。

❻ 相手を理解しながらも、相手の考えとは違うことを後に述べていますが、その合図になっているのがWell, の部分です。

❼ モノローグのときと同じように、意見を並列するときのつなぎ言葉が使われています。

❽ 相手が意見を述べようとしていますが、自分の話が終わっていないので、最後まで言わせてもらうための表現です。

❾ 話を終えて、持ち場を離れるときによく使う決まり文句です。

訳

W：週末はどうだった？

M：とてもいい週末だったよ。フランスから東京旅行に来ている友達と東京スカイツリーに行ったんだ。

W：あら、私はまだ行ったことないの。どうだった？

M：そうだなあ、まずまずってとこかな。高いところからの景色はすばらしかった。それ以外はまあまあってとこさ。でも友達は気に入ったって言っていたよ。

W：よかった。次は、私をそこでの夕食に連れていってよ。

M：もちろん。ところで、君の週末はどうだったの？

W：聞かないで。

M：何かあったの？　体重が増えたとか。アパートに誰かが忍び込んだとか。あるいはマシューとまたよりを戻したとか。

W：殺すわよ。

M：冗談だよ。ごめん、傷つけるつもりはなかったんだ。

W：謝らなくてもいいの。冗談とはわかってるから。いい、ここだけの話よ。

M：わかったよ。誰にも言わないよ。

W：父から電話があって、彼は結婚するって言っているの。

M：わあ、それはめでたい！

W：いや、実のところ、そんなにうれしくないの。誰と結婚すると思う？

M：想像もつかない。

W：リンダよ。

M：それはすごい！　よかったんじゃないかな、ボブにとっては。君のお父さんはいい子を見つけたよ。すばらしい。

W：なんでそんなことを言うのよ。これって、すごく変だと思うわ。受け入れられないっていうか。リンダは私よりずっと若いのよ。

M：まあ、わかるよ、君の気持ちは。確かにあんまりあることじゃないから。でも、間違ったことをしているわけじゃない。冷静になるべきじゃないかな、ブレンダ。

W：できないよ。どうして、これが正しいって思えるの？　なんで冷静になれるのよ？

M：まず、リンダはかなり若いけれども大人なんだ。彼女の選択だよ。次に、君のお父さんの喫茶店で2人が親しげに話しているのをぼくは何度も目撃している。彼女は何年かあの店で働いていて——思うに、自然な形で恋愛関係になったんじゃないかな。つまり…。

W：でも…。

M：最後まで言わせてくれ。君が娘として気になっているのはわかる。だけど、相手を選ぶのは個人の選択だよ。お父さんの選択を尊重しないと。

W：わかっているけど…。

M：それに、君のお父さんの店は彼女が働き始めるまで誰も客がいなかったじゃないか。

今、店が繁盛しているのはリンダのおかげだ。だから、彼らが結婚することはお父さんの仕事上の継続的な成功にもつながっていくんだ。

W：まだ父の結婚には複雑な気持ちだけど、あなたの説明はとても納得がいくわ。まあ、あまりこのことは考えすぎないようにするわ。

M：そうこなくちゃ。じゃあ、出ようか？

W：ええ、行きましょう。今日はおごらせてちょうだい。どうせお金がなくて困ってるんでしょ。

M：本当にいいの？　いや、君はとても優しいね。ジェニファー・ローレンスにそっくりだし。

W：またご冗談を。本当にあなたは営業マンね。お世辞が上手なんだから。

TIPS!

5の会話と同じように友人同士の会話なので、かしこまった表現は使われていません。ただし、込み入った内容、複雑な内容を話すときは、一方の発言のターンが長くなっています。そういうときに、なるべくまとまりのある内容を話し切るまで相手に話をさせてあげようという気遣いが感じられます。

7 面接 大学入学試験

W＝面接官（Interviewer）／M ＝受験者（Interviewee）

MP3-376

W：Good afternoon, sir. Can I have your name?

M：Good afternoon. Oh ... my name is Masaki Soma.

W：Okay, my name is Liz MacDonald. I'm your interviewer today. Nice to meet you.

M：Nice to meet you.

W：How're you doing today?

M：Pretty good. How about yourself?

W：Just fine. Okay, so ... are you a high school student?

M：Yes, I'm in my third year.

W：Okay. Are you involved in any club activity at school?

M：Well ... ❶I used to be. I was on the basketball team, but as you might know ... I have already stopped that. At my school, third year students don't do any club activity.

W：❷To prepare for college exams?

M：That's right.

W：So, you're really studying hard now.

M：Well, not really. But, I probably should.

W：I see. By the way, does your school have school uniforms?

M：❸Excuse me?

W：School uniforms. Do you have to wear a uniform to go to school?

M：Of course.

W：Well, some public schools in Tokyo do not have uniforms, so I hear. Anyway, let me ask you this question: Do you think it's a good idea for high school students to wear uniforms at school?

M：❹Excuse me. I didn't quite get that. Can you rephrase the question?

W：Well ... in your case, you have to wear uniforms, so you've never thought of it. But, if you had an option, which would you like to do, wear uniforms at school or wear anything you'd like?

M：Okay. Now, I got your question. ⑤Well ... it's a good question ... Let me think for a second. Okay ... I'd say that all high school students should wear uniforms.

W：Can I ask you why? Wouldn't you like to wear whatever you like?

M：That's tempting, but it's very hard to choose what to wear every single day. High school kids, including me, really worry about being different from others by wearing something too unique.

W：⑥Which is?

M：⑦Uh ... what I'm trying to say is ... I really care about being criticized. If I chose what I like to wear, some of my classmates might laugh at me. Like, "Your fashion sense is terrible" or "You look different than us." But, if I wear a uniform, everybody looks the same. I don't have to stand out through my taste in clothes. That's really convenient.

W：⑧Isn't it good to be unique at times?

M：⑨Right. If it is unique in a good way. Honestly, I don't want to spend much time choosing stylish clothes. If I have to wear a uniform, the time that I would normally use to choose clothes could be used for something else. For example, I could sleep longer in the morning.

W：I see. Is that the only reason?

M：Actually, I have one more. Probably if students wear uniforms, they'll behave better.

W：What is that supposed to mean?

M：⑩Each school has its own uniform, so when a student does something bad, other people can easily notice which school the student is in and can report that behavior to the school. So, most people will behave accordingly.

W：Okay. You don't do anything bad because of your uniform.

M：No, I'm talking about high school students in general, not myself.

W：Oh, sorry. I'm just teasing. Okay, the interview is over. You can go. Thanks for your time.

M：You too. Have a good day.

❶❷ 面接の場面でも、話し言葉では完全な文の形で話さないことが頻繁にあります。

❸❹ わからなかったら恥ずかしがらずに、このように聞き返します。

❺❼ 考えが浮かばない場合は、このようなフレーズを使いながら時間稼ぎをします。

❻ これは面接官のセリフですが、このWhich isは相手の直前の発言内容を定義してもらう機能があります。

❽ ここで自分の答えに文句を言われていると解釈して、怒ってはいけません。面接官はあなたがどう会話を続けているのか反応を見ているのですから。

❾❿ これは Rule 01 で学んだように、「抽象・一般 → 具体・個別」の英文の論理の流れに沿ったよい応答の仕方です。

訳

W：こんにちは。お名前をうかがっていいですか。

M：こんにちは。あの…私の名前はマサキ・ソウマです。

W：わかりました。私の名前はリズ・マクドナルドです。今日の面接官は私です。よろしくお願いします。

M：よろしくお願いします。

W：今日の調子はどうですか。

M：快調です。あなたはいかがですか。

W：調子はいいです。さて…、あなたは高校生ですか？

M：はい、今、3年生です。

W：そうですか。何かクラブ活動をしていますか。

M：ええ…、していました。バスケットボール部に入っていました。ご存じかもしれませんが、引退しています。私の学校では3年生は部活動をやらないんです。

W：受験のために？

M：そうです。

W：では、今はものすごく勉強しているんでしょうね。

M：いや、それがそうでもないんです。しかし、やらないといけないと思っています。

W：なるほど。ところで、あなたの学校には制服がありますか。

M：え、何とおっしゃいました？

W：制服です。あなたは学校に行くのに制服を着ないといけませんか。

M：もちろんです。

W：そうですか、東京では制服がない公立学校があると聞いています。とにかく、この質問をしますね。高校生が学校で制服を着るというのはいい考えだと思いますか。

M：すみません。ちょっと意味がわかりませんでした。他の言い方でお願いできますか。

W：では…、あなたの場合、制服を着なければいけないので、考えたことがないのかもしれません。でも、もし選択できるとすればどちらがいいと思いますか。学校に制服を着てくるのと、好きな服を着ていいのと。

M：ああ、ようやくわかりました。ええ…、なかなか面白い質問ですね。ちょっと考えさせてください。大丈夫です…。ぼくは全ての高校生が制服を着るべきだと思います。
W：なぜだか教えてもらえますか。好きなものを着たくはないですか？
M：そうしたいのですが、着るものを毎日選ぶのはけっこう大変です。高校生は、ぼくを含めて、何か目立つものを着ることで周囲と違ってしまうことをとても怖がっているので。
W：というと？
M：ええと、ぼくが言おうとしているのは、悪口を言われたりするのを気にしているんです。もし、自分が着たいものを選べば、クラスメイトの何人かに笑われるかもしれません。例えば、「君のファッションセンス最悪」とか「君はぼくたちと違うようだ」とか。でも、制服を着ていれば、みんな同じに見えますから。着るもののセンスで目立つことはないんです。それはとても便利だと思います。
W：特殊であるということも、時にはいいことではないですか。
M：おっしゃるとおりです。いい意味で際立つならば。正直、おしゃれな服を選ぶのに時間をかけたくないのです。もし、制服を着なければいけないなら、服を選ぶのに使う時間を何か他のことに使えます。例えば、朝少し長く寝ていられるとか。
W：なるほど。それだけが理由ですか？
M：実はもう1つあります。たぶん、学生は制服を着ていると、行ないがよくなるんです。
W：どういう意味でしょう？
M：それぞれの学校にそれぞれの制服があるから、学生が悪いことをすれば、他の人はすぐにその学生がどこの学校に行っているのかわかり、学校に通報することができます。だから、ほとんどの学生は学生らしくふるまいます。
W：なるほど。あなたは制服があるから何も悪いことをしないと。
M：いいえ、ぼくは一般的な高校生のことを言っただけで、ぼくのことではないですよ。
W：あ、ごめんなさい。ちょっとした冗談ですよ。では、これで面接は終わりです。退席して構いません。今日はありがとうございました。
M：こちらこそ。失礼します。

TIPS!

高校生が大学入試で英語の面接試験を受けたという設定です。最初に簡単な挨拶と本番に入る前の雑談（small talk）をした後、与えられたテーマに対して自分の考えを述べています。双方、面接なので比較的丁寧な言葉遣いをしています。

8 面接 資格試験

M＝面接官（Interviewer）／W ＝受験者（Interviewee）

MP3-377

M：Okay. You're Mizuho Sakai, right?

W：Right.

M：Okay. I'm Steve. Let me start your interview. First, [1] tell me a little bit about yourself.

W：Well ... I'm Mizuho. I'm 19 years old. I'm originally from Fukushima, but I live in Yokohama now. I just graduated from high school last year. I work full time at a supermarket. But, I plan to study in a foreign country within a few years, and I am studying English.

M：Good. Okay. Now, I'm going to ask you one specific question. You have to answer it within one minute. After that, I'm going to ask more questions about your answer. Are we all clear?

W：I think so.

M：Then ... please answer this question: Some people think that those living 50 years ago were happier than we are now. Do you agree with this statement? Explain your answer with reasons.

W：Okay. My answer is definitely no. I don't think that people in the old days were happier than we are. The reason I feel happier than those of 50 years ago is ... because there are more options and rights in the modern world than 50 years ago. For example, now more and more women can work. Now the rights of minorities—women, racial minorities, the impoverished, and gay or lesbian couples—are more guaranteed. Not so long ago, those people's rights were unfairly ignored. You may think that the old days were good, but it's a delusion. Even though we haven't noticed, the world is becoming better little by little.

M：Thank you, Mizuho. I understand your point. Your opinion is focused on people's rights, but do you know of any other thing that we have now that people in the old days didn't have?

W：Yes, technology. Now, you can communicate with people who you don't actually face using the Internet.

M：Okay, but ❷ why do you think it is good to communicate with people without actually meeting them? Some people may like face-to-face communication better. Don't you think so?

W：Well, in truth I think so, so don't get me wrong. ❸ My point is that having more options is better. I am not against face-to-face communication, and I think it is important. ❹ It's nice for people to be able to do both, though.

M：Okay, but what kind of benefits do people receive by communicating with people who are far away?

W：Well ... of course, technology can be used to communicate with friends that live far away. But, at the same time, technology enables us to communicate with people who we haven't met and who live in a totally different world. We can find new friends using social networking services. I've found some new friends on the web from Africa, Europe, South America ... isn't it great?

M：Okay. Now, I see your point. But, I think that still some people might say that people were friendlier in the past than today. Do you have any words for them?

W：❺ Well, there is no data about which people are nicer. However, even now, if you go to the countryside, you may be able to have a quiet life and probably meet nice people. But, this is also possible only when options are available. I mean, people now can choose where they live, like a big city or a small town, but people in the past couldn't do that.

M：Okay, our time is up. Let's end this interview. Thanks for your time. Have a good day.

W：You too.

❶ 日本の学校ではあまり習いませんが、自己紹介をしてもらうときの決まり文句です。

❷ 面接官はあなたに今まで考えていなかった点についても深く考えてもらうために、こういう質問をするかもしれません。

❸ 自分の意見の核心を述べるときのつなぎ言葉。

❹ 指摘されたポイントを認めつつ自分の意見を妥当性を主張しているうまいやりとり。

❺ 自分とは別の意見を感情的に叩くのではなく、冷静に述べることが重要です。

訳

M：さて。あなたはミズホ・サカイさんですね？

W：はい。

M：了解。私はスティーヴといいます。面接を始めさせてください。最初に簡単に自己紹介をしてください。

W：ええと、私はミズホです。19歳です。福島出身ですが、今は横浜に住んでいます。昨年、高校を卒業したばかりです。今はスーパーマーケットでフルタイムで働いています。でも、何年か以内には外国で勉強しようと計画していて、英語を勉強しているところです。

M：いいですね。わかりました。さて、これからあなたに特定の質問をします。1分以内にその質問について答えてください。その後、さらにあなたの答えに関連した質問をしていきます。これまでのところ問題ありませんか。

W：大丈夫だと思います。

M：それでは、この質問についてお答えください。50年前に生きていた人々は今の私たちよりも幸せだったと考える人がいます。あなたはこの意見に賛成しますか。理由とともに述べてください。

W：わかりました。私の答えは絶対に「いいえ」です。昔の人が私たちよりも幸せだったとは思いません。私が50年前の人たちよりも幸せだと感じる理由は…、今の世の中の方が50年前よりも多くの選択肢と権利があるからです。例えば、今はどんどん女の人が働けるようになりました。今は、少数派の権利は――少数派とは女性、人種的マイノリティー、貧困にあえぐ人、ゲイやレズビアンのカップルなどですが――より保障されています。それほど昔ではない時代には、こうした人たちの権利は不当にも見過ごされていました。昔はよかったと考える人はいますが、それは幻想です。たとえ気付かなくても、世界は少しずつよくなっているのです。

M：ありがとう、ミズホさん。あなたの意見はわかりました。あなたの意見は人権に焦点を当てていますが、他に今の私たちにあって昔の人にはなかったものはありますか。

W：はい、テクノロジーです。今、私たちはインターネットを使って、実際に顔を合わせずに人々とコミュニケーションをとることができます。

M：なるほど。しかし、なぜあなたは実際に会わずに人とコミュニケーションをとることがよいと考えるのですか。向かい合ってのコミュニケーションのほうがいいと言う人がいるかもしれませんよ。そう思いませんか？

W：ええ、正直、私もそう思います。ですから、勘違いしないでください。私が言いたいのは、より選択肢があったほうがいいということです。私は、向かい合ってのコミュニケーションに反対ではありませんし、それは重要だと思います。でも、人々が両方ともできるといいと思います。

M：そうですか、しかし、遠くの人々とコミュニケーションをとることで、どのような利点があるのでしょうか？

W：ええと…、もちろん、テクノロジーは遠くに住んでいる友達と連絡をとる場合に使うことができます。しかし同時に、テクノロジーは私たちがまだ会ったことのない、まったく別世界にいる人とコミュニケーションをとることを可能にするのです。ソーシャルネットワークサービスを使って、新しい友達を見つけることができます。私はインターネット上で、アフリカやヨーロッパ、南米の人と新しく友達になりました。すばらしいことですよね？

M：なるほど。今、あなたの意見はわかりました。しかし、それでも昔の人は今より親切だったと言う人がいるかもしれません。それについて何かコメントすることはありますか。

W：まあ、どちらの人々が親切だったかというデータはありません。しかし、今でも田舎に行けば、静かな生活を送ることができるでしょうし、たぶん親切な人に出会えるでしょう。でも、それもまた、選択肢があるからこそ可能なのです。つまり、現在の人は自分が住む場所を大都会か小さな町か選ぶことができます。しかし、昔の人はできませんでした。

M：わかりました。時間が来てしまいました。面接を終わりにしましょう。お時間ありがとうございました。さようなら。

W：さようなら。

TIPS!

これは英語の資格試験や検定試験などでよくあるタイプの面接です。女性は高校卒業後、スーパーで勤務していますが、数年後に留学したいという考えをもっているようです。面接官の男性が違った立場の考えに言及しながら質問しているのをうまく切り返している様子がうかがえます。

9 面接 留学試験（大学在学中にアメリカの留学プログラムへ）

M ＝面接官（Interviewer）／ W＝受験者（Interviewee）　MP3-378

M：Hello. I'm Keith Harrington. Nice to meet you.

W：Nice to meet you. My name is Shiho Takagi. Call me Shiho.

M：Okay. So ... Shiho, ❶ what do you study now?

W：Psychology.

M：Alright. Do you like studying it?

W：Yes, actually I love it. It's very interesting to learn about human behaviors.

M：That's good. When did you first become interested in psychology?

W：Well, when I was in high school, it was ... my second year, I think. There was a career day and I talked with a career counselor.

M：Uh-huh. Did the counselor recommend you study psychology?

W：No. The counselor was very nice, and she listened to me very carefully. And ❷ while talking with her, I felt really relaxed. Then, I thought it might be a good idea to work at a school like her.

M：Work at a school? Then, why didn't you think about becoming a teacher?

W：Well... to be honest, becoming a teacher was the last thing on my mind. I had a really bad impression of teachers. Probably there weren't so many good teachers at my school. I was a really good student, but I was not so outgoing. Then, most teachers, especially male teachers, didn't treat me nicely. They always favor friendly, pretty students, I think. I don't know ... maybe I am wrong. You know, I just felt that way —most teachers weren't fair.

M：I'm sorry that you weren't happy about the teachers you had, but ❸ is it the only reason you didn't want to be a teacher?

W：Actually, I have one more. My mother taught Japanese in high school, but she always looked busy. She had no free time. Honestly, I didn't want to be like that. ❹ I know it's very important to work hard, but I can't stand it when the job is too busy.

M：Okay. Now, let's get back to psychology.

W：❺ Like I said, I didn't want to become a teacher. But, I liked to be at school and to help people. On top of that, talking with the career counselor got me interested in becoming a school counselor. Then, I came to think about learning psychology in college.

M：Okay. Now, you're applying for a study-abroad program in the United States. What made you decided to do that?

W：❻ Well, there're a couple of reasons. To begin with, I want to experience student life in the United States. I like to watch a couple of American dramas. Some of them describe student life. I am yearning to have a life like that.

M：I see.

W：On top of that, I want to experience something new and expand my way of thinking. Studying abroad will definitely help me do things like this.

M：Okay. How do you evaluate your English?

W：Excuse me?

M：How good do you think your English is?

W：Oh... it's not perfect. But, I am working hard, and I think I can improve more if I can study in the United States for nine months.

M：I see. How do you study English?

W：In addition to taking regular English courses, I read graded readers. You know, books written in easy English. Plus, I watch American dramas. It's listening practice for me.

M：Okay. I think it's time to finish. Thanks for your time.

W：Thank you very much. I might've said something wrong. Was it okay?

M：Sorry, I can't tell you the results now. But, I think you did your best.

W：Right.

M：Have a nice day, Shiho.

W：You too.

❶ 専攻を尋ねる表現。What is your major?（あなたの専攻は何ですか）とも言いますが、こちらのほうが普通。

❷ = while I was talking with her, I felt really relaxed. 話し言葉では簡略化することが多くあります。

❸ itが何を受けているかはっきりしません。前文のthat you weren't happy about the teachers you hadともとれますが、女性がそれよりだいぶ前に述べたI had a really bad impression of teachers. あたりの内容を指しているともとれます。話し言葉ではこのような曖昧なitの使用は頻繁に行なわれます。

❹ この部分は、次に述べるbut以下があまり自分勝手に聞こえないようにするための配慮に当たります。

❺ 書き言葉ではAs I mentioned (above), などがより一般的ですが、話し言葉ではこちらがむしろ標準です。

❻ これはChapter 2で学習した、自分の意見を述べる方法の応用。

訳

M：こんにちは。私はキース・ハリントンです。 よろしくお願いします。

W：よろしくお願いします。私はシホ・タカギといいます。シホと呼んでください。

M：わかりました。それではシホさん、今、何を専攻していますか。

W：心理学です。

M：そうですか。心理学の勉強は気に入っていますか。

W：はい、実はとても気に入っています。人間の行動について学ぶのはとても面白いです。

M：すばらしい。あなたが最初に心理学に興味をもったのはいつですか。

W：そうですね。私が高校生のとき、確か…2年生だったと思います。進路相談日があって、進路カウンセラーと話したんです。

M：なるほど。そのカウンセラーが心理学を勧めたのですか。

W：いいえ。カウンセラーはとても親切で、私の話をよく聞いてくれたんです。それで、その人と話しているうちに、とても癒やされたんです。それで、彼女のように学校で働くのもいいのかな、と思ったんです。

M：学校で働く？　それなら、なぜ先生になろうと思わなかったのですか。

W：それは…、正直言って、先生になることはまったく考えられないことでした。先生に対してすごく悪い印象しか持っていなかったからです。たぶん、私の学校にいい先生があまりいなかったのです。私はとても成績のよい生徒でしたが、あまり活発ではありませんでした。それで、ほとんどの先生、特に男の先生は、私に感じよく接してくれませんでした。そういう先生たちはいつも、親しみやすく、可愛い生徒がお気に入りだったように思います。確信はないですし、間違っているかもしれないですけど。つまり、そう感じたんです。ほとんどの先生は公平ではないと。

M：いい先生に出会えなくて残念でしたね。でも、先生になろうと思わなかったのはそれが唯一の理由なのですか？

W：実は他にも理由があります。私の母は高校で国語を教えていました。母はいつも忙しそうで、自分の時間がありませんでした。正直、そんな風になりたくありません。一生懸命働くことがとても大事なのはわかっていますが、仕事が忙しすぎるのは耐えられません。

M：なるほど。それでは、心理学の話に戻りましょうか。

W：さっき言いましたように、先生にはなりたくありませんでした。でも、学校にいて人の役に立ちたいと思っていました。それに、進路カウンセラーと話して、スクールカウンセラーになることに興味をもちました。そして、大学で心理学を学ぶ気になりました。

M：わかりました。今あなたは、アメリカの留学プログラムに申請しているんですよね。なぜそうしたんですか。

W：そうですね、いくつかの理由があります。最初に、アメリカで学生生活を送ってみたいという気持ちがあります。アメリカのドラマを見るのが好きで、その中には学生生活を描いたものもあります。そういう生活を送るのに憧れています。

M：なるほど。

W：それに、何か新しいことを経験して、考え方の幅を広げたいと思います。留学は確実にそれに役立つと思います。

M：わかりました。自分の英語をどう評価していますか。

W：何とおっしゃいました？

M：自分の英語がどのくらい上手だと考えていますか。

W：ああ…、完璧ではありません。でも、一生懸命頑張ってますし、9か月間アメリカで勉強すればもっと上達できると思います。

M：わかりますよ。どのように英語を勉強していますか。

W：通常の英語の授業に加えて、グレイディッドリーダーを読みます。つまり、やさしい英語で書かれた本です。それに、アメリカのドラマを見ます。それは私にとってリスニングの練習になります。

M：なるほど。終了の時間のようですね。ありがとうございました。

W：本当にありがとうございます。何か間違ったことを言ったかもしれません。大丈夫でしたか？

M：すみません、今あなたに結果を言うわけにはいかないのですよ。でも、あなたは自分のベストを尽くしたと思いますよ。

W：そうですね。

M：さようなら、シホさん。

W：さようなら。

TIPS!

大学によっては交換留学の制度を使い、短期・中期の期間に海外の大学で勉強することができます。通常、正規の留学には試験があり、それには面接も含まれることがよくあります。その場合、自分の専攻と留学したい理由などについて的確に述べられるかが問われます。同時に、口頭で試験を行なっているということは、発言内容だけでなく、その場でどのような対応ができるか、ということを見ています。大学生であるこの女性の回答そのものはそれほど内容が深いわけではありませんが、その場でこれだけ的確に答えられれば、面接官の心証もよくなるでしょう。

10 面接 留学試験（高校を卒業してアメリカの演劇学校へ）

W＝面接官（Interviewer）／M＝受験者（Interviewee）

MP3-379

W：Hello. I'm Joanna Rosenbaum. How are you doing today?

M：Not bad. My name is Yoshimitsu Edogawa. ❶ Call me Yoshi.

W：Okay. First, could you tell me a little bit about yourself?

M：❷ Pardon me?

W：Could you introduce yourself?

M：Oh, right. ❸ Like I said, I'm Yoshi. I graduated from high school this spring. Now, I'm studying for the TOFFL test. I plan to study acting in New York. I would like to become an actor.

W：Why would you like to study in the United States? You know, you ❹ could start your career as an actor in Japan, couldn't you?

M：Well, I haven't decided where to get an acting job, but I think it's better to study acting in America.

W：Why do you think so?

M：Because I hear that acting schools there can teach basic acting skills in a very systematic way. I belonged to a drama club in high school and the teacher, who was also my English teacher, told me that.

W：Interesting. But, ❺ wouldn't it be very tough to learn English?

M：Well ... I can't say it always is... but basically learning English is fun.

W：Tell me a little bit more about your club activity. You were in a drama club, right?

M：Yes. I entered the club simply because my friend, actually, my ex-girlfriend, asked me to join it with her. At first, I wasn't so interested in acting. I felt it very strange—why do I have to act as another person? But, after I practiced acting for a couple of months, I started feeling differently than before.

W：How differently did you feel?

M：❻ Well, it's hard to explain... but I came to think that it's awesome to be able to experience another person's life and acting has enabled me to do that.

W：Okay. So, did you enjoy being in the club throughout the whole three years of high school?

M：Hmm. My answer is both yes and no. I really enjoyed acting in the club, but one sad thing happened when I was in my second year.

W：What happened?

M：I broke up with my girlfriend. Here's what happened. Even though it was my girlfriend who ❼had asked me to join the drama club, since I ❽had become so into acting, she started to complain. And one day, she asked me the question, "Which do you like, acting or me?"

W：How did you answer?

M：I said, "acting."

W：Aha! Then, you broke up with her.

M：Right. It just came out.

W：Didn't you like her?

M：I did, but ❾not as much as acting. Now, I think I was too stupid, too honest.

W：So, if you could go back to the moment, how would you answer?

M："Of course, I love you. I love you more than anything."

W：Haha... So, you would be lying?

M：Well... ❿that's not a lie, I think. You know, ⓫sometimes you shouldn't tell the truth in order to avoid hurting others. That's what I learned from breaking up with my ex-girlfriend.

W：Okay. That's an interesting answer. What other things did you learn from the club activity?

M：I learned to work with other people. If you are not on good terms with the other members, you can't make a good play.

W：Okay. I think the time is up.

M：Thanks for your time. Have a good day.

W：Thanks. Have a nice day.

❶ 面接の場面でも親しく呼び合うことでコミュニケーション力が評価されます。

❷ 質問の意味がわからなかったり聞きとれなかったときの表現。

❸「言ったように」というときの話し言葉特有の表現。

❹❺〈助動詞の過去＋原形〉の表現は、学校英語ではIf I were you, I wouldn't go out

with Jane.（もし私があなただったら、ジェーンとはデートしない）のような、話し手の判断を基本として学びます。しかし、実際の会話では、実現可能性や選択肢として十分存在するものについて、話し手の推量・判断を「あくまで自分の考えだけどね」というニュアンスで述べるときにも頻繁に使われます。

❻ 時間稼ぎの表現。

❼❽ このように、過去の一時点よりもさらに前に起きたことには〈had + -ed〉を使います。

❾ = I didn't like her as much as acting. 話し言葉では簡略化することが多くあります。

❿⓫ うそじゃないというコメントをした後、自分が言ったことを定義しなおしている例。

訳

W：こんにちは。私はジョーアナ・ローゼンバウムです。今日の調子はどうですか。

M：悪くありません。私の名前はヨシミツ・エドガワです。ヨシと呼んでください。

W：了解です。最初に簡単に自己紹介をしていただけますか。

M：何とおっしゃいました？

W：自己紹介をしていただけますか。

M：ああ、そうですね。さっき言いましたが、ヨシです。この春、高校を卒業しました。今はTOEFLの試験のために勉強しています。ニューヨークで演劇の勉強をする予定です。俳優になりたいのです。

W：なぜアメリカで勉強したいのですか。たぶん、俳優としての経歴は日本でも始めることができるんじゃないですか？

M：そうですね、どこで役者の仕事をもらうかはまだ決めていません。でも、アメリカで演劇を勉強するほうがいいと思っています。

W：なぜそう思うのですか。

M：そこの演劇学校では基本的な演技の技術を非常に体系的に教えられると聞いているからです。高校のとき演劇部にいたのですが、その先生が、英語の先生でもあったのですが、ぼくにそう教えてくれました。

W：面白いですね。でも、英語を勉強するのはとても大変ではないですか。

M：そうですねえ…、いつもとは言えませんが、でも基本的に英語を勉強するのは楽しいです。

W：もう少し部活動について聞かせてください。演劇部にいたんですよね？

M：はい。友達に、実は元彼女なんですが、単純に誘われたので彼女と一緒に部に入ったんです。最初、演劇にそれほど興味がありませんでした。ものすごく違和感がありました――なぜ他の人にならなくちゃいけないの？　という感じで。でも、数か月練習していると、前とは違うように感じ始めました。

W：どう感じたのですか？

M：ええと、説明するのは難しいのですが、他の人の人生を経験することができるのはすばらしいことで、演劇はそれを可能にすると考えるようになりました。

W：わかりました。それで、あなたは高校３年間を通して部活動を楽しんだのですね？

M：うーん。答えは「はい」であり「いいえ」です。クラブで演技をすることは本当に楽しんだのですが、2年生になって、1つ悲しいことが起きたんです。

W：何が起きたんですか。

M：彼女と別れたんです。起こったことはこうです。演劇部に誘ったのは彼女だったのですが、私が演劇にのめりこむので、文句を言うようになったんです。それで、ある日彼女がこう尋ねてきたんです。「演劇と私、どっちが大事？」

W：どう答えたんですか。

M：「演劇」と答えました。

W：まあ！　それで、あなたは彼女と別れたのですね。

M：そうです。その言葉は自然に出てきたんです。

W：彼女のことは好きではなかったのですか。

M：好きでした、でも演劇ほどではありませんでした。でも、自分はバカ正直だったと今は思います。

W：では、その時点に戻れるなら、何と答えますか。

M：「もちろん、君のほうが好きだよ。何よりも君が好きだ」。

W：ふふふ…。それでは、うそをつくんですね？

M：いや…、ぼく的にはうそではないんですよ。でも、ときどき人を傷つけないように本当のことを言わないほうがいいときってあるじゃないですか。それを元彼女との別れから学びました。

W：なるほど。面白い解答ですね。部活動から他に何か学んだことはありますか。

M：他の人と協力するということを学びました。他の部員と仲が悪くては、いい劇が作れないですからね。

W：わかりました。時間が来たようです。

M：本日はありがとうございました。失礼します。

W：ありがとう。さようなら。

TIPS!

アメリカの演劇学校で演技の勉強をしたいと考えている学生の面接風景です。かなり個人的な質問にも動じることなく、うまく応対しています。日本の面接でもそうですが、面接官はプライヴェートな質問自体を知りたいわけではなく、聞かれた場合、どのように対応できるかを評価したいのだと思います。

英語スピーキング　ルール一覧

原則

- ☐ Rule 01 「抽象的・一般的」なことから「具体的・個別」のことを述べる
- ☐ Rule 02 まず話の概要を示し、次に話の中身を述べ、最後に話をまとめる
- ☐ Rule 03 相手が「知っている情報」から相手の「知らない情報」へ話を進める
- ☐ Rule 04 ディスコースマーカー（つなぎ言葉）をうまく使う
- ☐ Rule 05 「事実」と「意見」を区別して話す
- ☐ Rule 06 センテンスを通して1つの話題が直線的に流れるように意識する
- ☐ Rule 07 話し言葉の展開パターンを覚えておく

出来事　体験した出来事などを語る（narrative / story telling）

- ☐ Rule 08 「場面設定→ストーリー→考察・一般化」の流れで話す
- ☐ Rule 09 クライマックスに向かって話を進める

対象　人物や物事について描写する（descriptive）
人物や物事について説明する（expository）

- ☐ Rule 10 「主題」を述べ、「ポイント→詳細」を繰り返す
- ☐ Rule 11 人物や場所を「描写」するときは詳細を客観的に述べる
- ☐ Rule 12 「説明」にもいろいろあることを知る
- ☐ Rule 13 「ポイント→詳細」を繰り返して「説明」する

意見　理由を説明しながら、相手を説得する
（persuasive / argumentative）

- ☐ Rule 14 自分の立場を明らかにしてから理由を述べる
- ☐ Rule 15 自分の主張に合う適切な事例を挙げる
- ☐ Rule 16 自分の意見とは異なる立場からも考えてみる

会話　心地よいコミュニケーションを築き会話を進める
（conversation / dialogue）

- ☐ Rule 17 会話は「リアクション」と「コネクション」で成立する
- ☐ Rule 18 情報伝達・会話のやりとりの前の準備段階を意識する
- ☐ Rule 19 話題に対して完全なセンテンスにこだわらず相手と情報を交わしていく
- ☐ Rule 20 会話の最後はまとめに入り、別れの挨拶などをする

Bischoping, K. & Gazso, A. (2016). *Analyzing talk in the social sciences: Narrative, conversation & discourse strategies.* Sage Publications.

Bland, S. K. (1996). *Intermediate grammar: From form to meaning and use.* Oxford University Press.

Brown, G. & Yule, G. (1983). *Teaching the spoken language.* Cambridge University Press.

Chafe, W. (1994). *Discourse, consciousness, and time: The flow and displacement of conscious experience in speaking and writing.* University of Chicago Press.

Clark, H. H. (1992). *Arenas of language use.* University of Chicago Press.

Coffey, M. P. (1983). *Fitting in: A functional/notional text for learners of English.* Prentice-Hall.

Dean, M. (2001). *Descriptions in English.* Penguin.

Donald, R. B., et al. (1994). *Models for clear writing.* Third Ed. Prentice Hall.

Dooley, R. A., & Levinsohn, H. S. (2000). *Analyzing discourse: A manual of basic concepts.* SIL International.

Drapeau, P. (2016). *Differentiating with graphic organizers: Tools to foster critical and creative thinking.* Skyhorse Publishing.

Evans, V. (1998). *Successful writing: Proficiency.* Express Publishing.

Firsten, R., & Killian, P. (2002). *The ELT grammar book: A teacher-friendly reference guide.* Alta Book Center Publishers.

Garcia, A. C. (2013). *An introduction to interaction: Understanding talk in formal and informal settings.* Bloomsbury.

Goodale, M. (1987). *The language of meetings.* Thomson/Heinle.

Greene, D., & Hunter, L. (2002). *Critical thinking: Language skills for clear communication.* Asahi Press.

Hatch, E. (1992). *Discourse and language education.* Cambridge University Press.

Hunter, L. (2008). *Thinking in English: Language skills and information mapping for clear communication.* Cengage Learning.

Jones, L., & Bayer C. V. (1983). *Functions of American English: Communication activities for the classroom.* Cambridge University Press.

Kehe, D. & Kehe, P. D. (2009). *Conversation strategies.* PLA.

Keller, E. & Warner, S. T. (2002). *Conversation gambit: Real English conversation practices.* Cengage Learning.

Linell, P. (2001). *Approaching dialogue.* John Benjamin Publishing Company.

McCarthy, T. (2009). *100 writing lessons.* Scholastic.

McClure, K. (1996). *Putting it together: A conversation management text.* Prentice Hall Regents.

Mooney, M. E. (2001). *Text forms and features: A resource for intentional teaching.* Richard C. Owen Publishers, Inc.

Palmer, S. (2011). *Speaking frames: How to teach talk for writing: Ages 8-10.* Routledge.

Raimes, A. (1978). *Focus on composition.* Oxford University Press.

Reid, J. M. (2000) *The process of composition.* Third Ed. Longman.

Singleton, J. (2005). *Writers at work: The paragraph.* Cambridge University Press.

Thornbury, S. & Slade, D. (2006). *Conversation: From Description to pedagogy.* Cambridge University Press.

Tillitt, B., & Bruder, M. N. (1985). *Speaking naturally: Communication skills in American English.* Cambridge University Press.

Wong, J. & Waring, H. Z. (2010). *Conversation analysis and second language pedagogy: A guide for ESL/EFL teachers.* Routledge.

Writing frames for the international whiteboard. (2011). Scholastic.

小谷延良. (2019).『はじめてのIELTS全パート総合対策』(アスク)

日向清人, &狩野みき. (2010).『知られざる英会話のスキル20』(DHC)

日向清人. (2013).『即戦力がつく英文ライティング』(DHC)

Natusch, B., & Chitose, K. (2002).『気持ちを伝える英会話フレーズブック』(南雲堂フェニックス)

[著者紹介]
石井洋佑（いしい ようすけ）
University of Central MissouriでTESL（第二言語としての英語教授法）修士課程修了。専門はPragmaticsとCritical Thinking。英語教材執筆の傍ら、大学・企業・語学学校などで英語・資格試験対策を教える。著書に『TOEIC L&Rテスト600点攻略ルールブック』『TOEIC L&Rテスト800点攻略ルールブック』『ネイティブなら小学生でも知っている会話の基本ルール』（テイエス企画）、『TOEIC LISTENING AND READING TEST おまかせ730点！』（アルク）、共著書に『英語ライティングルールブック』（テイエス企画）、『はじめてのTOEIC L&R テスト きほんのきほん』（スリーエーネットワーク）、『「意味順」で学ぶ英会話』（日本能率協会マネジメントセンター）、『世界一効率的な大人のやり直し英語 意味順英会話』（秀和システム）、『Words for Production アウトプットのための基本語彙ワークブック』（東海大学出版部）がある。

編集：Onda Sayaka（e.editors）
英文校閲：Michael McDowell
ナレーション：Bianca Allen, Ryan Drees, Karen Haedrich,
Josh Keller, Chris Koprowski, Virginia Sorrells
録音・編集：株式会社ルーキー
装丁：高橋明香（おかっぱ製作所）
本文デザイン・DTP：株式会社鷗来堂

英語スピーキングルールブック　改訂版

発行日　：2015年 9 月30日　初版第1刷
　　　　　2020年 1 月20日　改訂版第1刷

著者　　：石井洋佑
発行者　：山内哲夫
企画・編集：トフルゼミナール英語教育研究所
発行所　：テイエス企画株式会社
〒169-0075　東京都新宿区高田馬場1-30-5 千寿ビル6F
TEL　(03)3207-7590
E-mail　books@tsnet.co.jp
URL　https://www.tofl.jp/books
印刷・製本：図書印刷株式会社

ISBN978-4-88784-244-1　Printed in Japan